Teosofia como os Mestres a Veem

2ª Edição

Teosofia como os Mestres a Veem

Conforme descritas nas Cartas dos Mestres de Sabedoria

CLARA M. CODD

Editora Teosófica
Brasília-DF

Título do original em inglês
Theosophy as the Masters See It
The Theosophical Publishing House
Adyar, Chennai (Madras) 600 020 - Índia

Edições em inglês
2ª edição revisada 2000

EDITORA TEOSÓFICA
2ª Edição em português
SGAS Quadra 603, Conj. E, s/nº
70.200-630 - Brasília-DF - Brasil
Tel.: (61) 3322-7843
Fax: (61) 3226-3703
E-mail: editorateosofica@editorateosofica.com.br
Site: www.editorateosofica.com.br

C 669 *Teosofia como os Mestres a Veem*
Clara M. Codd

Brasília, 2011
ISBN 978-85-85961-93-0

CDD 212

Revisão Técnica: Ricardo Lindemann e Zeneida Cereja da Silva
Tradução: Marly Wincler
Capa e Diagramação: Reginaldo Mesquita
Impressão: Gráfika Papel e Cores - Fone: (61) 3344-3101
E-mail: comercial@papelecores.com.br

SUMÁRIO

PREFÁCIO

As *Cartas dos Mahatmas Para A.P. Sinnett* (Brasília, Ed. Teosófica, 2001) foram escritas entre 1880 e 1886 pelos *Mahatmas* M. (Morya) e K.H. (Koot Hoomi), mas ainda hoje são uma das maiores evidências contemporâneas da existência de Mestres de Sabedoria. As cartas originais em inglês têm sido cuidadosamente guardadas no departamento de manuscritos raros do British Museum e da British Library, em Londres, por cerca de um século. Surpreendentemente, as mais recentes pesquisas feitas por Vernon Harrison, Ph. D., na análise da caligrafia e sua tinta constitutiva com microscópios modernos identificaram micro-estrias rigorosamente paralelas e totalmente independentes dos remoinhos de fibras do papel de arroz oriental onde elas foram escritas. Tal fato é um mistério inexplicável pela ciência oficial contemporânea! Por outro lado, a ciência oculta menciona que estas cartas não foram escritas por meio de uma caneta, mas que sua tinta foi materializada diretamente no papel pelo processo oculto chamado de "precipitação".

Em 1885, a Sociedade para Pesquisas Psíquicas de Londres (SPR), por meio do relatório de Richard Hodgson, afirmava injustamente que a Sra. Helena P. Blavatsky teria supostamente forjado estas cartas. Foi somente em 1997, a partir da supramencionada pesquisa com microscópios modernos, por meio do relatório de Vernon Harrison, Ph. D., (*H.P. Blavatsky and the SPR*. Pasadena, CA, USA, Theosophical University Press, 1997.), que a SPR retratou-se, inocentando a Sra. Blavatsky daquelas acusações de fraude.

O fato é que, embora a existência de Mestres de Sabedoria ou Homens Perfeitos seja mencionada em todas as religiões do mundo, geralmente como sendo os seus próprios fundadores, a idéia de que tais Santos Seres possam estar vivos em carne e osso hoje sempre tem causado polêmica. No Hinduísmo, são também conhecidos como *Mahatmas*, termo que em sânscrito significa "Grandes Espíritos", bem como *Jivanmuktas*, literalmente 'aquele que alcançou a Libertação em vida'. Ainda no Budismo é conhecido como *Nirvani*, ou seja, "aquele que alcançou o *Nirvana* durante a vida". "Até que todos alcancemos", como diz também São Paulo no Cristianismo, "o homem perfeito, a plena medida da estatura do Cristo" (Efésios IV, 13), igualmente chamado Adepto, do latim *Adeptus*, significando literalmente "aquele que alcançou". A Sra. Blavatsky define no *Glossário Teosófico* (Rio de Janeiro, Ground, 1991.): "o *Jivanmukta* mora no *Nirvana*, mas desce aos mundos inferiores a fim de contribuir para a evolução da humanidade".(*op. cit.*, p. 267)

Teosofia é uma palavra de origem grega que em seu sentido primário e literal significa "Sabedoria Divina", mas já foi também chamada de "Ensino dos *Mahatmas*", uma vez que, por definição, os *Mahatmas* têm acesso à percepção direta da Verdade. A palavra Teosofia foi cunhada pelos neoplatônicos Amônio Sacas e Plotino no século III d.C., em Alexandria, e adquiriu também uma conotação secundária de "filosofia esotérica", como "um corpo de verdades que forma a base de todas as religiões e que não pode ser reivindicado como posse exclusiva de nenhuma". Órbita em torno de três conceitos fundamentais: Reencarnação (*Samsara*), Ação e Reação (*Karma*) e Evolução (*Dharma*), dos quais resulta logicamente o de Homem Perfeito (*Mahatma*). Maiores detalhes de caráter introdutório podem ser obtidos nos livros: *Introdução à Teosofia* de C.W.Leadbeater, *A Sabedoria Antiga* de Annie Besant, *A Chave para a Teosofia* de H.P. Blavatsky e *A Tradição-Sabedoria; uma Introdução à Filosofia Esotérica* de Ricardo Lindemann e Pedro Oliveira, todos publicados pela Editora Teosófica.

É importante ressaltar que o Princípio da Liberdade de Pensamento sempre acompanhou todo o trabalho teosófico, particularmente na delicada questão da existência dos *Mahatmas*, conforme a Sra. H.P. Blavatsky, em seu livreto *O Programa Original da Sociedade Teosófica*, põe notável ênfase no dever dos fundadores: "Eles têm de se opor, da maneira mais forte possível, a qualquer parecença de fé dogmática e fanatismo — crença na infalibilidade dos Mestres, ou mesmo na própria existência de nossos invisíveis instrutores..."(BLAVATSKY, H.P. *The Original Programme of the Theosophical Society*. Madras, TPH, 1974. p.5.) Krishnamurti também considera: "Precisas distinguir entre a verdade e a falsidade... Primeiro em pensamento; e isto não é fácil, pois há no mundo muitos pensamentos falsos, muitas superstições insensatas, e ninguém que estiver escravizado por eles poderá fazer progresso. Portanto, não deves acolher um pensamento simplesmente porque muitas outras pessoas o acolhem, nem porque se tenha acreditado nele por séculos, nem porque esteja escrito em algum livro que os homens julguem ser sagrado; tu tens de pensar sobre a questão por ti mesmo, e julgar por ti mesmo se ela é razoável. Lembra-te de que, embora um milhar de homens concorde sobre um assunto, se eles não souberem nada sobre aquele assunto a sua opinião não tem valor. Aquele que quiser trilhar a Senda tem de aprender a pensar por si mesmo, porque a superstição é um dos maiores males do mundo, um dos grilhões dos quais, por ti próprio, deves te libertar completamente." (*APM*, p. 31-3)

Em *Teosofia como os Mestres a Vêem*, a autora e destacada teósofa Clara Margaret Codd (CMC; 1876–1971), comenta os ensinamentos dos *Mahatmas* obtidos em primeiro lugar a partir de suas cartas, que ela cita metodicamente em toda a obra. Nesse aspecto, este livro, por sua sistematização, clareza, e inspiração espiritual, representa uma valiosíssima introdução ao estudo das cartas dos *Mahatmas*, evitando as dificuldades de contextualização histórica e conceitual que tão freqüentemente podem confundir o principiante.

Um ponto importante que a autora enfatiza é que não existem escrituras teosóficas "infalíveis". Isso deve aplicar-se, em parte devido aos segredos iniciáticos, também às próprias cartas dos *Mahatmas*, particularmente àquelas enviadas para o Sr. A.P. Sinnet, pois ele não era um iniciado, como o *Mahatma* K.H. considera:"Mesmo nossos *chelas* (discípulos) mais elevados têm acesso negado a estes detalhes até o momento da sua iniciação ao Adeptado. Estas cifras, como já disse, são tão profundamente interligadas com os mais profundos mistérios psicológicos que divulgar a chave de tais números seria colocar o cetro do poder ao alcance de todos os homens inteligentes que lessem o seu livro." (*Cartas dos Mahatmas Para A.P. Sinnett.* Brasília, Ed. Teosófica, 2001. v. 1. p. 276.) Portanto, as cartas têm passagens intencionalmente pouco claras, e talvez até mesmo propositalmente obscuras ou ambíguas.

Além disso, a própria intermediação do processo de produção das cartas pela precipitação por meio de *chelas* (discípulos) pode acarretar eventuais imprecisões, como o *Mahatma* K.H. explica na carta número 117, ao comentar a carta número 12 (ed.cron.): "A carta em questão foi estruturada por mim enquanto viajava no lombo de um cavalo. Ela foi ditada mentalmente na direção de um jovem *chela* e 'precipitada' por meio dele, que ainda não era perito neste ramo da química psíquica, e que teve de transcrevê-la a partir da impressão dificilmente visível. Por conseguinte, a metade dela foi omitida e a outra metade foi mais ou menos distorcida pelo 'artista'."(*ibidem*, v. 2. p. 241.) Comentando, também, na carta número 136: "Nós não somos infalíveis 'todo-videntes *Mahatmas*' em todas as horas do dia, bom amigo: nenhum de vocês sequer aprendeu a lembrar disso."(*ibidem*, v. 2. p. 315.)

Esta primeira edição em português foi baseada na edição revista de Adyar, Chennai (Madras), The Theosophical Publishing House (TPH), 2000, que por sua vez baseou-se na terceira edição (não cronológica) da obra *The Mahatma Letters to A.P. Sinnett* (TPH, 1979.), portanto não coincide com a paginação da nossa tradução brasileira [*Cartas dos Mahatmas para A.P. Sinnett*. Brasília, Ed. Teosófica, 2001], que é cronológica (baseada na 4 ª ed. em inglês), de modo que mantivemos sua abreviatura e paginação conforme o original em inglês.

Abreviaturas usadas nesta obra:
ML : *The Mahatma Letters to A.P. Sinnett* (TPH, 1979. 3 ª ed.)
CMS : *Cartas dos Mestres de Sabedoria*; comp. C. Jinarajadasa (Brasília, Ed. Teosófica, 1996.)
APM : *Aos Pés do Mestre*; de J. Krishnamurti (Brasília, Ed. Teosófica, 1999.)
CMC: Clara Margaret Codd (a autora)
ODL: *Old Diary Leaves*; de H.S.Olcott (TPH, s.d.)

É, portanto, com grande satisfação, que oferecemos à língua portuguesa a presente tradução para ser lançada na XXVII Escola de Verão da Sociedade Teosófica no Brasil, de 24 a 27 de janeiro de 2008, cumprindo assim a última promessa de nosso discurso de posse em 22 de julho de 1999, publicado em nossa revista *TheoSophia* de jul/ago./set./1999 (p. 6).

Brasília, 07 de dezembro de 2007.

Ricardo Lindemann
Presidente Nacional
Sociedade Teosófica no Brasil

PARTE 1

A SOCIEDADE TEOSÓFICA

I. Limitações dos Mestres quando Agindo no Corpo Físico

> "Não somos infalíveis, 'Mahatmas' capazes de tudo prever a qualquer hora do dia." (ML*, 358)

Os Membros da Hierarquia Oculta que guia e dirige a evolução neste planeta, mesmo os mais elevados entre Eles, *vivem em corpos físicos* nesta Terra. Mas esses corpos, que Eles retêm para propósitos de Seus trabalhos, são uma prisão ou limitação para a consciência dos Mestres. Seus corpos são perfeitos tanto quanto corpos físicos podem sê-lo, belos, saudáveis, responsivos, perfeitamente sob controle e tão mais delicados e sensíveis do que os nossos, que os Adeptos preferem viver de modo recluso, pois Seus corpos seriam logo desgastados se submetidos à miríade de mesquinhas fricções e desarmonias da vida comum. Mas mesmo seus corpos físicos não podem ir além de certo limite de desenvolvimento e, por isso, circunscrevem enormemente os poderes dos Adeptos no momento de Seu emprego em atividades do plano físico. Nas palavras do Mestre K.H.:

> "Um Adepto – tanto o mais quanto o menos elevado – é um Adepto *somente durante o exercício de seus poderes ocultos.*
>
> Sempre que esses poderes são necessários, a vontade soberana abre a porta para o homem *interno* (o Adepto), que pode emergir e agir livremente, mas sob a condição de que

* *The Mahatma Letters to A. P. Sinnett.* Adyar, Madras, Índia, The Theosophical Publishing House (TPH), 1979, 3a. edição. (N. ed. bras.)

seu carcereiro – o homem *externo* –, esteja completa ou parcialmente paralisado, conforme o caso requeira; [...] Quando o homem *interno* descansa, o Adepto torna-se um homem comum, limitado a seus sentidos físicos e às funções de seu cérebro físico. O hábito aguça a intuição deste último, contudo, é incapaz de torná-lo supersensitivo. O Adepto interno está sempre pronto, sempre alerta, e isso é suficiente para nossos propósitos." *(ML, 177)*

Quando o Mestre assim o quer ou considere necessário, exerce Seus poderes de Adepto, mas não funciona como um Adepto pleno todo o tempo, uma vez que o menor exercício de poderes ocultos requer dispêndio de energia, e um Mestre é um extraordinário economizador de Seus poderes, os quais reconhece como sendo totalmente devotados ao serviço de Deus e do homem. Algo do olho que tudo vê de Seu Homem Interno é mostrado nas palavras:

> "[...] tenho, diante de mim, o quadro completo do cérebro de F. naquele momento." *(ML, 295)*

E, em outra ocasião:

> "[...] ainda que nunca tenha me aproximado dele astralmente ou conversado com ele, com freqüência examinei-o em pensamento." (Ib., 441)

II. Seus Métodos de Trabalho

O Mestre trata com *causas* que produzem efeitos multivariados no mundo externo.

> "[...] reivindicamos conhecer mais da causa secreta dos eventos do que vocês, homens do mundo." (Ib., 248)

E novamente Ele diz:

> "Aquilo que é considerado pela maioria dos homens como um 'fato para nós pode parecer apenas um simples *resultado,*

uma mera conseqüência indigna de nossa atenção, geralmente atraída apenas para os *fatos primários*. [...]Quando vemos formar-se uma tempestade, fixamos nosso olhar sobre a Causa geradora e deixamos as nuvens para os caprichos da brisa que as modela. Preocupamo-nos apenas com os fatos principais, mesmo tendo sempre à mão – sempre que absolutamente necessário – os meios de trazer para nosso conhecimento os menores detalhes." (Ib., 216)

Seu poder de tratar com as coisas essenciais aparece em Seu relacionamento com indivíduos. O Mestre diz que Eles estão

> "[...] acostumados muito mais a seguir o pensamento de nosso interlocutor ou correspondente do que as palavras com que ele o reveste [...]."(Ib., 216)

Sobre um membro indiano, o Mestre considera:

> "[...] ele é muito impulsivo, ainda que de excelente coração e sinceramente devotado à Teosofia e – *nossa* Causa." (Ib., 438)

Devido a Sua capacidade de compreender vastos princípios fundamentais,

1. Ele é capaz de ver longe no futuro, muito além do que nós, e de planejar e conformar eventos para aquele futuro.

2. Conseqüentemente, com freqüência, no plano físico, pode parecer estranho e enganoso em Suas ações.

3. É capaz de ver mais as potencialidades de um indivíduo do que suas capacidades presentes e de julgá-lo a partir de um motivo mais profundo, das forças operantes do passado e conducentes ao futuro; vê além do homem em sua aparência atual, como é visto no mundo físico de ilusão.

Com relação ao primeiro ponto, os Mestres planejam para milhares de anos adiante. Eles trabalham *com* a evolução, nunca *contra* ou em oposição a suas forças. Eles dirigem, inspiram, adaptam, utilizam, coordenam, corrigem, se possível, mas nunca forçam o passo, nem do indivíduo, tampouco da raça.

> "O conhecimento para a mente, assim como o alimento para o corpo, tem o propósito de nutrir e auxiliar no crescimento, mas isto requer uma boa digestão, e quanto mais completa e lenta a forma como o processo for conduzido, melhor será tanto para o corpo quanto para a mente." (Ib., 258)

> "[...] os preconceitos do mundo devem ser vencidos passo a passo, não de súbito." (Ib., 4)

> "O mundo não foi feito em um dia [...]. Deixe a evolução tomar seu curso naturalmente – a fim de que não a façamos desviar e produzir monstros, presumindo que a estamos guiando". (Ib., 268)

O Mestre sabe que a Lei do *Karma* é a expressão na matéria da Vontade Evolucionária, a qual objetiva a beatitude final e o preenchimento de toda a vida, por isso ele é *uno com o Karma*, seu 'agente', não seu árbitro'.

> "Admito que aquelas leis parecem, *de fato*, com muita freqüência, injustas e até mesmo cruéis algumas vezes. Mas isso é porque elas jamais objetivaram a reparação imediata dos erros, ou o auxílio direto daqueles que ocasionalmente oferecem sua fidelidade aos legisladores." (Ib., 353)

Não é de se admirar, portanto, que o Mestre peça confiança e fidelidade.

> "Você terá primeiro que me prometer fielmente nunca julgar seja a nós, seja a situação [...] através de sua experiência mundana, ou nunca chegará até a verdade." (Ib., 255)

> "[...] tente entender não com a mente preconceituosa do Ocidente, mas com o espírito da intuição e da verdade." (Ib., 58)

Se os Adeptos realmente existem e trabalham, devem saber o que estão fazendo. O Mestre pergunta nos primeiros tempos, quando existia muito pouco conhecimento a Seu respeito:

> "Será então que nunca nos concederão algum crédito por sabermos o que estamos fazendo [...]?"(Ib., 242)

E, novamente:

> "Nada, meu amigo – mesmo as ações aparentemente absurdas e repreensíveis –, é feito por nós sem um objetivo." (Ib., 327)

> "Ao não-iniciado [Ele diz] nossos atos devem parecer com freqüência insensatos, se não de fato tolos." (Ib., 5)

A visão tão mais ampla e profunda do Mestre e, em menor grau, de Seus agentes e discípulos muitas vezes provoca, de imediato, graves mal-entendidos e difamações, mas posteriormente os eventos provam que estavam certos.

> "Não fique surpreso, pois eu tenho uma razão própria para tudo, como poderá ver dentro de alguns anos." (Ib., 442)

> "Somente aqueles que podem ver além, nas distantes e remotas conseqüências das coisas, estão em posição de julgar quanto à conveniência de nossas próprias ações ou daquelas que permitimos em outros." (Ib., 312)

E essa humildade natural e confiança no amor e conhecimento dos Mestres é uma necessidade para aproximar-se Deles, como está claro nas palavras:

> "Não julgue pelas aparências – pois você pode assim cometer um grande erro e perder suas próprias chances pessoais de aprender mais." (Ib., 297)

O Mestre tem sempre simpatia e compreensão para com as dúvidas honestas, desprovidas de orgulho ou malícia. Sobre algumas perguntas feitas pelo Sr. Sinnett, Ele diz:

"Estas últimas foram suficientemente razoáveis de seu ponto de vista, de nenhuma maneira eu o censuro por perguntá-las." (Ib., 242)

Ele comenta sobre uma carta, que descreve como sendo menos um 'pedido' que um protesto:

"E me agrada mais, eu lhe asseguro. Tem a aura correta da franqueza honesta. Portanto, vamos conversar – pois por afiada como possa ser a sua voz, o seu coração é cálido e você finaliza dizendo 'Quer você decida que o que parece correto para mim seja feito ou não', você estará sempre conosco em confiança, etc." (Ib., 271)

Os Mestres nem mesmo pedem que acreditem Neles, ou que Os reconheçam. Dizem que a crença ou descrença dos membros Neles é assunto de importância insignificante e não exigem reconhecimento e fidelidade públicos ou privados, pois [diz o Mestre K.H.]:

"Uma vez que nos misturamos com o mundo externo, não temos o direito de suprimir a opinião pessoal de seus membros nem de evitar suas críticas, não importando o quanto desfavoráveis sejam para nós [...]."(Ib., 242)

Este ponto de vista é seguido pelos discípulos dos Mestres que trabalham no mundo, pois 'o discípulo não está acima de seu Mestre, nem o servo acima de seu senhor'.

"Somente porque gostaríamos que o mundo visse ambos os lados da questão [pelo bem do mundo – C.M.C.], também permitimos que o protesto conjunto de Deb, Subba Row, Damodar e de alguns outros poucos chelas – viesse logo a seguir às críticas dele [Hume] sobre nós e nosso sistema no *The Theosophist.*" (Ib., 239)

Para o bem do mundo, que por ignorância coloca obstáculos Kármicos em seu caminho, ao negar e perseguir seus reais Irmãos Mais Velhos e Guias, quando o Sr. Sinnett propôs a publicação, muitos anos atrás, das cartas dos Mestres, *in extenso*, o Mestre K.H. escreveu-lhe:

"Colocar diante do mundo todo o tosco e complicado material em sua posse sob a forma de cartas, nas quais, confesso, muito foi propositadamente obscurecido, [...] traria críticas sobre os Mestres, tendo assim uma influência retardatária sobre o progresso humano e a S.T." (Ib., 351)

Desde então, através dos esforços de nossa grande Presidente Annie Besant e de seus correligionários, o conhecimento e a compreensão sobre nossos Mestres é muito maior e assim não deve ser este o caso agora. Mas o próprio Mestre

"[...] traça a linha entre a *suspeita ignorante* e – o *insulto pessoal*, deliberado." (Ib., 420)

III. Seus Agentes

Os grandes Adeptos trabalham neste plano através de Seus agentes. Estes são de dois tipos, diretos e indiretos. Qualquer homem, sincero de coração e sem objetivo egoísta, que esteja fazendo um trabalho de valor em sintonia com os objetivos do Mestre pode ser usado por Ele e receber inspiração e força de uma fonte da qual seu cérebro físico seja totalmente ignorante.

Talvez o Movimento de Mulheres e suas líderes tenham sido usados dessa maneira para um objetivo final a ser discutido mais adiante. Pode muito bem ser que certos líderes do Partido Trabalhista de comprovada integridade possam estar nessa posição hoje, assim como os mártires da Verdade da têmpera do Padre George Tyrrell e outros.

O Bennett mencionado nas *Cartas dos Mahatmas* foi um pioneiro da libertação da mulher da escravidão sexual e sofreu terríveis mal-entendidos e difamações pela luta empreendida. Era um homem de formação humilde, todavia era feito da substância de que são feitos os agentes dos Mestres.

"Bennett é um homem honesto e tem um coração sincero, além de ser uma pessoa de tremenda coragem moral e um mártir pronto para o serviço." (Ib., 257)

Mas o Sr. Sinnett, o homem do mundo, que 'olhava para fora', não conseguia ver o que via o Mestre, que 'olhava para dentro'.

> "Você via apenas que Bennett não lavava as mãos, tinha as unhas sujas e usava linguagem grosseira e tinha – para você – um aspecto geral repugnante. [...] Se ele morresse neste minuto – e eu farei uso de uma fraseologia cristã para fazer você me compreender melhor –, poucas lágrimas mais sentidas seriam derramadas pelo Anjo da Morte sobre outros homens assim tão maltratados quanto as lágrimas dedicadas a Bennett pelo serviço que prestou. Poucos homens sofreram – e injustamente – quanto ele, e poucos têm um coração mais bondoso, altruísta e sincero." (Ib., 257)

Portanto, ele foi:

> "[...] um de nossos agentes (sem o saber) a levar adiante o projeto de libertar o pensamento ocidental de crenças supersticiosas." (Ib., 246)

Os agentes *diretos* do Mestre são geralmente Seus discípulos aceitos e iniciados, e foi através de dois discípulos do Mestre M. – H.P. Blavatsky e H.S. Olcott – que a Sociedade Teosófica foi fundada.

IV. Os Mestres M. e K.H., os Verdadeiros Fundadores da Sociedade

Ao longo de todas as *Cartas,* um vívido e profundo interesse no crescimento e no progresso do que o Mestre M. chama 'nossa nau teosófica' é demonstrado por ambos os nossos Mestres, em especial pelo Mestre K.H., talvez porque, tendo sido educado por algum tempo no Ocidente, ele particularmente desejava erradicar a escuridão espiritual da Europa e da América. Ele a denomina:

> "A causa pela qual vivo" (Ib., 421), a "Batalha da Luz contra as Trevas". (Ib., 39)

E diz:

> "Embora separados de seu mundo de ação, não estamos

> ainda inteiramente apartados dele enquanto existir a Sociedade Teosófica." (Ib., 372)

Quando o Mestre K.H. partiu para Seu longo retiro e Iniciação e entregou Seu trabalho e Sua correspondência aos cuidados de Seu amado Irmão, o Mestre M. tentou inspirar os correspondentes com compreensão e coragem para que seu Mestre não se sentisse desapontado quando retornasse para:

> "[...] o trabalho pelo qual ele tem tanto apreço." (Ib., 247)

E o próprio Mestre K.H. escreve ao Sr. Sinnett:

> "O impulso que você pessoalmente deu à Causa que amamos não será interrompido; portanto seus frutos não serão recusados quando seu equilíbrio de causas e efeitos – seu *Karma* – for ajustado." (Ib., 245)

De início, parece que os dois Mestres eram os únicos responsáveis pela jovem Sociedade e nela interessados. O Mestre K.H. diz:

> "[...] meu Irmão e eu somos os únicos na Fraternidade que temos no íntimo a disseminação (até certo limite) de nossas doutrinas, e H.P.B. foi até agora nosso único instrumento, nossa agente mais dócil." (Ib., 361)

Que H.P.B. de fato deu sua vida pela causa, especialmente através dos fenômenos permitidos nos primeiros tempos, está claro nas seguintes palavras:

> "Ela tem inegavelmente nos *auxiliado* de muitas maneiras, nos fazendo economizar algumas vezes até dois terços do poder usado e, quando censurada – pois muitas vezes não podemos evitar que ela assim o faça de sua parte –, respondendo que não precisava dessa energia e que sua única alegria era ser de alguma utilidade para nós. E assim ela continuou matando-se a si mesma pouco a pouco, pronta para dar – para nosso benefício e glória, como pensava – seu sangue gota por gota." (Ib., 308)

Novamente diz o Mestre:

> "[...] nenhum de meus Irmãos, com exceção de M., me ajudará neste trabalho, nem mesmo nosso Irmão grego semi-europeu (Mestre Hilarion)."(Ib., 64)

E outra vez:

> "O trabalho é tão mais difícil por eu ser um trabalhador solitário neste campo [...]."(Ib., 39)

Mas sabemos que desde aqueles dias, primeiramente um e depois outros membros da Fraternidade começaram a interessar-se pelo crescimento da S.T. O Mestre Serapis correspondeu-se com o Cel. Olcott; o Mestre Hilarion nos ofereceu *Luz no Caminho* através da Sra. Cook (Mabel Collins); o Mestre Príncipe Rakoczi e o Mestre Jesus usaram ambos a Sociedade e alguns de seus membros e, finalmente, tendo o movimento prosperado e sobrevivido aos riscos iniciais de derrota e aniquilação – algumas vezes quase milagrosamente –, toda a Hierarquia Oculta aceitou-a como um canal para Seu trabalho. Ela agora ultrapassou a possibilidade de destruição e derrota.

V. A Inexpugnável S.T.

> "A Sociedade nunca perecerá enquanto instituição, embora isso possa ocorrer com alguns de seus ramos e indivíduos." (Ib., 242)
>
> "A causa nunca será destruída mesmo que a rocha de Sísifo venha a esmagar muitos pés." (Ib., 264)
>
> "Nenhum mal pode atingir agora a Sociedade;"(Ib., 324)
>
> "A Sociedade foi fundada, progrediu e continuará a progredir com ou sem ele – deixe-o decidir-se quanto à última hipótese." (Ib., 265)
>
> "façam o que quiserem, você e outros, que jamais conseguirão impedir nosso trabalho." (Ib., 381)

Mas, nos primeiros tempos, durante os anos de sua provação, não era assim. Na época, uma crise na Sociedade colocou em perigo sua própria existência. Assim encontramos o Mestre escrevendo para o Sr. Sinnett:

"Pudesse apenas sua Loja de Londres compreender, ou pelo menos suspeitar, que a presente crise que está abalando a S.T. até suas fundações é uma questão de perdição ou salvação para milhares; uma questão de progresso da raça humana ou de seu retrocesso, de sua glória ou desonra [...]."(Ib., 359)

O fato de que a Sociedade tenha obtido sucesso e seja agora inexpugnável já é responsável pela disseminação de seus grandes ensinamentos e conseqüentemente pelos resultados cármicos de longínquo alcance nas vidas futuras de milhares, talvez milhões. "Alguma atenção ao Ocultismo produz grandes resultados cármicos" *(LC)**, por um imenso aumento no número daqueles que ultrapassarão com sucesso o "Dia do Juízo" na metade da Quinta Ronda.

Mas não fosse assim, os dois Adeptos que iniciaram o movimento teriam pago o preço cármico, pois embora o Mestre não tenha *Karma* pessoal com o qual se preocupar, Ele deve sempre sofrer os resultados das causas que inicia. Conforme escreve o Mestre K.H.:

"Um *preço* deve ser pago por tudo e por cada verdade por *alguém* e neste caso – *nós* o pagamos. Não tema; estou desejoso de arcar com a minha parte e disse isso àqueles que me colocaram essa questão (*i.e.*, Seus superiores hierárquicos)." (Ib., 280)

VI. A Fundação da S.T.

A concepção e a fundação de nossa S.T. é claramente descrita pelo Mestre M.:

"Como não é provável que sejamos capazes, prezado senhor, de nos correspondermos agora com muita freqüência – vou lhe contar algo que deveria saber e da qual poderá tirar proveito. No dia 17 de novembro próximo expira o período de sete anos de provação dado à Sociedade no momento de sua fundação, no qual o nosso ensinamento deveria ser dis-

* COLLINS, Mabel. *Luz no Caminho*. Brasília, Ed. Teosófica, 1999.

cretamente 'pregado'. Um ou dois de nós esperávamos que até aqui o mundo tivesse avançado intelectualmente, senão intuitivamente, e que a doutrina oculta pudesse ter ganho aceitação intelectual e dado o impulso para um novo ciclo de pesquisa oculta. Outros – mais sábios, como pareceria agora – tinham outra opinião, mas consentiu-se na tentativa. Estipulou-se, no entanto, que o experimento deveria ser feito independentemente de nosso comando pessoal; que não deveria haver interferências anormais de nossa parte. Portanto, procurando aqui e ali, encontramos na América o homem para ser o líder – um homem de grande coragem moral, altruísta, possuidor de outras boas qualidades. Estava longe de ser o melhor, mas (como diz o Sr. Hume no caso de H.P.B.) – era o melhor disponível. A ele associamos uma mulher com os mais excepcionais e maravilhosos dons. Combinados a estes, ela possuía fortes defeitos pessoais, mas fosse como fosse, não havia ninguém vivo melhor e mais adequado do que ela para este trabalho. Nós a enviamos à América, colocamos os dois juntos – e a tentativa iniciou. Desde o começo deixou-se claro para ambos que o assunto seria depositado inteira-men-te em suas mãos. E ambos ofereceram-se para a tentativa por alguma recompensa em um futuro distante – como diria K.H. –, como soldados voluntários para uma missão quase impossível. Por seis anos e meio eles têm lutado contra adversidades tais que teriam feito desistir qualquer outro que não estivesse trabalhando com o desespero de alguém que aposta a vida e tudo que preza em um esforço supremo e desesperado. O sucesso deles não alcançou as expectativas de seus patrocinadores originais, ainda que tenha sido fenomenal em certas direções. Em poucos meses a provação terminará. Se nesse período a posição da Sociedade em relação a nós – a questão dos 'Irmãos' não estiver definitivamente acertada (ou retirada do programa da Sociedade ou aceita em nossos próprios termos), isso será o fim dos 'Irmãos' de todas as formas e cores, tamanhos ou graus. Nós reduziremos nossas aparições da visão do público como uma névoa dentro do oceano." (Ib., 259)

Há dois pontos a serem particularmente observados nesta carta excepcional. Primeiro, que:

"[...]o experimento deveria ser feito independentemente de nosso comando pessoal; que não deveria haver interferências anormais de nossa parte." (Ib., 259)

Aqui surge a questão sobre o quanto os Mestres guiam as atividades externas da Sociedade Teosófica. Para compreender isso, devemos tentar apreender, tanto quanto possível, as leis imutáveis do mundo oculto nestes assuntos.

VII. Os Mestres Guiam a S.T.?

O discípulo aceito é uno com o seu Mestre de uma maneira peculiar e íntima, e é considerado pelo Mestre mais como um *instrumento* em Seu trabalho do que como uma personalidade. Geralmente fala-se dele como 'uma extensão da consciência do Mestre', um 'posto avançado' dessa consciência, devido ao fato de que os corpos astral e mental inferior (no caso do 'filho' do Mestre, inclusive o corpo causal) do discípulo estão ligados aos do Mestre, de tal forma que a luz da aura do Mestre brilha e eleva o inferior. Uma maneira clara de compreender isso é dizer que o discípulo é uma extensão do sistema nervoso do Mestre, com seus nervos sensórios trazendo impressões de fora, e seus nervos motores agindo no ambiente circundante a partir do interior. Do aspecto "sensório", isso significa que o Mestre pode, a qualquer momento que dirigir Sua atenção naquela direção, lembrar todos os pensamentos, emoções e acontecimentos que ocorrem durante a vida diária do discípulo, como se fossem Suas próprias lembranças pessoais. De modo inverso, a qualquer momento, através do caminho traçado pelos próprios pensamentos, desejos e ações purificadas do discípulo, vontade e ação, sustentadas por uma *atitude* interior que se tornou habitual, o Mestre pode enviar Suas próprias e infinitamente maiores vibrações-pensamento, poder de amor e correntes de influência, inspiração e auxílio às pessoas próximas de Seu discípulo, abrangendo uma área muito além da esfera de contato pessoal do mesmo.

Mas o Mestre nunca pode obrigar, controlar ou influenciar indevidamente as decisões pessoais do discípulo. Isso, aparentemente, por duas razões.

1. Que o *Karma* de qualquer ação ou decisão flui especialmente para aquele que força ou exige uma linha de ação de outrem.

Em uma carta ao Rev. C.W. Leadbeater, escrita muitos anos atrás, o Mestre K.H. diz:

> "Se eu tivesse de *exigir* que você fizesse alguma coisa ou outra qualquer, ao invés de simplesmente aconselhá-lo, eu seria responsável por todo efeito que pudesse fluir daquele passo, e você teria apenas um mérito secundário." *(CMS)**

2. Que toda alma cresce através de seus próprios esforços e decisões, e portanto o livre-arbítrio do homem deve ser deixado absolutamente desimpedido.

Ninguém respeita o livre-arbítrio humano tão perfeitamente quanto o Mestre, visto que Ele sabe que por mais fraco e trôpego que possa ser nos seus estágios iniciais, todavia é um reflexo da Vontade Divina, e cada Fragmento Divino conhece melhor seu próprio caminho 'de acordo com o Verbo'. Os Mestres tentam auxiliar-nos a sermos positivos, não-negativos, auto-interessados, não uma máquina à mercê de qualquer poder inescrupuloso, mais forte. Por isso o Mestre diz:

> "Somente os Adeptos, *i.e.*, os espíritos encarnados – estão proibidos por nossas leis sábias e intransgressíveis de submeter inteiramente a si mesmos outra vontade mais fraca – a do homem nascido livre. Este modo de proceder é o favorito a que recorrem os 'Irmãos da Sombra', Feiticeiros e Espectros Elementais." *(ML, 40)*

Novamente:

> "Ao dizer-lhe que abandone o caso, eu devo mais uma vez assumir a responsabilidade de bloquear seu livre-arbítrio." (Ib., 389)

> "O fato é que, até a última e suprema iniciação, cada chela é abandonado a sua própria habilidade e deliberação. Temos que lutar nossas próprias batalhas, e o familiar adágio 'o Adepto *torna-se*, não é *feito*,' é literalmente verdadeiro [...]. A vida e

* JINARAJADASA, C., Comp. *Cartas dos Mestres de Sabedoria.* Brasília, Ed. Teosófica, 1996. Primeira Série, Carta 7.

> a luta pelo Adeptado seria muito fácil, se todos tivéssemos varredores atrás de nós para varrer os efeitos que geramos através de nossa própria imprudência e presunção." (Ib., 305)

Mas isso não significa que o Mestre não conte ao discípulo o esboço do plano de trabalho que Ele deseja ver realizado no mundo. Ele o faz, convidando o discípulo a cooperar de maneira alegre e espontânea. Como explicado acima, os Mestres descreveram a H.P.B. e H.S.O. o esboço daquilo que queriam que fosse feito e 'ambos ofereceram-se para a tentativa'. O discípulo, 'que é como Ele próprio', é um cooperador alegre e devotado em um trabalho que ele não deve, aliás, não pode ainda conhecer em seu significado total. O Mestre esboça o trabalho; o discípulo é deixado livre para decidir, dentro dos seus próprios limites, como sua parte deve ser melhor desempenhada, com seu julgamento mais maduro e todos os poderes pessoais e ambientais a seu dispor. Assim, o Mestre diz:

> "Nossos dois agentes receberam a tarefa e foram deixados – como você agora está sendo – para que fizessem o melhor que pudessem dadas as circunstâncias." (Ib., 35)

No caso de um discípulo aceito jamais haveria qualquer motivo para objeção. O discípulo saberia, mesmo que no início não entendesse completamente, que a sabedoria e o *insight* do Mestre são infinitamente maiores do que os seus e esperaria pacientemente até que adviesse o entendimento. Mas com os que não são Seus discípulos aceitos, o Mestre possui extrema consideração quanto a seus pontos de vista e jamais pede a um homem para dar mais do que ele pode ou está disposto a dar.

> "Mas nenhum de nós forçaria uma linha de ação sobre você – contra sua vontade." (Ib., 442)
>
> "Não vou apressá-lo, se você não se sente à altura da situação." (Ib., 320)

> "Não se permita ser influenciado por qualquer consideração relacionada aos meus desejos. Se você sinceramente acredita que a oferta é inconsistente com suas noções e critérios europeus de verdade e honra, recuse-a sem qualquer hesitação e permita-me dar-lhe um triste, ainda que sempre agradecido e amigo, adeus." (Ib., 386)

O espírito do verdadeiro discipulado está bem descrito nas palavras do Mestre ao referir-se ao Cel. Olcott:

> "Podemos confiar nele sob *todas* as circunstâncias, e seu serviço devotado nos é oferecido não importando o que aconteça. [...] Onde podemos encontrar uma devoção igual? Ele é alguém que jamais questiona, apenas obedece; que pode cometer inumeráveis erros devido a excesso de zelo, mas que está sempre pronto a reparar suas faltas mesmo à custa da maior auto-humilhação; que considera o sacrifício do conforto e mesmo a vida algo a ser posto em risco com alegria sempre que necessário; que come qualquer comida ou mesmo passa sem alimento; dorme em qualquer cama, trabalha em qualquer lugar, relaciona-se fraternalmente com qualquer proscrito, suporta qualquer privação pela causa." (Ib., 14)

Não é de se admirar que estas duas grandes almas, H.P.B. e H.S.O., fossem os primeiros agentes do Mestre na grande obra!

VIII. A Inspiração Original ainda Flui?

Algumas vezes surge a questão na mente de alguns membros quanto à possibilidade de os Mestres *ainda* continuarem a trabalhar através da S.T. agora que Seus agentes originais passaram para o outro lado da vida. A resposta óbvia a esta questão é o contínuo aumento na vitalidade e no crescimento da Sociedade em todo o mundo. Se os Mestres tivessem retirado Sua bondosa proteção da Sociedade estabelecida para executar Sua vontade na terra, o corpo sem vida teria há muito desintegrado. Os Mestres sempre mantêm seu elo ou canal principal entre a Sociedade e Eles próprios.

O Mestre diz ao Sr. Sinnett:

> "Se H.P.B. morresse antes de encontrarmos um substituto [...] você não mais receberia cartas de mim." (Ib., 362)

Mas nunca faltarão interessados para o trabalho do Mestre, pois Ele diz:

> "Sempre encontraremos voluntários para substituir as sentinelas cansadas, e o mundo, por pior que esteja em seu atual estado de transitoriedade, pode ainda suprir-nos com uns poucos homens de quando em vez." (Ib., 213)

O elo principal entre a Hierarquia de Adeptos e o Corpo Interno da S.T. após a morte de H.P.B., como todos sabem, foi Annie Besant. Essa posição foi-lhe conferida por H.P.B., seguindo ordens do seu Mestre. O Cel. Olcott raramente era capaz de trazer, através de seu cérebro físico, qualquer contato feito com o Mestre nos planos superiores, e não se podia depender sempre de sua sensitividade. Ele nada tinha a ver com a organização e o ensinamento da escola da vida interna dentro do corpo da Sociedade e como tal nem mesmo era membro. Isso foi deixado inteiramente nas mãos de H.P.B. O Mestre K.H. diz em uma carta a ele:

> "Sua impressionabilidade é tão mutável que não devo depender totalmente dela neste momento crítico. [...] Faça com que *todos* esses homens (em Londres) sintam que não temos favoritos nem afeições por pessoas, mas apenas por suas boas ações e humanitarismo como um todo. Mas nós empregamos agentes – os melhores disponíveis. Destes, nos últimos trinta anos, o principal foi a personalidade conhecida para o mundo como H.P.B. (mas de outra maneira para nós). Imperfeita e muito problemática, sem dúvida, como demonstra a alguns; apesar disso, não há a possibilidade de encontrarmos alguém melhor nos anos vindouros, e seus teósofos devem ser levados a compreender isso. [...] Para auxiliar você em sua atual perplexidade: H.P.B. não tem praticamente qualquer interesse em detalhes administrativos e deve ser mantida à parte deles tanto quanto sua natureza forte possa ser controlada. Mas *isto você deve dizer a todos*: – *com relação a assuntos ocultos ela tem tudo a ver.* Nós não a abandonamos. Ela *não* está entregue aos chelas. Ela é *nossa agente direta.* Chamo-lhe a atenção para não permitir que suas suspeitas e ressentimentos contra 'suas muitas tolices influenciem sua lealdade intuitiva para com ela. Na condução deste assunto europeu, vocês terão dois aspectos a considerar – o externo e administrativo, e o interno e psíquico. Mantenha o primeiro sob seu controle em conjunto com o de seus mais prudentes associados; *deixe o*

último para ela. Você está livre para planejar os detalhes práticos com sua habilidade usual. Apenas seja cuidadoso, insisto, quando alguma interferência proveniente dela em assuntos práticos lhe for solicitada, para discernir entre aquilo que é meramente exotérico em origem e efeitos e aquilo que, iniciando-se no nível prático, tende a produzir conseqüências no plano espiritual. Em relação ao primeiro, você é o melhor juiz; em relação ao último, ela o é." (*CMS*, Primeira Série, Carta 19)

Quando H.P.B. morreu, o ensino e a administração do Corpo Interno passaram, como foi dito, para as mãos da Dra. Annie Besant e assim continuou até a morte do Cel. Olcott. Como Presidente-fundador ele tinha o direito de nomear seu sucessor e, quando jazia em seu leito de morte, os dois Adeptos que fundaram a S.T. apareceram para ele fisicamente e o aconselharam a nomear Annie Besant como a próxima Presidente. A descrição do que aconteceu naquela sagrada ocasião e a aceitação contente e carinhosa da sugestão dos Mestres pelo Coronel encontram-se relatadas na íntegra em uma carta circular que na época ele fez com que fosse enviada a todas as Lojas do mundo. A partir desse dia, a Dra. Annie Besant e seu grande associado especialmente treinado pelo Mestre K.H. para determinados trabalhos internos – o Rev. Charles W. Leadbeater – foram os principais agentes escolhidos do Mundo Oculto em Sua condução da Sociedade, obtendo, pelo direito de herança oculta, os postos tão corajosamente sustentados anteriormente por H.P.B. e H.S.O.

Podemos confiar que os Mestres sempre promoverão aqueles que podem melhor servir Seus propósitos neste trabalho. Está também indicado nas Cartas que mesmo naqueles primeiros tempos, antes que sua conexão oficial com a Sociedade fosse feita, os Mestres conheciam e observavam aqueles que viriam a ser Seus auxiliares.

Assim, o Mestre solicita do Sr. Sinnett:

> "Enquanto isso, use todo o esforço para desenvolver relações tais com A. Besant que o trabalho de vocês possa transcorrer em linhas paralelas e em total sintonia." (Ib., 241)

E quando o Sr. Sinnett escreveu ao Mestre a respeito do Sr. Bradlaugh e da Sra. Besant coisas que, pensava, o Mestre desconhecia, Ele respondeu:

> "Sinto que você tenha se dado ao trabalho de me enviar correspondência a respeito de Bradlaugh. Eu o conheço e à sua companheira muito bem. Existe mais do que um traço em seu caráter que estimo e respeito. Ele *não* é imoral, e nada que pudesse ser dito contra ele ou a seu favor pela Sra. K. ou mesmo por você poderia mudar ou mesmo influenciar minha opinião sobre ambos." (Ib., 399)

E, na carta ao Cel. Olcott acima citada, o Mestre deseja que ele assegure a C.W.L., entre outros,

> "[...] que o curso do *Karma* está sempre fluindo." (*CMS*, Primeira Série, Carta 19)

IX. A Mudança de Política quando Annie Besant tornou-se Presidente

Com o acesso da Dra. Annie Besant à Presidência, efetuou-se a junção do trabalho interno e externo na Sociedade. Se voltarmos agora ao segundo ponto a ser notado na maravilhosa carta do Mestre M. que descreve a fundação da S.T., Ele diz que, ao final dos primeiros sete anos de 'provação, os membros da Sociedade tinham de decidir-se quanto à questão dos Adeptos, sobre os quais existia inflamada e polêmica discussão na época. Ele diz que os Mestres ou deveriam ser retirados do programa da Sociedade ou aceitos em Seus próprios termos. Eles foram retirados, e por muitos anos os Mestres de Sabedoria não eram aludidos publicamente, tampouco foi a crença em Sua existência pressuposta por qualquer membro.

Quando a Dra. Besant tornou-se Presidente, essa fase da vida da Sociedade terminou. Em todos os lugares e ocasiões, ela deveras afirmou publicamente seu conhecimento sobre a Fraternidade e não hesitou em invocar Suas bênçãos em todos os grandes encontros de membros. A Grande Fraternidade havia de novo bondosamente retomado Seu próprio espaço como a 'Primeira Seção restabelecida da Sociedade Deles. O mundo está sendo treinado, em grande medida pelo trabalho da Sociedade no plano dos pensamentos e por ações e palavras, a olhar para eles como seus líderes e guias naturais, como de fato o são. Essa expectativa dos Adeptos evidencia-se pelas palavras do Mestre K.H.:

> "Os mistérios nunca foram e nunca poderão ser colocados ao alcance do público em geral, pelo menos não até aquele esperado dia em que nossa filosofia religiosa tenha-se tornado universal." (*ML.*, 6)

Aquele dia 'esperado' não está tão distante agora, pois a influência do pensamento teosófico espalhou-se amplamente, muito além dos limites da Sociedade Teosófica e está começando a permear o pensamento moderno em todos os departamentos da vida humana.

Essa expansão de postura está-se tornando cada vez mais evidente agora. Cada vez mais um maior número de fatos sobre a constituição da vida interna são afirmados publicamente em nossa literatura, cada vez mais expressos por aqueles que são chamados para guiar a 'nau teosófica' dos Mestres. Isso mostra que uma grande quantidade de árduo trabalho preparatório preliminar foi realizado até este ano de encerramento dos primeiros cinqüenta anos de vida da Sociedade. Aqueles dentre nós que são de mente conservadora e temem e desconfiam da revelação progressiva ou das linhas de trabalho novas e em desenvolvimento, talvez estejam esquecendo-se de que a Sociedade dos Mestres é um organismo vivo, em crescimento e desenvolvimento, um canal onde as águas da vida estão sempre fluindo; não uma 'fé certa vez dedicada aos Santos' ou um canal que trouxe muita água e, tendo sido selado, não traz mais. Que o Mestre constantemente anteviu isso está claro a partir de Suas palavras:

> "É evidente que os métodos do Ocultismo, embora na sua maioria imutáveis, têm ainda que se adequar aos novos tempos e circunstâncias." (Ib., 393)

O Mestre M. advertiu o Sr. Sinnett quanto ao ameaçador fechamento do primeiro ciclo menor de sete anos de provação na vida da S.T. Este foi superado e o Mestre K.H. escreve:

> "O ponto crítico do ciclo em andamento ficou para trás; um novo momento se inicia para a Sociedade Teosófica." (Ib., 376)

Existem sete ciclos menores dentro do ciclo maior de quarenta e nove anos. No dia 17 de novembro de 1925, o primeiro ciclo maior na vida da S.T. fechou-se, e um novo ciclo se abriu. Vimos o que tinha sido o trabalho da Sociedade. O que ela realizará no futuro com seu número de membros sempre crescente e seus campos de trabalho sempre em expansão? Certa vez o Mestre K.H chamou-nos de soldados de uma missão quase impossível. Talvez venhamos a tornar-nos naquele futuro um exército triunfante do Céu, contribuindo com uma cota específica para a construção de uma nova era mais feliz, cuja aurora está surgindo para o homem. Estamos em seu limiar. Qual é o nosso trabalho na triunfante batalha da Luz contra as Trevas?

PARTE 2

O TRABALHO

I. Por que os Mestres Fundaram a Sociedade Teosófica

Vangloriamo-nos de nossa civilização, reivindicando que nenhuma era anterior jamais atingiu o nível de conhecimento, descobertas e conforto material que a nossa atingiu, sendo que continuamos avançando. Olhamos com superioridade para os antigos, desprezamos as nações menos "progressistas", não obstante, em meio a todo o nosso aumento em conhecimento e inventos, luxo e riqueza, exista a mais hedionda miséria humana, pobreza, sordidez e enfermidade e, coroando tudo isso, o espantoso horror das guerras mundiais, mais imundas, desesperadoras e diabólicas do que a imaginação do homem jamais pôde planejar, envolvendo milhões de vidas inocentes e indefesas. Estamos condenados no tribunal da justiça eterna, e os melhores cérebros e corações entre nós estão buscando ansiosamente luz nas trevas, procurando algum indício que os guie no interminável e confuso labirinto das transações humanas.

Recém ultrapassamos o ponto intermediário da Quarta Ronda.

> "Neste ponto então o mundo está inundado com os resultados da atividade intelectual e do *decréscimo Espiritual.*" (Ib., 87)

O mundo está também ocupado principalmente com o desenvolvimento da mente analítica concreta através de sua raça dominante – a quinta sub-raça – com o desenvolvimento da mente concreto-analítica. A essência dessa qualidade no homem é distinção, diferença, noção de "egoísmo", de individualidade. Ela não expressa prontamente a perspectiva da natureza espiritual no homem, que é sintética, inclusiva, consciente da unidade subjacente e da unicidade do propósito essencial. A opinião do Mestre sobre a situação atual é inflexível:

> "Vocês são ainda bárbaros com toda a vanglória da sua civilização." (Ib., 244)

E Ele vai ao âmago da questão quando diz:

> "Uma civilização que repousa tão exclusivamente sobre o intelecto." (Ib., 212)

A força desintegradora do intelecto ainda não iluminado pela luz da natureza espiritual desperta é descrita em palavras intensamente compassivas pelo Mestre K.H.:

> "Pobre, pobre humanidade! Ela me faz lembrar a antiga fábula da guerra entre o Corpo e seus membros: aqui também, cada membro desta grande 'Órfã – sem pai nem mãe – preocupa-se, de forma egoísta, apenas consigo mesmo. O corpo descuidado sofre eternamente, quer os membros estejam em guerra, quer em paz. Seu sofrimento e agonia jamais cessam. [...] E quem pode culpá-la – como o fazem seus filósofos materialistas – se, neste interminável isolamento e negligência, dela evoluíram deuses, aos quais 'sempre implora por auxílio sem obter resposta!'" (Ib., 32)

O fracasso dos pensadores e filantropos ocidentais em nada fazer além de lidar de maneira desinteressada com o problema é devido, diz o Mestre, à carência que têm de firmes *princípios universais*, aplicáveis a todos os homens em todos os tempos na história do mundo.

> "Nós, que estudamos um pouco os ensinamentos morais de Kant, analisando-os com algum cuidado, chegamos à conclusão de que mesmo a visão desse grande pensador sobre aquela forma de dever (*das Sollen*) que define o método da ação moral – apesar de sua unilateral afirmação em contrário – falha em dar uma definição completa de um princípio de moralidade incondicional e absoluto – como nós o entendemos. E esse tom Kantiano faz-se presente em toda a sua carta. Você diz amar tanto a humanidade que rejeitaria o 'Conhecimento' em si, não fosse sua geração beneficiada por ele. E mesmo assim, esse sentimento filantrópico parece

nem ao menos inspirá-lo com caridade para com aqueles que considera de inteligência inferior. Por quê? Simplesmente porque a filantropia de que vocês, pensadores ocidentais, vangloriam-se, não tendo caráter de universalidade, *i.e.*, nunca tendo sido firmemente assentada sobre o princípio moral, universal, nunca tendo se elevado além de conversa teórica, principalmente entre os ubíquos pregadores protestantes, não passa de mera manifestação acidental, não sendo uma *Lei* reconhecida. A análise mais superficial mostrará que isso não pode, mais do que qualquer outro fenômeno empírico na natureza humana, ser tomado como um padrão absoluto de atividade moral; i.e., algo que produza ação eficiente. Já que, em sua natureza empírica, esse tipo de filantropia é como o amor, apenas algo acidental, excepcional e como tal tem suas preferências e afinidades egoístas, forçosamente é incapaz de aquecer toda a humanidade com seus raios benéficos. Esse, penso eu, é o segredo do fracasso espiritual e do egoísmo inconsciente desta época. E você, de outro modo, um homem bom e sábio, sendo inconscientemente para si próprio o espírito típico desta época, é incapaz de compreender nossas idéias sobre a Sociedade como uma *Fraternidade Universal* e portanto – vira-lhe as costas." (Ib., 213)

Que a Fraternidade é o mais importante princípio de ação e de ideal para o Mestre pode-se inferir claramente das seguintes palavras:

> "O termo 'Fraternidade Universal' não é uma frase ociosa. A humanidade em massa significa muito para nós." (Ib., 17)

> "A Fraternidade Universal é a única fundação segura para a moralidade universal [...] É a aspiração do *verdadeiro Adepto*." (Ib., 17)

Foi para inculcar gradualmente este grande ideal nas mentes humanas, para prover o mundo com este grande princípio de *ação firme e eficiente*, que nossos dois grandes Mestres fundaram a Sociedade Teosófica. Repetidamente Eles enfatizaram o fato de que é para difundir Sua grande filosofia, para incitar à ação baseada nestes princípios, visando o melhoramento humano, que a Sociedade existe; não para ajudar indivíduos a adquirir poderes ocultos nem para produzir fenômenos extraordinários, permitidos que foram por algum tempo, para chamar a atenção para o movimento no seu início.

"Não são fenômenos *físicos* que em qualquer tempo trarão convicção aos corações dos descrentes na 'Fraternidade', mas sim fenômenos de *intelectualidade, filosofia* e lógica, se posso assim expressá-lo." (Ib., 243)

"Não são fenômenos físicos, por mais maravilhosos, que podem explicar ao homem sua origem, muito menos seu destino final, ou como um deles expressa – a relação do mortal com o imortal, do temporário com o eterno." (Ib., 419)

"Tudo isso surgirá de forma gradual; e, portanto, antes disso, *eles* (os espiritualistas), *bem como nós,* temos todos um dever *a cumprir, uma tarefa* colocada ante nós: aquela de varrer para longe tanto quanto possível a escória que nos foi deixada pelos nossos piedosos antepassados. Novas idéias devem ser plantadas em lugares limpos, pois estas idéias tocam os assuntos mais momentosos. Não são fenômenos físicos *ou a atividade chamada Espiritualismo* e sim estas idéias universais que *devemos precisamente* estudar: *o númeno, não o fenômeno,* pois para compreender o ÚLTIMO temos antes que entender o PRIMEIRO." (Ib., 419)

Que os Adeptos tencionavam acabar com a produção de fenômenos tão logo quanto possível fica claro a partir destas palavras:

"Quanto aos testes e às provas convincentes aos Saduceus da Europa em geral e aos da Inglaterra em especial – isto é algo a ser deixado inteiramente fora de nosso programa futuro." (Ib., 332)

Alguns dos primeiros membros da S.T. (e talvez ainda alguns de nós) erraram a esse respeito. Assim o Mestre escreve:

"Tente também romper aquela grande *Maya* contra a qual os estudantes de Ocultismo, em todo o mundo, têm sido sempre advertidos por seus instrutores – o ardente desejo por fenômenos. Como a sede por bebida e ópio, ele cresce com a recompensa. [...] Se você não pode contentar-se sem fenômenos, jamais aprenderá nossa filosofia. Se você desejar pensamentos saudáveis, filosóficos e puder contentar-se com eles – mantenhamos a correspondência. Expresso-lhe uma profunda verdade ao dizer que se você (como seu lendário Shlona) escolher nada mais que a sabedoria, todas as outras coisas a acompanharão – no devido tempo." (Ib., 258)

E, outra vez:

"Aqueles que se filiam à Sociedade com o objetivo único e egoísta de alcançar poder, fazendo da ciência oculta a sua meta única ou mesmo principal, melhor seria que não o fizessem – estão condenados ao desapontamento [...]. Quantas vezes tivemos de repetir que aquele que ingressa na Sociedade com o objetivo único de entrar em contato conosco e se não de adquirir, pelo menos de assegurar para si a realidade de tais poderes e de nossa existência objetiva – está perseguindo uma miragem? Eu o repito, portanto. Somente aquele que tem o amor pela humanidade no coração, e que é capaz de captar plenamente a idéia de uma *Fraternidade prática, regeneradora* (itálicos meus, C.M.C.) é que está habilitado à posse de nossos segredos. Apenas tal homem – nunca fará mal uso de seus poderes, como não haverá jamais o temor de que ele os dirija para fins egoístas. Um homem que não coloca o bem da humanidade acima de seu próprio não é digno de tornar-se nosso chela – não é digno de tornar-se superior ao seu próximo em conhecimento [...].

Estamos em meio a pessoas conflituosas, obstinadas e ignorantes em busca de conhecer a verdade, todavia incapazes de encontrá-la, pois cada qual a busca apenas para seu próprio benefício e gratificação, sem ter um pensamento sequer para com os outros. Você, ou ainda eles, nunca verão o verdadeiro significado e explicação dessa grande ruína e desolação que atingiu nossa terra e ameaça todas as terras – a sua antes de tudo? Foram o *egoísmo* e o *exclusivismo* que mataram a nossa, e são o egoísmo e o exclusivismo que matarão a sua – a qual tem ainda por cima outros defeitos que não mencionarei. O mundo obscureceu a luz do verdadeiro conhecimento e o egoísmo não permitirá a sua ressurreição, pois ele exclui e não irá reconhecer a total irmandade existente entre todos aqueles que nasceram sob a mesma imutável lei natural." (Ib., 248-9)

Durante o domínio da Quita Raça, o conhecimento, que é poder, está amplamente voltado para fins particulares individuais, de classe e nacionais.

> "A verdade, meu caro amigo, é que apesar da grande maré de misticismo que está agora varrendo uma parte das classes intelectuais da Europa, o povo ocidental ainda mal aprendeu a reconhecer aquilo que chamamos *sabedoria* em seu sentido mais sublime. Todavia, apenas é considerado verdadeiramente sábio neste mundo, aquele que pode conduzir com maior sagacidade os negócios da vida, de forma a render a maior quantidade de lucro material – honrarias ou dinheiro. A qualidade da sabedoria sempre foi e será ainda por um longo tempo – até o derradeiro final da quinta raça – negada àquele que busca a riqueza da mente em si mesma, pela satisfação e resultados que possa proporcionar, ainda que sem o propósito secundário de tirar proveito da mesma para obtenção de benefícios materiais." (Ib., 300)

Essa atitude mental, consciente ou inconsciente, colore a atmosfera do pensamento de todo o mundo civilizado, e aqueles que forem capazes de libertar suas mentes disso e de viver numa atmosfera mais livre e nobre, agindo a partir de princípios mais profundos e universais, deverão colocar toda a sua força individual contra as correntes de pensamento unidas do mundo. Isso poderia parecer uma tarefa quase impossível, se não nos lembrássemos de que o poder espiritual é irresistível e inexaurível, e que o centro espiritual em cada um de nós é parte de um Todo poderoso e definitivamente vitorioso, e destinado a tornar-se cada vez mais um canal para a Luz.

O Mestre diz:

> "Três vezes afortunados são aqueles que podem romper o círculo vicioso da influência moderna e elevar-se acima da neblina!" (Ib., 243)

Seja como for, que pelo menos no início, mesmo muitos de nossos membros não obtiveram sucesso nesse sentido evidencia-se nas palavras escritas em 1884:

> "E esta é também a razão pela qual a S.T. britânica não progride praticamente um passo sequer. Eles pertencem à Fraternidade Universal *apenas no nome* e gravitam quando muito em direção ao Quietismo – aquela suprema paralisia da Alma. São intensamente egoístas em suas aspirações e receberão nada mais que a recompensa por seu egoísmo." (Ib., 208)

II. O Trabalho da Sociedade Teosófica

Está claro nos parágrafos precedentes que os Mestres fundaram a Sociedade Teosófica como uma representação direta em Seu trabalho pela regeneração e recuperação do mundo. Eles, corporificações da Força da Evolução, trabalham para isso incessantemente, em intervalos determinados pela Hierarquia e de acordo com a lei Kármica. Enviam Seus agentes humanos para nosso meio e convidam aqueles dentre nós cuja intuição interna está suficientemente desperta para, nas humildes esferas de nossas próprias vidas terrenas, colaborar com Eles em seus tremendos esforços.

> "Por incontáveis gerações os Adeptos construíram um templo de rochas indestrutíveis, uma gigantesca Torre do PENSAMENTO INFINITO, onde residia o Titã, e se necessário ainda residirá sozinho, emergindo daí apenas no final de cada ciclo, para convidar os eleitos da humanidade a cooperar com ele e auxiliá-lo por sua vez a iluminar o homem supersticioso. E seguiremos neste nosso trabalho periódico; não vamos permitir sermos frustrados em nossas tentativas filantrópicas até o dia em que as fundações de um novo continente de pensamento estejam tão firmemente construídas que quantidade alguma de oposição e malícia ignorante, guiada pelos Irmãos da Sombra, poderá prevalecer." (Ib., 51)

A última frase deve ser observada. Assim como os Adeptos da Magia Branca são corporificações e agentes coletivos das Forças que trabalham pela Evolução, também existem seres que concentram em si mesmos as Forças que trabalham contra a Evolução, e seu trabalho é destrutivo, maligno, separatista, usando a oposição e a malícia da ignorância humana de forma tão sutil quanto os Adeptos Brancos usam seus impulsos mais amplos e nobres.

A inculcação desses princípios mais amplos e verdadeiros e o conhecimento dos fatos mais profundos da vida sobre os quais estão fundamentados são o primeiro e preeminente dever da Sociedade Teosófica, pois

> "'As idéias regem o mundo, e como as mentes dos homem recebem novas idéias, deixando de lado as antigas e estéreis, o mundo avançará, poderosas revoluções surgirão delas; instituições, sim, e até mesmo credos e poderes [...] ruirão ante sua marcha para frente, esmagados pela sua própria *força inerente.* [...] Será tão impossível resistir a sua influência quando a hora for chegada quanto o é impedir o progresso das marés." (Ib., 419)

Esses princípios e as mais profundas verdades da vida sobre as quais estão fundamentados constituem parte da Sabedoria Antiga que costumava ser ensinada nos Mistérios Menores de todas as Fés e eras do mundo. E exatamente por estarem relacionados com tais fatos universais e eternos da existência, são da maior importância *prática* para o mundo como um todo. É essa visão desses fatos que tem supremacia nas mentes da Comunidade de Adeptos.

> "As verdades e os mistérios do Ocultismo constituem, de fato, um corpo da mais alta importância espiritual, ao mesmo tempo profundo e prático para o mundo como um todo. Todavia, não é como uma mera adição à confusa massa de teorias ou especulações no mundo da ciência que elas estão sendo oferecidas a vocês, mas por causa de sua relevância prática sobre os assuntos da humanidade. [...] Elas *têm* de provar que são tanto destrutivas quanto construtivas – *destrutivas* nos erros perniciosos do passado, nos velhos credos e superstições que sufocam, com seu abraço venenoso, quase toda a humanidade, como a erva daninha mexicana; porém *construtivas* das novas instituições de uma prática e genuína Fraternidade da Humanidade, onde todos tornar-se-ão colabora-

dores da natureza, e trabalharão pelo bem da humanidade *com e através* dos mais altos *Espíritos planetários* – os únicos 'Espíritos nos quais acreditamos." (Ib., 23-4)

A última parte do parágrafo precedente é altamente sugestiva e indicadora do futuro. Retornaremos a isso em breve. Uma autoridade tão elevada na Hierarquia Oculta que governa este planeta quanto o *Maha Chohan* expressa muito claramente o desejo dos Adeptos de que a Teosofia deve provar-se de benefício *prático* para as massas da humanidade. Em uma carta escrita por Ele em 1881, que bem podemos chamar de Magna Carta da Sociedade Teosófica, esse grande Adepto, do qual o Mestre K.H. fala como sendo alguém

"para cuja visão o futuro é como uma página aberta" (*CMS*, Primeira Série, Carta 16)

Ele diz:

> "Para que nossas doutrinas reajam de forma prática sobre o assim chamado código moral ou sobre as idéias de verdade, pureza, abnegação, caridade, etc., temos que popularizar um conhecimento de Teosofia." (Op. Cit., Carta 1)

Existem quatro pontos a serem particularmente observados nessa única frase:

1. O Mestre chama os ensinamentos da Teosofia de 'Nossas Doutrinas'.
2. Ele deseja que elas tenham um efeito *prático.*
3. Ele estigmatiza nosso código moral como 'assim chamado.
4. Ele deseja que se popularize a Teosofia.

O Mestre deseja que o trabalho da S.T. seja disseminado tanto e tão amplamente quanto possível. Ele conhece as necessidades da humanidade, sua fome por verdade, luz e ensinamento.

O Mestre K.H. diz ao Sr. Sinnett:

> "Se os seus esforços ensinarem ao mundo uma letra que seja do alfabeto da Verdade – aquela Verdade que certa vez

permeou todo o mundo –, sua recompensa não lhe faltará." (*ML.*, 239)

E em outra ocasião Ele lhe solicita que escreva uma resposta a um editorial do principal jornal Espiritualista da época, ou:

"[...] o resultado será que as mais preciosas indicações não conseguirão atingir as mentes daqueles que anseiam pela verdade." (Ib., 254)

Parece que o Sr. Sinnett era da opinião, bastante natural em seu tempo e educação, de que apenas as classes intelectuais da humanidade eram capazes de assimilar a Teosofia. Que o Mestre não compartilha de sua convicção está evidenciado muitas vezes nas Cartas.

"Na sua opinião 'não vale a pena trabalhar meramente para as mentes de segunda classe', e você propõe seguir a linha de um argumento tal para ou tomar *tudo* ou abandonar todo o trabalho se você não puder obter *imediatamente* 'um sistema de filosofia que suporte o escrutínio e a crítica de homens tais como Herbert Spencer'. A isso respondo que você peca contra as multidões." (Ib., 236)

"Tampouco suas inferências (relativas ao bem-estar e à satisfação das classes altas serem devidas a um *Karma* melhor) são corretas em sua aplicação geral. Elas têm uma aura eudemonística ao seu redor que dificilmente é conciliável com a Lei *Kármica*, já que aqueles 'bem-estares e satisfações são muito mais freqüentemente as causas de um *Karma* novo e sobrecarregado do que a produção de efeitos deste. Até mesmo como 'regra geral, a pobreza e a condição humilde de vida são menos causa de tristeza do que o são a riqueza e o nascimento afortunado." (Ib., 198)

"O refinamento, a polidez e a educação brilhante no sentido que *você* dá a essas palavras têm muito pouco a ver com o curso de uma Lei mais elevada da Natureza superior." (Ib., 114)

"Nem riqueza, nem pobreza, nem nascimento em família abastada ou pobre têm qualquer influência, pois tudo isso é resultado de seu *Karma*. Nem o que você chama civilização tem muito a ver com o progresso. É o homem *interior*, a espiritualidade, a iluminação do cérebro físico pela luz da inteligência espiritual ou divina que se constitui *o verdadeiro* teste." (Ib., 117)

"O fato de (os povos da Índia) parecerem 'menos avançados em termos de civilização e refinamento muito pouco perturbam sua espiritualidade, sendo o *Karma* um animal que permanece indiferente à pobreza ou à riqueza." (Ib., 118)

Todavia, com a perfeita imparcialidade do Adepto, o Mestre pode ver as faltas também do outro lado:

"Com relação à natureza humana em geral, ela é a mesma agora que há um milhão de anos: Preconceito baseado em egoísmo; aversão generalizada em abandonar um estado de coisas estabelecido por novos modos de vida e pensamento – e o estudo oculto requer tudo isso e muito mais –; orgulho e resistência obstinada à Verdade se ela apenas tocar suas noções prévias das coisas – tais são as características de sua época, e especialmente das classes média e baixa." (Ib., 3)

O *Maha Chohan* diz que a porção intelectual da humanidade parece que tem estado a dividir-se rapidamente em duas classes: uma pela deliberada entrega de seu intelecto, aprisionando a si mesma nos estreitos caminhos do fanatismo e da superstição, e a outra induzindo sem restrições suas tendências animais. Ele diz:

"Estas classes intelectuais, reagindo sobre as massas ignorantes que atraem, as quais as vêem como nobres e dignos exemplos a serem seguidos, degradam e moralmente arruínam aqueles a quem deviam proteger e guiar.

Entre a superstição degradante e o ainda mais degradante e brutal materialismo, a pomba branca da verdade mal encontra um lugar onde descansar seus cansados e mal-acolhidos pés." (*CMS.*, Primeira Série, Carta 1)

Desta forma, através do ensinamento às multidões, pela gradual penetração de ideais puros e verdadeiros, os Mestres esperam inaugurar uma nova era social e religiosa.

> "Assim, por favor, tenha paciência. O Sr. Hume – se ele ao menos se ativer a suas resoluções – tem um grande e nobre trabalho diante de si – o de um verdadeiro Fundador de uma nova era social, de uma Reforma filosófica e religiosa." (*ML*, 424)

> "O único objetivo pelo qual vale a pena esforçar-se é o melhoramento da condição do *homem* pela difusão da verdade adaptada aos vários estágios de seu desenvolvimento e ao do país que ele habita e ao qual pertence." (Ib., 393)

Tudo isso parece, à primeira vista, uma tarefa gigantesca e praticamente impossível para a pequena Sociedade Teosófica empreender. Mas devemos lembrar que, uma vez ultrapassada a crise de sua provação inicial, a Sociedade agora perdurará e florescerá, avançando através dos séculos que virão com estabilidade e poder sempre crescentes. Seus objetivos imediatos serão alterados, adaptar-se-ão e aumentarão, enquanto suas principais metas permanecerão sempre as mesmas, pois atrás dela está a força e a proposta do mundo dos Adeptos que a abençoam e a usam:

> "[...] enquanto houver na S.T. três homens merecedores da bênção de nosso Senhor, ela nunca poderá ser destruída." (*CMS*, Primeira Série, Carta 40)

Felizes de nós, de espírito profundamente pioneiro, que somos chamados para trabalhar no grande movimento dos Mestres enquanto esse movimento ainda é jovem. Os próximos cinqüenta anos de vida da Sociedade verão enormes mudanças e desenvolvimentos no mundo como um todo, e também dentro das fileiras da nossa S.T. Pois a Sociedade, em conformidade com a política declarada da Hierarquia de convidar os homens a participarem mais estreitamente de Suas propostas ao final de cada século, também nasceu no fechamento de um ciclo maior, em preparação para o trabalho de uma nova era, mais feliz e nobre na marcha da Humanidade de volta para Casa. Muitos anos atrás o Mestre advertiu o Sr. Sinnett de perturbações próximas próprias ao término de uma era e o início de outra.

> "Você sabe que eu lhe disse há muito tempo para esperar grandes e numerosas perturbações de todos os tipos quando um ciclo estivesse se encerrando e outro iniciando suas funestas atividades." (*ML*, 390)

Um dos mais destacados dos grupos pioneiros trabalhando para a nova era é a Sociedade Teosófica. Como foi afirmado anteriormente, o Mestre K.H. uma vez chamou-nos de uma 'missão quase Impossível'. Ele diz:

> "O que eu quero dizer com 'Missão quase Impossível' é que quando se consideram a magnitude da obra a ser assumida pelos nossos teósofos voluntários e especialmente as inumeráveis dificuldades que surgem *e surgirão* [itálicos meus. C.M.C.], em oposição, podemos muito bem comparar com um daqueles esforços desesperados contra obstáculos intransponíveis que o verdadeiro soldado glorifica-se em vencer. Você fez bem em enxergar o 'amplo propósito' no pequenino início da S.T." (Ib., 35)

Vamos agora examinar essa obra em detalhes mais completos, com suas várias e prováveis permutações e ramificações, e também algumas das dificuldades surgidas, ou por surgir, contra ela.

(i) Propaganda Teosófica

Pouco precisa ser dito a este respeito, pois estamos todos mais ou menos convencidos de sua necessidade. Nos primeiros dias havia um número considerável de membros que sinceramente acreditavam que o público comum não estava preparado para receber as Verdades da Teosofia, e que nosso trabalho perdia dignidade e poder no esforço de comunicá-las. Essa idéia agora tem sido amplamente refutada, e quase todas as Seções Nacionais realizam trabalho de propaganda. Estamos envolvidos nisso, mas apenas realizando a vontade do *Maha Chohan* quando ele diz que:

> "[...] temos de popularizar um conhecimento de Teosofia." (*CMS*, Primeira Série, Carta 1)

Não é necessário dizer que ao realizar isso devemos, individual e coletivamente, tentar fazê-lo com tanta beleza, simplicidade e dignidade quanto nos forem possíveis. Simplicidade não é incompatível com beleza e dignidade e é necessária no trabalho com o público em geral. O Mestre K.H. disse que H.P.B. era incapaz de lembrar-se de que

> "[...] o público em geral precisa de todas as explicações elucidativas que para ela possam parecer supérfluas!" (*ML*, 126)

III. Reforma Religiosa

Nas palavras do Mestre, acima citadas, relativas às possibilidades do Sr. Hume, Ele descreve suas oportunidades no trabalho teosófico de tornar-se um verdadeiro Fundador de uma nova ordem social, de uma Reforma filosófica e religiosa. Vejamos primeiramente esta última afirmação, já que a organização externa, ou ordem social de uma sociedade, é o resultado final da evolução de sua consciência interna ou de seus entendimentos e concepções religiosas e filosóficas.

O problema atual no mundo religioso parece resolver-se no combate entre duas tendências diametralmente opostas:

1. fanatismo e superstição;
2. licenciosidade irreligiosa;

ou, como o *Maha Chohan* expressou:

1. superstição degradante;
2. materialismo brutal e degradante.

Não é de surpreender que a divisão entre esses dois elementos seja tão distintamente visível nestes dias, pois em períodos de transição como o atual, a reação contra a autoridade cristalizada e o dogmatismo sempre peca por excesso; além disso, enquanto os velhos valores e concepções desaparecem, os novos ainda não surgiram claramente.

(i) Fanatismo e Superstição

Consideremos em primeiro lugar o item 1. O que *é* superstição e onde está ela em evidência nas religiões do mundo atual?

O dicionário diz que a palavra 'superstição' originalmente significava 'situação de medo ou assombramento', por conseguinte 'crença e práticas fundadas em idéias indignas e incorretas relacionadas a um deus, ou aos deuses, ou aos poderes incompreendidos da Natureza'. O Mestre K.H. diz que a superstição causa tanto dano porque é um pecado contra o amor. Por isso, todas as idéias indignas e incorretas relativas ao Poder Supremo do universo como sendo um Ser de emoções humanas pessoais, raivosas, ciumentas e cruéis, deve ser a mais obscura das superstições, bem como o é a temerosa doutrina da tortura eterna após a morte. Dizemos que Deus é amor e então atribuímos ao Amor determinações e práticas totalmente alheias a sua natureza.

O Mestre K.H. diz:

> "A superstição [...] tem causado muitas e terríveis crueldades. O homem que é seu escravo menospreza outros que são mais sábios, tenta obrigá-los a agir como ele age." (*APM*, p. 90-1)

Com que freqüência isso se exemplifica na vida, pela ação sincera e honesta do fanático radical. O Mestre continua:

> "Pensa tu na horrível matança produzida pela superstição de que animais devem ser oferecidos em sacrifício, e pela ainda mais cruel superstição de que o homem necessita de carne para alimentar-se. Pensa nos maus-tratos que a superstição destinou para as classes oprimidas em nossa bem-amada Índia, e vê como esta má qualidade pode gerar desapiedada crueldade, mesmo entre aqueles que conhecem..." (*APM, p. 91-2)*

[No Ocidente os animais não são sacrificados em cerimônias religiosas, mas são explorados para uso e ganho material do homem. O ensinamento fundamental do Hinduísmo é a Unidade de toda a Vida. C.M.C.]:

> "[...] o dever da fraternidade. Muitos crimes os homens cometeram em nome do Deus de Amor, movidos por este pesadelo da superstição." (*APM, p. 92*)*

---

* KRISHNAMURTI, J. *Aos Pés do Mestre*. Brasília, Ed. Teosófica, 1999. (N. ed. bras.)

A história da Igreja Cristã por si só pode mostrar-nos isso. A superstição pode verdadeiramente ser descrita como a aceitação cega do que os outros dizem, sem tentar pensar e ver por nós mesmos.

Isso significa que todas as igrejas, com seus conseqüentes canais de ensinamento e cerimonial de adoração (elaborados ou não), são supersticiosas e devem ser totalmente extintas? De forma alguma.

Façamos uma distinção clara em nossas mentes entre *religião e sistemas religiosos,* pois a primeira é o instinto natural em busca do Lar, o apelo Divino da Mônada a nós, e o outro é um sistema de pensamento e prática desenvolvidos com o propósito de auxiliar os homens a alcançar, mais rápida e alegremente, aquela suprema auto-realização. Esse ensinamento está corporificado naquilo que, com o passar das eras, começa a ser visto como escrituras sagradas e inspiradas; em eminentes glifos e símbolos que indicam verdades espirituais universais e profundas, e em alguns tipos de construções sagradas, portanto magnetizadas com suas reconhecidas cerimônias de adoração, destinadas, em primeiro lugar por correspondência psíquica, a atrair o devoto para mais próximo do ideal interior de seus esforços. Estes três fatores são comuns a toda grande religião, antiga ou moderna, na história do mundo.

A superstição insinua-se quando o conhecimento parte, e surge uma aderência cega e irracional ao costume e à prática. Então escrituras tornam-se infalíveis e verbalmente inspiradas, símbolos transformam-se em dogmas de significado incompreensível, cerimoniais convertem-se num emaranhado sem sentido de palavras e ações. Está claro que isso não pode ser evitado no presente estágio semidesenvolvido da humanidade, mas a conseqüente necessidade de uma reafirmação da Verdade essencial, de uma reinterpretação dos antigos símbolos e glifos, de diferentes e novas práticas e formas de adoração adequadas às novas raças em evolução e à mentalidade da era que se inicia deve estar igualmente clara.

Os Místicos de todas as crenças existentes no mundo que atingiram a "União" sempre se elevaram acima da necessidade de qualquer auxílio externo na vida da alma.

> "Todos os Vedas são tão úteis a um *Brahmane* iluminado quanto o é um tanque em um lugar repleto de água." (*Bhagavad Gita, II. 46)*

Mas já está a maioria dos teósofos ou a maioria das pessoas do mundo que nos cerca elevada a este ponto? Já conseguem eles escrever em linha reta num papel sem pautas? Já está o templo interno, "Eterno nos céus", com a construção tão avançada a ponto de se poder retirar os andaimes? Muitas interpretações foram dadas a uma citação de uma carta do Mestre K.H.:

> "Que possam estar sempre longe de nossos pensamentos erigir uma nova hierarquia para a opressão futura de um mundo controlado por sacerdotes." (*ML*, 401)

Mas se lermos essa frase em seu contexto, veremos que o Mestre não se refere, de modo algum, às grandes crenças do mundo, e sim à injustificada ação da então Presidente da Loja de Londres, Sra. Anna Kingsford, que depois de haver, aberta e muito desrespeitosamente, declarado sua descrença nos Mestres, solicitou através de Madame Blavatsky uma palavra de apoio do Mestre K.H. para conseguir sua reeleição à presidência da Loja. Isso, como o Mestre assinala em resposta, estaria em flagrante contradição com as leis do mundo oculto, que, como se viu anteriormente neste tratado, proíbem terminantemente qualquer intromissão ou coerção do livre-arbítrio e da liberdade de escolha humanos. O fato de que o clero ignorante de todas as grandes religiões em todo o mundo faça isso é a causa da condenação que deles faz o Mestre, e não o fato de serem sacerdotes. Vejamos esse assunto de forma clara e direta.

(ii) O Poder Temporal das Igrejas

De um lado o Mestre K.H. faz uma terrível acusação às igrejas atuais.

> "Vou assinalar qual é a maior, a principal causa de quase dois terços dos males que perseguem a humanidade desde que esta causa tornou-se um poder. É a religião [i.e. os 'sistemas religiosos', C.M.C.] sob qualquer forma e em qualquer nação. É a casta sacerdotal, o clero e as igrejas. [...] Olhe para a Índia e olhe para a cristandade e o Islã, para o Judaísmo e o Fetichismo. É a impostura sacerdotal que apresentou esses Deuses tão terríveis ao homem; é a religião que o torna o egoísta intolerante, o fanático que odeia toda a humanidade fora de sua própria seita, sem dar-lhe nada de melhor ou de mais moral em troca. [...] Não está o homem sempre pronto a cometer qualquer tipo de maldade se lhe disserem que seu

> Deus ou Deuses exigem o crime? [...] Os camponeses irlandeses, italianos e eslavos passarão fome e verão toda a sua família faminta e em frangalhos para alimentar e vestir seu padre e seu papa. Por dois mil anos a Índia gemeu sob o peso da casta, apenas os *Brahmanes* se alimentavam com o melhor da terra, e hoje em dia os seguidores de Cristo e os de Maomé matam-se mutuamente em nome de, e para a glória maior de seus respectivos mitos. Lembre-se de que a soma da miséria humana nunca diminuirá até o dia em que a melhor porção da humanidade destrua, em nome da Verdade, moralidade e caridade universais, os altares de seus falsos deuses." (Ib., 57-8)

Tudo finalmente resultando de uma causa *raiz* – tornar a religião um *poder material, temporal.* O mundo do Espírito não conhece o tomar, senão um eterno, inexaurível dar; não busca poder algum, a não ser o poder de servir às tristezas e necessidades do homem; não deseja honrarias, mas o privilégio de renunciar a tudo que o mundo considera caro, e ainda mais profunda e sutilmente, o que menos deseja é dominar e governar as mentes e almas de outros. Não se preocupa com confortos e deleites mundanos. Tal como o sol nos céus, dá luz e conforto para todos sem nada tomar para si. A cobiça por poder temporal e espiritual destruiu as igrejas do mundo, e com isso provaram que são falsas em seu legado e a toda a natureza do mundo espiritual. O Mestre afirma isto na primeira frase:

> "[...] desde que aquela causa tornou-se um *poder.*" (Ib., 57)

E agora o clero em todos os países:

1. governa o campesinato ignorante pelo temor, seja na Índia, na Irlanda ou em qualquer outro lugar;
2. faz com que ele considere o resto da humanidade como estando "fora do âmbito" da casta ou igreja;
3. não o torna mais moral, caritativo ou autocontrolado;
4. é responsável por arruinar muitos corações humanos através da intolerância religiosa;
5. cerca um campesinato degradado e faminto em torno de magníficas e suntuosas igrejas e paramentos eclesiásticos;

6. provoca as mais violentas guerras através do fanatismo e da intolerância.

Todavia, os Adeptos não condenam as religiões como tais. O Mestre K.H. diz que um homem

> "poderia ser um membro ativo e útil da Sociedade, sem inscrever-se como nosso seguidor ou correligionário", (Ib., 401)

declarando-se assim um budista. E o *Maha Chohan* diz que:

> "O Coronel H.S.O., que trabalha apenas para restabelecer o Budismo, pode ser considerado como alguém que labora no verdadeiro caminho da Teosofia, muito mais do que qualquer outro homem que escolhe como meta a gratificação de suas próprias aspirações ardentes por conhecimento oculto." (*CMS*, Primeira Série, Carta 1)

E como o Coronel Olcott trabalhou, no início da S.T., para restabelecer o Budismo no Sri-Lanka (antigo Ceilão), na época ameaçado de virtual detração e extinção, estabelecendo e mantendo escolas onde a antiga e nobre fé era mais uma vez ensinada e esforçando-se com energia e vigor para trazer de volta às terras budistas, corrompidas e transtornadas pelo contato e influência européia, uma crença e um orgulho natural em sua fé nacional; também, um pouco mais tarde, a Dra. Besant fez o mesmo pelo Hinduísmo – um trabalho maravilhoso que culminou na esplêndida Universidade Hindu em Benares, a cidade sagrada da Índia. Para realizar essa obra, esses dois grandes líderes adotaram os mesmos métodos. Ambos professaram sua preferência pela religião que lutaram para restabelecer e foram à própria raiz da questão, como sempre fizeram os católicos romanos no Ocidente, iniciando com escolas infantis.

Qual é, portanto, nosso trabalho agora, como teósofos, no campo da Reforma Religiosa? Devemos combater, com toda a nossa força, as duas tendências apontadas pelo *Maha Chohan*: fanatismo e superstição, e licenciosidade irreligiosa.

Com relação ao primeiro, como mencionado acima, Ele inclui:
1. interpretações dogmáticas;
2. autoridade de personalidades;

3. concepções antropomórficas;
4. sacerdotes assalariados.

(iii) Dogma e Autoridade

Portanto, o dever do teósofo é minimizar esses males, primeiro e antes de tudo, através de ampla difusão por toda a parte de um espírito de tolerância religiosa, compreensão e caridade. Não apenas pregar isso, mas, o que é muito mais importante, viver isso, meditar e pensar sobre isso até que todo o nosso ser transpire a atmosfera de fraternidade e paz. Devemos deveras ser isso, e não apenas falar disso se quisermos realizar o trabalho do Mestre; observar primeiramente para que em nossas próprias vidas não permaneça fragmento algum de velhos preconceitos e superstição. O Mestre M. fala a respeito de alguns membros indianos de antigamente:

> "Filiam-se à Sociedade e embora permaneçam tão obstinados como sempre em suas velhas crenças e superstições, não abrindo mão jamais da casta ou de um único de seus costumes, eles, em sua exclusividade egoísta, esperam ver-nos e conversar conosco e obter nosso auxílio em tudo." (*ML*, 454)

Muita coisa pode ser feita através do estudo de religiões comparadas, pela meditação sobre o significado eterno, espiritual dos grandes símbolos e dogmas da fé cristã e pelo estudo de suas origens. Mas ao esforçar-nos por trazer essa iluminação adicional a outros, especialmente aos membros das Igrejas Cristãs ortodoxas, tentemos com todo o empenho, trazê-lo da forma mais adequada aos padrões de pensamentos impressos neles, para não assustá-los ou afrontá-los ao apresentar-lhes, quer eles queiram ou não, os fatos esotéricos mal digeridos por nós.

Não temos de mostrar-lhes tudo o que sabemos nem quão emancipados e iluminados somos, mas procurar descobrir como podemos, da maneira melhor e mais gentil, alargar seus horizontes e aquecer, com um pensamento maior e mais inclusivo, suas próprias fontes de verdadeira benevolência. Lembremos as palavras do Mestre K.H.:

> "Os preconceitos do mundo devem ser vencidos passo a passo, não de súbito." (Ib., 4)

E também as palavras do Mestre M.:

> "O conhecimento para a mente, assim como o alimento para o corpo, tem o propósito de nutrir e auxiliar no crescimento, mas é necessário que seja bem digerido; quanto mais completa e lentamente o processo ocorrer, melhor tanto para o corpo quanto para a mente." (Ib., 262)

Os Grandes Seres apenas repetem o antigo ensinamento de Shri Krishna no *Bhagavad Gita*: 'Que nenhum sábio se permita perturbar a mente dos ignorantes apegados à ação.'

Portanto, ao combater interpretações dogmáticas e autoridade de personalidades, sejamos muito cuidadosos para que não substituamos uma verdade não-digerida transformada em dogmas teosóficos ou a 'autoridade' dos líderes teosóficos.

Não lhes prestemos o desserviço de belicosamente citá-los como autoridades para aqueles que nada sabem a seu respeito, ou que foram acostumados a considerá-los sob uma luz diferente.

(iv) Concepções Antropomórficas

Tais concepções também devem ser tratadas com sabedoria. Gilbert Chesterton disse certa vez: 'Deus é o Grande Paradoxo'. De fato, ele não pode ser uma pessoa como você ou eu, ou haveria um universo fora e à parte de Sua magnífica Vida. Todavia, ao mesmo tempo Ele é a essência da personalidade, como é a essência de tudo o mais. Alguma vez ponderamos suficientemente, ou persuadimos cristãos a ponderar a respeito de passagens tais nas Escrituras Cristãs, como a das palavras a Moisés: 'Não me podes ver a face, porquanto homem nenhum ver-me-á, e viverá' (Êxodo, XXXIII, 20), ou a lição a Elias mostrando-lhe que 'Deus' não estava nos fenômenos externos, ruidosos da Natureza, mas na "serena, pequenina voz' interior? Há muitos anos, em 1882, o Mestre K.H. observou

> "a grande maré de misticismo que está agora varrendo uma parte das classes intelectuais da Europa, [...]." (*ML*, 300)

E a maré está ampliando-se e aprofundando-se em toda a parte.

A humanidade está sendo preparada para receber e compreender as realizações mais nobres e profundas da Divindade. Os dias de considerar Deus como um velho senhor nos céus, a quem podíamos implorar por benefícios pessoais ou aplacar através de culto hipócrita estão rapidamente desaparecendo. A concepção que o homem faz da Divindade eleva-se à medida que evolui. Como disse Voltaire: 'No começo Deus criou o homem à sua própria imagem, e o homem Lhe tem retribuído a cortesia desde então'.

As antigas Escrituras judaicas, incorporadas às nossas, sugerem a idéia da Divindade como uma deidade mesquinha, vingativa e tirânica de uma tribo selvagem. Após o cativeiro na Babilônia e o contato com o pensamento mais amplo da Caldéia, os inspirados Profetas Judeus começaram a conceber uma tremenda fonte de vida mais ou menos nos mesmos termos das escrituras muito mais antigas da Índia, o 'Uno, sem Segundo', que podia ser encontrado nas secretas vigílias noturnas, nos silenciosos recintos do coração, odiava oferendas e reverências supersticiosas e desejava pureza e caridade da vida.

Todavia, até hoje em dia, o público de mentalidade exotérica sempre pensou na Vida Divina como exterior a si mesmos, um poder extracósmico, supervisionando e até interferindo. Mas a idéia de Wells sobre um Deus sofredor, evoluindo junto conosco, imanente bem como transcendente, está indicando a crescente maré de pensamento e a verdade da profecia do Rev. R.H. Campbell, de que a proclamação da divindade essencial do homem seria a pedra-fundamental da religião do futuro.

Em preparação para isso, para auxiliar neste entendimento mais profundo, que aqueles de nós que trabalham nos campos cristãos nos esforcemos para atrair outros para estudar não apenas as obras teosóficas, mas também os escritores de mentalidade mais mística dentro da Igreja. E, se desejarmos aprofundar-nos ainda mais, se eles assim quiserem, podemos ler as declarações e os estudos dos grandes místicos e santos que agora se encontram disponíveis em impressos acessíveis e baratos. O crescimento da faculdade mística no homem destruirá o antropomorfismo, e trará o entendimento de ditos tão profundos como:

'Deus criou o homem à sua imagem.' (Gênesis, I, 27).

'Eu durmo, mas o meu coração vela.' (O Cântico dos Cânticos, V. 2).

'Sois deuses; e sois todos filhos do Altíssimo.' (Salmos, LXXXII, 6).

'Os seus anjos incessantemente estão vendo a face de meu Pai que está nos céus.' (Mateus, XVIII, 10).

'O Reino de Deus está dentro de vós.' (Lucas, XVII, 21).

'Não sabeis que sois o templo de Deus, e que o Espírito de Deus habita em vós?' (I Coríntios, III, 16).

'O homem oculto no íntimo do coração, naquilo que é incorruptível.' (I Pedro, III, 4).

'A divisão em pedaços de alma e espírito.' (Hebreus, IV, 12).

Não podemos ver a Vida Divina exceto como ela se manifesta em tudo à nossa volta. Como diz o *Bhagavad Gita*: 'O que quer que seja glorioso, bom, belo e poderoso, compreenda, é o produto de uma infinitésima porção do meu Esplendor.' (X, 41). Isso está em sintonia com uma bonita afirmação de Joseph Mazzini: 'O Grande, o Sublime, o Belo, são as Sombras de Deus sobre a terra.'

Sobretudo lembremos aos homens o grande ditado 'Deus é Amor', que, ao ser interpretado, significa que o amor puro e altruísta no homem é o trabalho, em si, do Deus Interno, o Uno Imortal.

'Deus, Tu és Amor, nisso deposito minha fé', diz Robert Browning.

Mas, como foi dito, compreendemos melhor a Divindade quando ela brilha através de uma forma humana querida e familiar. Nisso reside o segredo da devoção arrebatada ao Divino Fundador de toda grande religião. 'O caminho do Imanifestado é difícil de ser alcançado por aquele que possui um corpo.' (*Bhagavad Gita, XII*). Temos aqui uma abençoada oportunidade de enfatizar a verdade de que é a vida e não os dogmas o que mais conta e que Cristo, Nosso Senhor, é também o Senhor do mundo, com 'outras ovelhas [...] que não pertencem a este rebanho', e é uma Presença *viva*, não apenas no mundo interior dos sonhos e das aspirações dos homens, mas também no mundo exterior do dia-a-dia da vida na terra. 'Deus não é o Deus dos mortos, mas de vivos' (Mateus, XXII, 32), e ninguém sabe tão bem quanto um teósofo que o mundo da outra vida está bem próximo e ao redor de nós, e não distante, além das estrelas. 'Veja, estou sempre convosco, até a consumação do mundo'. (Mateus, XXVIII, 20).

(v) Sacerdotes Assalariados

Certamente que não nos cabe interferir nesta questão, mas podemos promulgar o pensamento de que a devoção altruísta para o bem-estar das almas humanas não combina com luxo ou ostentação indevidos. São Paulo ganhava a vida fazendo tendas. Mas sobretudo consideremos o espírito das palavras dos Mestres, sem adotá-lo para censurar aqueles que não podem compreender, observando, em primeiro lugar, que em nossas próprias vidas não obtemos ganhos materiais em troca da doação de alimento espiritual, ou em tentar viver a vida espiritual, que é o sacerdócio, onde devemos manter, nós mesmos, uma vigília incessante contra a influência enervante e desespiritualizante da auto-indulgência e do orgulho.

A imemorial tradição religiosa ensina-nos que 'a pérola de grande preço', o reino interior, só é obtido pela disposição voluntária de passar sem nada daquilo que o mundo possa dar. Para que o Amor possa fazer Sua morada em nós, nossos corações não devem estar 'sobrecarregados com os excessos e as preocupações desta vida'.

Ouçam as palavras do Mestre K.H.:

> "A Ciência Oculta *não* é tal que seus segredos possam ser comunicados de súbito, através de uma comunicação escrita ou mesmo verbal. [...] A iluminação deve vir de *dentro*. Até então, nenhum artifício de encantamento, ou cerimônias fantasiosas de iniciação, nem palestras ou discussões metafísicas, nem penitências auto-impostas podem proporcioná-la. Todas estas coisas não passam de meios para um fim, e tudo que podemos fazer é dirigir o uso de tais meios da forma como foram descobertos empiricamente pela experiência de eras na condução ao objeto proposto. E isso não tem sido nem *nunca foi segredo*, por milhares de anos. Jejum, meditação, castidade de pensamento, palavra e ação; silêncio durante certos períodos para permitir à própria natureza falar àquele que vem a ela em busca de informação; controle das paixões e impulsos animais; total ausência de egoísmo nas intenções, o uso de certos incensos e defumadores para propósitos fisiológicos, têm sido indicados como os meios, desde os tempos de Platão e Jâmblico no Ocidente, e desde o tempo muito anterior dos nossos Rishis indianos." (*ML*, 278)

> 'A religião pura e sem mácula aos olhos de Deus e nosso Pai consiste nisto: em visitar os órfãos e as viúvas em suas aflições, e em conservar-se livre da corrupção do mundo.' (Tiago, I, 27).

Em uma palavra, pureza e caridade são as marcas da vida religiosa.

Finalmente chego ao item II: licenciosidade irreligiosa. Essa é certamente combatida através do trabalho, como esboçado acima, e pela constante difusão das idéias e dos ensinamentos teosóficos, pois milhares de pessoas livraram-se dos grilhões de um credo nascido de forma tacanha e supersticiosa e mergulharam em uma licenciosidade reacionária – todavia as almas de muitos deles estão profundamente desejosas de ensinamentos verdadeiros e de leis autênticas de vida e de viver. Uma das coisas mais tristes no mundo de hoje é a ausência de um ensinamento definido e razoável, e uma clara compreensão das leis morais e psicológicas de vida e de viver, que possam ser aplicadas de forma instantânea e inspiradora na vida diária, tanto individual quanto nacionalmente, e a patética reação da alma humana onde quer que isso possa ser de alguma maneira obtido. Entre a Scylla 'sentimentalista,' e a Charybdis de um materialismo sem lei, é difícil para o homem moderno encontrar o verdadeiro caminho.

(vi) As Forças Concretas a Serem Combatidas

Quais são os inimigos concretos que devem ser combatidos, além do fanatismo, superstição e licenciosidade? O Mestre é muito claro a este respeito:

> "A Inglaterra eclesiástica e a Anglo-Índia oficial [...]."(*ML*, 317)

E por trás destes os Dugpas ou Poderes das Trevas, que trabalham contra a evolução, a libertação humana e a luz.

> "Pois a oposição representa enormes interesses estabelecidos, e recebem entusiástica ajuda dos Dugpas – no Butão e no Vaticano!" (Ib., 317)

Discutirei depois a questão dos Poderes das Trevas e seus métodos de trabalho. Pode chocar algumas pessoas o fato de que os membros de uma grande Igreja possam ser usados pelos inimigos do progresso humano. Mas como conseguiriam realizar alguns de seus objetivos de outra forma? O maior trabalho de 'Satã' é feito vestido como um anjo de luz.

Isso não significa que todo membro da grande Ordem dos Jesuítas, ou mesmo a vasta maioria dos indivíduos que a compõem, sejam pessoalmente usados pelos Irmãos das Sombras. Mas todos os objetivos secretos e os métodos da organização, que é um poder mundano, político, bem como espiritual (daí sua capacidade, velada a seus membros, de ser usada desta maneira) opõem-se aos princípios que governam o progresso e a iluminação humanos. Ouça o Mestre K.H. sobre este ponto, numa carta ao Sr. Hume:

> "Você nos chamou certa vez de *Jesuítas*; e, vendo as coisas como você vê, talvez tivesse razão até um certo ponto, em nos considerar assim, uma vez que *aparentemente* nossos sistemas de treinamento não diferem muito. Mas é assim apenas externamente. Como disse antes, *eles* sabem que o que ensinam *é* mentira; e nós sabemos que o que transmitimos é verdade, a única verdade e nada mais que a verdade. Eles trabalham para o maior poder e glória (!) de *sua ordem*; nós – para o poder e glória final dos indivíduos, de unidades isoladas, da humanidade em geral, e estamos contentes, aliás somos *forçados* – a deixar *nossa* ordem e seus chefes totalmente incógnitos. Os jesuítas trabalham, e labutam, e *iludem*, para o bem do poder mundano *nesta vida*; nós trabalhamos, labutamos e permitimos que nossos chelas sejam *temporariamente iludidos*, para proporcionar-lhes meios para nunca mais o serem, daqui para frente, e para ver todo o mal da falsidade e da mentira, não apenas nesta, mas em muitas de suas vidas posteriores. *Eles* – os Jesuítas – sacrificam o princípio interior, o cérebro espiritual do ego, para melhor alimentar e desenvolver o cérebro físico do homem pessoal e evanescente, sacrificando toda a humanidade para oferecê-la em holocausto à sua Sociedade – o monstro insaciável que se alimenta do cérebro e da medula da humanidade, desenvolvendo um câncer incurável em cada pedaço de carne saudável que toca. Nós – os Irmãos criticados e mal-interpretados – almejamos levar os homens a sacrificar suas personalidades – um 'flash' passageiro – pelo bem estar de toda a humanidade, portanto de seus próprios Egos *imortais*, uma parte da personalidade, uma vez que a humanidade é uma fração do todo integral que um dia irá tornar-se. *Eles* são treinados para iludir; nós – para *des-iludir*; eles mesmos fazem o trabalho de garis – barrando uns poucos obreiros sinceros – *con amore* e para fins egoístas; nós – deixamos isso para nossos servos – *os dugpas* a nosso serviço, dando-lhes *carte blanche* por algum tempo, com o objetivo único de extrair a totalidade da natureza *interna* do

chela, cuja maioria das arestas e nichos permaneceriam obscuros e ocultos para sempre, se, por sua vez, não lhes fosse dada uma oportunidade de testar cada um destes". (*ML*, 228-9)

Novamente:

"[...] Atos de coerção, as Leis de Ilbert, as Leis de Arrendamento de Bengala e tudo o mais visaram a Inglaterra Protestante, a qual em breve, *muito breve* se Alguém ou *Alguma Coisa* não interferir, encontrar-se-á sufocada nas invisíveis espirais do Romish Apophis [Essa palavra está indecifrável – C.M.C.].. Amigo e Irmão, o único de sua raça ao qual dedico uma cálida e sincera afeição [o Mestre refere-se à afeição pessoal – C.M.C.], tome cuidado! Não rejeite com tanta facilidade minha advertência pois ela é solene, e não me é permitido fazer mais que uma sugestão. O ceticismo político, como qualquer outro, despreza e zomba das observações daqueles que não pertencem às suas facções. Descobre os seus erros quando está no fosso. Acautele-se, pois não é mais uma simples vala, mas um abismo que está sendo preparado para você." (Ib., 385)

Isso foi escrito há muitos anos. Evidentemente o 'Alguém ou *Algo*' a que se refere o Mestre, de fato, teve sucesso em derrotar grandes maquinações. Mas o inimigo ainda não foi totalmente extirpado ou silenciado. Não é preciso que nenhum de nós fique assustado ou aterrorizado. Pouco há que nós como unidades individuais possamos fazer; a batalha é para os fortes nos 'altos postos'. Mas pelo menos podemos apoiá-los com simpatia, confiança e compreensão.

IV. Reforma Política e Social

(i) Devem os Teósofos Engajar-se?

Essa controvertida questão pode ser com certeza respondida como segue.

A Sociedade como tal não pode engajar-se coletivamente em qualquer tipo de reforma política ou social, uma vez que ela atua em quase todos os países do mundo, e inclui em suas fileiras todos os tipos de visões religiosas e nacionais, mas os teósofos, como indivíduos, caso surjam circunstâncias e inclinações, têm todo o direito, aliás toda razão, para fazê-lo. Os Adeptos fundadores da Sociedade tinham como objetivo que ela elevasse e melhorasse tanto as condições sociais quanto as morais.

> "O único objetivo pelo qual vale a pena esforçar-se é o melhoramento da condição do homem pela difusão da verdade apropriada aos vários estágios de seu desenvolvimento e do país em que ele habita e a que pertence." (*ML*, 393)

> "O sol da Teosofia deve brilhar para todos, não para uma parte. Há mais fatos sobre este movimento do que você suspeita."(Ib., 267)

> "Portanto, tenha paciência. Se ele ao menos ativer-se a suas resoluções – o Sr. Hume tem um grande e nobre trabalho diante de si – o de um verdadeiro fundador de uma nova era social, de uma reforma filosófica e religiosa." (Ib., 424) [O Sr. Hume fundou o Partido do Congresso Nacional Indiano em 1885 – C.M.C.]

E, como citado acima, o Mestre K.H. diz que as verdades do Ocultismo devem provar-se:

> "[...] *construtivas* de novas instituições de uma genuína e prática Fraternidade da Humanidade." (Ib., 23)

E, novamente:

> "[...] à medida que as mentes dos homens recebam novas idéias, deixando de lado as velhas e estéreis, o mundo avançará; poderosas revoluções surgirão delas; *instituições* (sim, e até mesmo credos e poderes podem acrescentar) – ruirão ante sua marcha ascendente, esmagadas por sua própria *força inerente* [...]."(Ib., 419)

Essa posição é tão bem explicada por H.P.B., que extratos de sua obra *A Chave para a Teosofia* serão particularmente apropriados aqui. [Itálicos serão meus – C.M.C.]

"Pergunta: Então a Sociedade Teosófica não é uma organização política?

Teósofo: Certamente que não. Ela é internacional no mais elevado sentido uma vez que entre seus membros encontram-se homens e mulheres de todas as raças, credos e *modos de pensar*, que trabalham juntos por um objetivo, *o progresso da humanidade*; mas *como sociedade*, ela não toma absolutamente parte em qualquer política nacional ou partidária. [...] Ainda que os membros da S.T. concordem em relação aos *princípios da Teosofia*, ou não pertenceriam de modo algum à Sociedade, isso não implica necessariamente que *concordem em todos os assuntos. Como sociedade* eles podem agir juntos apenas em assuntos que sejam comuns a todos – isto é, no que se refere à própria Teosofia; *como indivíduos*, cada um é perfeitamente livre para seguir sua linha particular de *pensamento político e de ação*, contanto que não entre em choque com os princípios teosóficos ou fira a Sociedade Teosófica.

P: Mas certamente que a S.T. não se mantém totalmente à parte das questões sociais que estão agora despontando tão rapidamente?

T: Os *próprios princípios* da S.T. são uma prova de que ela – ou melhor, a maioria de seus membros – não se mantém à parte. Se a humanidade pode apenas se desenvolver mental e espiritualmente pelo cumprimento, em primeiro lugar, das leis fisiológicas mais legítimas e científicas, o maior dever de todos aqueles que lutam por esse desenvolvimento é dar o melhor de si *para fazer com que* essas leis sejam cumpridas de modo geral. Todos os teosófos estão mais do que conscientes de que, infelizmente, nos países ocidentais *em especial*, a *condição social* de grandes massas da população torna *impossível* que tanto seus corpos quanto seus espíritos sejam apropriadamente treinados; como conseqüência, *o desenvolvimento de ambos é interrompido.* Como esse treinamento e desenvolvimento é um dos objetivos expressos da Teosofia, a Sociedade Teosófica *está em total sintonia* e harmonia com todos os verdadeiros esforços nessa direção."*

E um Mestre da Sabedoria certa vez escreveu:

* BLAVATSKY, H. P. *A Chave para a Teosofia.* Brasília, Ed. Teosófica, 1991. p. 203. (N. ed. bras.)

> "Que cada teosófo cumpra apenas o seu dever, aquilo que ele possa e deva fazer – e muito em breve a soma da miséria humana, dentro e em torno das áreas de cada Ramo de sua Sociedade, terá diminuído visivelmente." (*Lúcifer*, janeiro, 1888.)

(ii) Problemas Sociais e sua Solução

Há dois pontos principais a observar aqui. Primeiro, a condição infeliz da civilização e as razões para tal; segundo, que os princípios teosóficos são a única solução.

O *Maha Chohan* escreveu:

> "Como encontramos o mundo de agora, seja cristão, muçulmano ou pagão, a justiça é desprezada e a honra e a piedade foram ambas lançadas aos ventos [...].
>
> O mundo em geral, e especialmente a Cristandade, abandonado por dois mil anos ao regime de um Deus pessoal, [i.e., concepções antropomórficas grosseiras – C.M.C.] bem como seus sistemas políticos e sociais baseados nessa idéia, provou-se agora um fracasso." (*CMS*, Primeira Série, Carta 1.)

Por que isso? O Mestre K.H. diagnostica a causa como sendo devida ao egoísmo humano, e à ignorância de princípios-guia fundamentais, universais em sua aplicação, e também, em certa medida, ao fato de que a Quinta Raça, que está desenvolvendo a mente inferior, é

> "[...] uma civilização que repousa tão exclusivamente sobre o intelecto." (*ML*, 212)

> "Preconceito baseado em egoísmo; uma aversão geral quanto a abandonar um estado de coisas estabelecido por novos modos de vida e pensamento; [...]orgulho e obstinada resistência à Verdade, se esta tão somente perturbar suas noções prévias das coisas, – tais são as características da sua época." (Ib., 3)

Os Adeptos afirmam que os princípios guias estão em falta, e que podem ser supridos pela Teosofia. Diz o Mestre K.H.:

"Simplesmente porque a filantropia de que vocês pensadores ocidentais vangloriam-se, não tendo qualquer característica de universalidade; i.e., nunca tendo sido firmemente assentada em um princípio moral, universal; jamais tendo se elevado além de conversa teórica; e isso principalmente entre os ubíquos pregadores protestantes, não é mais que uma mera manifestação acidental, e não uma Lei reconhecida. A análise mais superficial mostrará que isso não pode, mais do que qualquer outro fenômeno empírico na natureza humana, ser tomado como um padrão absoluto de atividade moral; i.e., algo que produza ação eficiente. Uma vez que, em sua natureza empírica este tipo de filantropia é como o amor, mas algo acidental, excepcional e, como tal, tem suas preferências e afinidades egoístas; forçosamente é incapaz de aquecer toda a humanidade com seus raios benéficos. Este, penso eu, é o segredo do fracasso espiritual e do egoísmo inconsciente desta época." (*ML*, 213)

A Teosofia provê estes princípios, diz o *Maha Chohan*, unindo em Suas palavras religião e reforma social, sendo a última tratada mais tarde.

"Para serem verdadeiras, a religião e a filosofia devem oferecer a solução de todos os problemas. Que moralmente o mundo esteja em tão má condição é uma evidência conclusiva de que nenhuma de suas religiões e filosofias – aquelas das raças *civilizadas* menos do que qualquer outra – jamais possuíram a *verdade*. As explanações corretas e lógicas sobre a questão dos problemas dos grandes princípios duais – certo e errado, bem e mal, liberdade e despotismo, dor e prazer, egoísmo e altruísmo – são tão impossíveis para elas agora como eram 1881 anos atrás. Elas estão tão longe da solução quanto sempre estiveram; mas para essas *deve* haver em algum lugar uma solução consistente, e se nossas doutrinas provarem sua competência em oferecê-la, então o mundo será o primeiro a confessar *que* esta deve ser a verdadeira filosofia, a verdadeira religião, a verdadeira luz, a qual oferece a *verdade* e nada mais que a *verdade*." (*CMS*, Primeira Série, Carta 1).

Aqui outra vez as palavras do *Maha Chohan* merecem profunda reflexão.

"Nossas doutrinas" devem 'provar sua competência' em oferecer 'a solução de todos os problemas', tanto sociais quanto psicológicos. Que doutrinas podem fazê-lo?

A seguir, vale citar novamente *A Chave para a Teosofia:*

"Pergunta: Como, então, os princípios teosóficos deveriam ser aplicados de forma que a cooperação social possa ser promovida, e esforços verdadeiros para o melhoramento social possam ser levados avante?

Teósofo: Permita-me lembrá-lo quais são estes princípios – Unidade e causação universais; solidariedade humana; a lei do *Karma;* a reencarnação. [...] No presente estado da sociedade, especialmente nos pretensos países civilizados, somos continuamente levados a encarar o fato de que um grande número de pessoas está sofrendo de indigência, pobreza e doenças. Sua condição física está arruinada, e suas faculdades mentais e espirituais estão com freqüência quase dormentes. Por outro lado, muitas pessoas no outro extremo da escala social levam vidas de descuidada indiferença, luxo material, e indulgência egoísta. Nenhuma destas formas de existência é mero acaso. Ambas são efeito das condições que cercam aqueles que lhes estão sujeitos, e a negligência do dever social de um lado está ligada mais estreitamente ao desenvolvimento atrofiado e interrompido no outro. Em Sociologia, como em todos os ramos da verdadeira ciência, a lei da causação universal é válida. Mas esta causação implica necessariamente, como sua conseqüência lógica, aquela solidariedade humana na qual a Teosofia tão energicamente insiste. Se a ação de um reage sobre a vida de todos, e essa é a verdadeira idéia científica, então apenas quando todos os homens se tornarem irmãos, e quando todos praticarem em suas vidas diárias a verdadeira fraternidade, é que a verdadeira solidariedade humana, que jaz na raiz da elevação da raça, poderá ser alcançada. É a essa ação e integração, a essa verdadeira fraternidade, na qual cada um viverá por todos e todos por cada um, que é um dos princípios teosóficos fundamentais com o qual cada teósofo deveria comprometer-se, não apenas para ensiná-la, mas para realizá-la em sua vida pessoal.

P: Tudo isso está muito bem como um princípio geral; mas como você o aplicaria de uma forma concreta?

T: Considere por um momento aquilo que você chamaria de fatos concretos da sociedade humana. Compare as vidas não apenas das massas, mas também daquelas que são chamadas classes média e alta, com o que elas deveriam ser sob condições mais saudáveis e nobres, onde a justiça, a benevolência e o amor fossem supremos, ao invés do egoísmo, indiferença e brutalidade que hoje parecem reinar de maneira absoluta. Todas as coisas boas e más na humanidade têm suas raízes no caráter humano, e esse caráter é e tem sido condicionado pela cadeia interminável de causa e efeito. Mas esse condicionamento aplica-se ao futuro da mesma forma que ao presente e ao passado. O egoísmo, a indiferença e a brutalidade nunca poderiam ser o estado normal da raça – acreditar nisso seria perder as esperanças na humanidade – e isso nenhum teósofo pode fazer. O progresso somente pode ser alcançado pelo desenvolvimento das qualidades mais nobres. Ora, a verdadeira evolução nos ensina que, alterando o ambiente do organismo, podemos alterar e melhorar o organismo; e no sentido mais estrito isso é verdade em relação ao homem. Todo teósofo, portanto, está comprometido a dar o melhor de si para ajudar, por todos os meios possíveis, todo esforço social sábio e bem direcionado que tenha como objetivo o melhoramento da condição dos pobres. Tais esforços devem ser feitos tendo em vista a emancipação social definitiva, assim como o desenvolvimento do senso do dever naqueles que agora, com tanta freqüência, o negligenciam em quase todos os aspectos da vida."*

Aqui cabe uma palavra com relação à lei do *Karma*. Com freqüência ouvimos dizer que aqueles que estão em uma situação desafortunada *lá se encontram porque é seu Karma*. Também é o seu *Karma* serem auxiliados, e nossos pensamentos sobre o tema do *Karma* e de reformas sociais seriam grandemente esclarecidos se nos lembrássemos que existe algo chamado *Karma-grupal,* a ação e reação coletivas operando entre grupos de indivíduos, classes e nações. Como disse o Mestre K.H. em uma antiga carta ao Bispo Leadbeater:

> "Há também o *Karma* coletivo da *casta a que você pertence*. [...] Você está disposto a expiar pelos pecados *deles*?" (*CMS*, Primeira Série, Carta 7)

As palavras de H.P.B., acima citadas, atestam mais uma vez as afirmações principais relativas à reforma política e social:

---

* BLAVATSKY, H. P. *A Chave para a Teosofia*. Brasília, Ed. Teosófica, 1991. p. 205. (N. ed. bras.)

1. Que o mundo está carente de *princípios* todo-inclusivos a serem universalmente aplicados.

2. Que a Teosofia nos oferece esses mesmos princípios.

3. Que é o dever dos teósofos aplicá-los com bravura e amplamente em seus círculos privados, e apoiar sua compreensão e aplicação em um sentido público em toda parte.

(iii) A Impossibilidade de Separar a Reforma Social da Religiosa

Mas, pode-se questionar, o que tem a ver uma ativa reforma política e social com os teósofos? É seu dever difundir amplamente as idéias teosóficas, deixando a outros o dever de aplicá-las. Ou, como algumas vezes ouvimos dizer, a Sociedade existe para disseminar ensinamentos espirituais, não para misturar-se em questões práticas. Com um pouco de reflexão ficará claro que esta é uma atitude mental falaciosa. A vida não está dividida assim em compartimentos estanques, e a religião verdadeira, lidando como sempre faz com os fatos mais abrangentes e fundamentais da vida e da natureza do homem, tem, ou deveria ter, uma imensa influência e responsabilidade sobre a disposição do plano externo da existência mútua do homem. Pois, se como Joseph Mazzini define, "A raiz de toda religião é uma definição da vida e sua missão", quais são os grandes fatores comuns que ela então define?

1. Quem somos – a real natureza do homem.

2. Por que estamos aqui – o propósito da evolução.

3. A meta da evolução.

4. O que devemos fazer – a saber, as grandes Leis da vida e do universo, "para as quais não existe variabilidade, nem sombra de retorno", em obediência às quais podemos mais suave e alegremente atingir a meta comum.

Ou, como observa Joseph Mazzini:

1. Constitui uma crença numa origem comum a todos nós.

2. Coloca ante nós, como um princípio, um futuro comum.

3. Reúne todas as faculdades ativas num único centro, a partir do qual estão continuamente evoluindo e desenvolvendo-se em direção àquele futuro, e guia as forças latentes da mente humana naquela direção.

> "Reconhecemos Deus como o Pai de todos; a humanidade como Una em comunhão de origem de lei e de objetivo; a terra como santificada pela gradual realização do desígnio divino, e o *indivíduo* – abençoado com a imortalidade, o livre-arbítrio e o poder – como o artífice responsável pelo seu próprio progresso."

E ele sábia e maravilhosamente disse: 'As religiões são transitórias, mas a Religião é eterna.'

Se é assim, estes grandes "fatos" são fundamentalmente sempre os mesmos, e são 'práticos' no mais verdadeiro sentido. É o divórcio entre a verdadeira religião (não o dogmatismo supersticioso) e a política que é responsável por grande parte do presente caos na vida humana. A religião nos dá os grandes princípios da vida humana e a conseqüente *ação correta*, mas qual a sua utilidade se não resultarem em uma ordem social mais pura e feliz. Uma é por fim a conseqüência da outra, e é justamente porque não entendemos de maneira pura e verdadeira as grandes leis da vida, e não as aplicamos, que prolifera tamanha confusão de miséria, pobreza e fealdade.

Para citar mais uma vez o grande pensador italiano Mazzini:

> 'A vida é una. Você não pode dispor de suas diferentes manifestações de forma que permaneçam independentes, ou encontrar expressões contraditórias, sem introduzir a anarquia.
>
> Religião e política são inseparáveis. Sem religião a ciência política pode criar apenas despotismo e anarquia.
>
> Excluindo Deus, de onde vocês podem derivar o dever? Sem Deus, qualquer que seja o sistema em que vocês tentem se apoiar, descobrirão que ele não tem outro princípio ou base que não a força – força cega e tirânica. O desenvolvimento das questões humanas ou depende de uma lei da providência, a qual estamos todos fadados a tentar descobrir e aplicar; ou é deixado ao acaso, às circunstâncias passageiras, àquele homem que melhor consiga tirar proveito das mesmas. Se não existe uma lei sagrada, inviolável, não criada pelo homem, que parâmetro temos para julgar se uma determinada ação é justa ou injusta? Em nome de quem, ou de que, protestaremos contra a desigualdade

ou a opressão? Sem Deus, não há outra regra senão o fato, o fato consumado ante o qual os materialistas sempre curvam suas cabeças, seja seu nome Bonaparte ou Revolução [...] Sem Deus vocês podem obrigar, mas não persuadir; podem por sua vez tornar-se tiranos; vocês não podem ser educadores ou apóstolos.'

Se isso é verdadeiro quanto à religião, é mais verdadeiro ainda quanto à fonte de todas as religiões, do Ocultismo – a ciência sagrada. E que a promulgação dos "Mistérios Menores" da ciência sagrada através da Sociedade Teosófica objetiva em primeiro lugar auxiliar na elevação e no melhoramento da vida dos homens, tanto interior quanto exteriormente, está claro nas palavras do *Maha Chohan* na carta tantas vezes mencionada anteriormente:

"Se os teósofos dizem: 'Não temos nada a ver com tudo isso; as classes menos afortunadas e as raças ditas inferiores (as da Índia, por exemplo, na concepção dos britânicos) não devem nos preocupar e devem "virar-se" como podem' – o que é feito de nossas refinadas declarações de benevolência, filantropia, reforma, etc.? São estas declarações uma zombaria? E se forem uma zombaria, pode nosso caminho ser o verdadeiro? Não deveríamos devotar-nos a ensinar alguns poucos europeus, alimentados com o melhor da terra – muitos dos quais sobrecarregados com as dádivas da prosperidade cega – o fundamento dos fenômenos de campainhas soando no ar, da materialização de xícaras, do telefone espiritual e da formação do corpo astral, e deixar os numerosos milhões de ignorantes, pobres e desprezados, humildes e oprimidos, tomar conta de si mesmos e de sua vida futura da melhor forma que puderem? Nunca! Antes pereça a S.T. com ambos seus infelizes fundadores do que permitirmos que ela se torne nada melhor que uma academia de magia, um salão de Ocultismo." (*CMS*, Primeira Série, Carta 1)

Resumindo tudo:

1. O principal objetivo da Teosofia é adiantar a evolução do homem, a alma.

2. Isso não pode ser feito com as grandes massas da humanidade, devido a suas miseráveis condições físicas.

3. Isso deve-se à *carência de princípios guias universais,* que nos são ensinados pela verdadeira religião, aplicados individual e nacionalmente, como na verdadeira política e sociologia.

4. A Teosofia nos oferece esses mesmos princípios.

5. Portanto, é dever dos teósofos inculcar diligentemente por todas as partes esses princípios verdadeiros ('no sentido de formar a opinião pública' H.P.B.).

6. E, na prática, fazermos o máximo para auxiliar de todas as maneiras ao nosso alcance, todo esforço social inteligente e bem ponderado, que tenha como seus objetivos (a) alterar o ambiente dos pobres tendo em vista sua emancipação última; e (b) o desenvolvimento do senso do dever naqueles que estejam em situação mais feliz.

Creio que essa questão está agora respondida e, sem dúvida, de modo afirmativo. De que forma cada um de nós irá assim ajudar deve ser respondido por cada um a si mesmo, a partir da consideração correta e devida de suas obrigações, oportunidades e faculdades. Pessoalmente, não acredito muito que os membros devam se engajar parcialmente em algum trabalho que esteja sendo realizado de forma muito melhor e mais efetiva por outras organizações. Creio que é melhor juntar-se a elas, trabalhar com elas, tentar o máximo possível para levar nossa perspectiva e espírito cooperativo para o interior de suas fileiras.

Não pretendo sugerir que todos os membros da S.T. devam unir-se imediatamente a qualquer causa que esteja trabalhando pelo melhoramento humano. Nosso primeiro dever é para com nossos dependentes e nossa Loja. Aqueles de nós que têm tempo e oportunidade adicionais, devem com certeza buscar um campo mais amplo de serviço humano. É melhor realizado, contudo, por aqueles que têm oportunidades e capacidades especiais, por exemplo – uma enfermeira do estado está em boa posição para auxiliar o conselho nacional para combater as doenças venéreas; um membro do conselho municipal para auxiliar nas questões de educação, desemprego, etc.

Inúmeras são as formas de serviço social, sem fim os esforços conjuntos realizados por toda parte em nossos dias. Devemos escolher conforme as circunstâncias indicarem, lembrando sempre que mais importante do que planos de reforma é o crescimento do *espírito* da verdadeira fraternidade, aquele espírito regenerador, conquistador, tão bem expresso nas palavras de uma antiga escritura indiana: "Considere cada homem e mulher idosos como seu pai e sua mãe, e cada homem e mulher jovens como seu irmão e sua irmã."

Esse é o espírito do mundo dos Mestres, o espírito que salvará a humanidade. Cuidemos que ele governe nossas vidas em todas nossas relações com nossos semelhantes, especialmente aqueles menos afortunados do que nós. E assim jamais irá o duro espírito do esnobismo ou da condescendência obscurecer nossos corações. E faço um apelo especial àqueles, entre nós, cujas vidas estão em situação favorável, que não conhecem os trabalhos que enfraquecem a alma e desgastam o corpo, a que tantos milhares estão submetidos, a terrível incerteza da vida para milhões cuja felicidade e bem-estar, e mais ainda, a vida daqueles a quem amam, depende de um salário semanal, da saúde e sorte de quem lhes sustenta. Certamente os insignificantes confortos da vida, os pequenos círculos de prazeres convencionais, podem muitas vezes ser deixados de lado para auxiliar pessoal ou coletivamente os desafortunados da terra. Riqueza é oportunidade, lazer uma responsabilidade.

Escreveu o Mestre K.H.:

> "É dever de todo homem capaz de um impulso altruísta, fazer alguma coisa, por menor que seja, pelo bem-estar da humanidade." (*ML*, 32)

(iv) A Política Não Pode Ser Excluída

Pode-se argumentar, ainda, que é possível perceber a conveniência de os teósofos engajarem-se em trabalho social, mas por que em política?

Porque a política é a máquina através da qual as reformas sociais são finalmente realizadas e, na esfera governamental, de forma tão crucial quanto nos departamentos de economia e reforma social, é triste a falta de princípios-guia universais, sendo o efeito desta carência ali ainda mais evidente e catastrófico. E mais ainda porque o governo é a síntese final do Estado, e o órgão das relações nacionais e internacionais. Deve unicamente este campo permanecer não iluminado pela luz da sabedoria antiga, e devemos negar a verdade descoberta pelos sindicatos de classe de que o poder político é o poder físico supremo?

Somos aqui conduzidos a duas proposições teosóficas muito interessantes, o alvorecer de uma Nova Era, e o trabalho do Manu nesse sentido.

(v) O Início de um Novo Ciclo

É um truísmo dizer que o mundo encontra-se no limiar de uma Nova Era. Todos sentem isso, e esse fato é comunicado de muitas maneiras diferentes. O advento das grandes guerras acentuou a impressão. Sentiu-se, e ainda se sente, que o mundo jamais será o mesmo: que naqueles terríveis eventos, forças do mundo encontraram-se e lutaram pela dominação, que os acontecimentos foram não mais que a culminância de correntes de pensamento e mudanças há muito preparadas e finalmente trazidas à tona. E, uma vez que os diferentes lados da vida humana estão todos indissoluvelmente conectados, as mudanças no mundo das regiões ocultas da alma humana *devem* finalmente produzir mudanças no mundo exterior de sua existência, transformações sociais e políticas entre outras. É bom lembrarmos aqui, também, que estes dois lados da evolução do homem, o exterior e o interior, são supervisionados e influenciados respectivamente por dois grandes departamentos da Hierarquia Oculta, o do Manu, ou Líder da Raça, e o do Bodhisattva, ou Instrutor do Mundo – o Moisés e o Aarão de toda grande Raça-raiz. O trabalho deles é cada vez mais evidente nas grandes crises humanas. O mestre K.H. escreveu ao Sr. Sinnett:

> "Esta é a situação atual e é muito ruim para a Índia. Ainda é prematuro para lhe falar mais sobre as influências secretas que a desencadearam, mas você deverá ouvir falar disso mais tarde. Não devo tampouco prever o futuro, exceto no sentido de atrair, mais do que nunca, sua atenção para as nuvens negras que estão se formando sobre o céu político. Já lhe disse há tempos atrás para esperar muitas e grandes agitações de todo tipo quando um ciclo se estivesse encerrando e outro iniciando suas atividades fatídicas." (*ML*, 390)

Dizem-nos que as mesmas forças evolutivas, eternamente em oposição, que se encontraram em uma grande batalha pelo domínio final na antiga Atlântida, encontraram-se novamente em combate similar, culminando na deflagração das Grandes Guerras. O Mestre refere-se ao primeiro embate mundial como:

> "O grande acontecimento – o triunfo de nossos "Filhos do Fogo-Névoa" os habitantes de *'Shamballah'* (quando ainda uma ilha no Mar da Ásia central) sobre os mágicos egoístas,

mas não inteiramente maus, de Poseidonis, ocorreu há exatamente 11.446 anos." (*ML*, 152)

Nos dias de hoje, em um acontecimento mundial semelhante, alguns dos mesmos personagens mais uma vez levaram a cabo a batalha recorrente. Já em 1881, o Mestre K.H. disse:

> "Sentimos que o tempo se aproxima, e que temos que escolher entre o triunfo da Verdade ou o Reino do Erro e – do Terror. Temos que permitir a uns poucos escolhidos participar do grande segredo." (*ML*, 280)

Mais ou menos na mesma época, Joseph Mazzini, o patriota e revolucionário italiano que foi claramente inspirado de alguma forma pelos Guardiões da Humanidade, a partir de observações de H.P.B., estava percebendo, com maravilhosa presciência, os sinais de fechamento de um ciclo e do surgimento de um outro. Ele escreve:

> "Para qualquer um guiado e iluminado pelo estudo da tradição histórica, basta olhar a condição atual da Europa, para reconhecer por todos os lados sinais idênticos àqueles que há dezoito séculos pressagiaram a dissolução do Paganismo, e o inevitável advento do Cristianismo. O vazio criado pela total ausência de qualquer iniciativa civilizadora geral e harmônica no mundo e a conseqüente anarquia moral (vide o Mestre K.H. sobre a carência de um princípio guia universal no Ocidente); as guerras promovidas por interesses dinásticos ou individuais; as neutralidades fundadas na indiferença do egoísmo; a paz construída sobre teorias absurdas de um equilíbrio do poder, impossível de atingir enquanto limitado às condições materiais; a questão das nacionalidades dominando todas as outras, e apontando (como naqueles dias) para uma nova divisão da Europa; a emancipação das classes trabalhadoras tornando-se (como naqueles dias a emancipação dos escravos) uma fonte de agitação potente e universal; a revolta da raça eslava (como a teutônica naqueles dias) em busca de uma existência nacional, daqui em diante inevitavelmente decretada; a difusão do materialismo, resultado de uma negação exagerada da fé precedente; a aspiração por uma nova

religião, evidente em todas as partes; as tentativas insanas por uma impossível reconciliação entre o velho e o novo; – todos estes e outros sinais, proclamam o surgimento de uma nova ordem, fundada sobre princípios radicalmente diferentes daqueles que predominavam na época, agora visivelmente exaurida e consumida. Uma nova concepção de vida e a lei divina pela qual a vida é governada, fermenta sob cada manifestação das duas faculdades de pensamento e ação que constituem a unidade humana."

Para Mazzini o mundo era a encarnação de uma idéia divina de perfectibilidade, a ser gradualmente conquistada através do trabalho de todas as criaturas de Deus. A extensão de sua visão era imensa, e notavelmente 'teosófica' em suas conclusões e deduções. Ele nos exorta a 'interrogar as tradições da humanidade – que é o conselho de nossos irmãos homens – não num círculo restrito de uma época ou seita, mas em todas as épocas, e na maior parte da humanidade, passada e presente'.

Uma vez que ele próprio fez esta investigação, encontrou evidência de um 'Plano Divino'; a Evolução tornou-se para ele uma Lei de Deus.

"A Lei de Deus é uma, da mesma forma que Deus é um; mas somente descobrimos isso peça por peça, item por item; de acordo com a experiência acumulada das gerações que nos precederam, e de acordo com a extensão e crescente intensidade de associação entre raças, pessoas e indivíduos. Nenhum homem, nenhuma pessoa, e nenhuma época, podem pretender haver descoberto a totalidade da Lei. A Lei moral, a lei da vida da humanidade, só pode ser descoberta em sua totalidade, por toda a humanidade unida em sagrada associação, quando todas as forças e faculdades que constituem nossa natureza humana puderem ser desenvolvidas e postas em ação.

Mas, enquanto isso, a porção da humanidade mais preparada em termos de educação, efetivamente nos revela, em seu progresso e desenvolvimento, uma porção da lei que buscamos conhecer. Sua história nos ensina o desígnio de Deus; suas aspirações ensinam-nos nossos deveres; pois nosso primeiro dever é auxiliar na elevação da humanidade até aquele estágio de educação e aperfeiçoamento

> para o qual tem sido preparada e amadurecida pelo tempo e pela Divindade."

Essa Lei, esse Plano, desenvolveu-se através de sucessivos estágios. Cada ciclo ou era tinha um princípio em particular para esclarecer ao homem, e a era subseqüente, enquanto engajada em esclarecer o princípio que era seu corolário principal, aprendeu à luz da nova síntese, a pôr em ação a era precedente. Assim, o montante desconhecido que a nova era está destinada a revelar é a Humanidade Coletiva, e através da luz espargida pelo reconhecimento desta nova síntese, ele acredita que poderemos nos habilitar a compreender e trazer à prática o montante revelado pela época que agora passou.

> "O pensamento de uma época só pode ser verificado na esfera da ação, quando o intelecto humano já está absorto na contemplação do pensamento de seu sucessor.
>
> A *hipótese* da idade média é o *princípio* dos dias atuais; a idéia da idade média é agora uma lei reconhecida e admitida. Alguém, em princípio, negaria agora a liberdade e a igualdade? O menos liberal dos monarcas afirma que é o protetor dos direitos e das liberdades de seus súditos contra a anarquia das facções. A questão está decidida na esfera dos princípios. A única divergência é quanto a sua aplicação. A discussão não mais considera a lei em si, mas sua interpretação."

O espírito dominante do ciclo que se encerra foi a luta pela liberdade humana, a grande concepção que ele liberou foi a idéia da *liberdade e dos direitos do indivíduo, homem, classe e nação.*

Como Mazzini colocou, a "idéia da época cristã era de constituir o *homem individual* da maneira que ele estava destinado a ser, livre, sagrado, inviolável. E esta missão realizou-se através da Revolução Francesa que foi a versão política da Revolução Protestante. *A declaração dos direitos do homem* é o supremo e definitivo preceito da Revolução Francesa. [...] As ruínas eram inumeráveis; mas em meio a ruínas e negações, uma esplêndida afirmação permaneceu ereta; a criatura de Deus, pronta para *agir,* radiante em poder e vontade; o *ecce homo* repetiu, após dezoito séculos de luta e sofrimento, não pela voz do mártir, mas do altar erigido pela Revolução à vitória – isso mesmo, a fé da individualidade, enraizada para sempre no mundo."

A luz é lançada sobre estas intuições através dos ensinamentos teosóficos relativos às Raças Raízes e Sub-raças e às qualidades desabrochadas em cada uma delas. Sabemos que a raça agora dominante, a Teutônica, está engajada no desenvolvimento do *Manas* – a mente, sobretudo, e que aí reside no homem o sentido do 'Eu', a base do egoísmo ou individualidade. E é interessante notar que o sentido de ser um indivíduo, seja como homem, classe ou nação, revela-se melhor através do combate, pela oposição de um 'Não-eu', que infrinja os direitos e as liberdades do 'Eu'. Daí a luta em direção à liberdade do "Eu" em todos os departamentos da vida abrangendo toda esta era que agora se esvanece.

Durante sua existência a servidão e a escravidão foram banidas do mundo para sempre. Civilizações muito mais felizes do que a nossa, muito mais grandiosas em diversas maneiras, existiram em épocas anteriores, mas todas, sem exceção, reconheciam a escravidão, negavam o direito de liberdade individual e de expressão à maioria. Esta era fez o homem perceber para sempre o direito de todos os homens a seus próprios corpos e também a suas próprias mentes e almas. A escravidão se foi, a Inquisição se foi, e também se foram os privilégios de classe e casta. A batalha está ganha, para sempre, apesar de tirânicas ditaduras.

Pode-se bem argumentar que o 'escravo-do-salário' é de muitas maneiras pior do que o antigo escravo pessoal, que resquícios de tirania e injustiça de classe ainda permanecem. Mas é aqui onde devemos lembrar o ensinamento de Mazzini de que o princípio é apreendido *antes* de ser posto em ação, e que essa aplicação apenas é vista à luz do *princípio adicional* que a época posterior revela. Que princípio adicional é este que a era que se inicia irá corporificar, por cuja luz estaremos capacitados a regular e reduzir à ação de fato, o princípio da liberdade individual tão arduamente conquistado?

Aqui novamente os ensinamentos teosóficos nos auxiliam. Dizem-nos que uma nova Sub-raça está se formando por todo o mundo, a qual fará desabrochar os poderes de mente sintética superior, e as intuições unificadoras da natureza espiritual do homem – a 'Humanidade Coletiva' de Mazzini.

Assim como a era passada deduziu o princípio dos *Direitos Individuais* e o conseqüente princípio de ação, a *Competição*, da mesma forma a aurora da nova era sustentará o ideal da *Humanidade Coletiva* e colocará em operação o conseqüente princípio de ação, a *Cooperação*. Mas uma era foi a precursora necessária da outra, pois não pode haver 'cooperação' entre escravos, inconscientes de seus poderes e valor; somente entre individualidades fortemente estabelecidas, ferrenhamente conscientes, seja como homem, classe ou nação.

Este é o significado do atual distúrbio nacional e internacional. No fechamento da era as forças agindo rapidamente se cristalizaram na formação de grandes combinações de trabalho individual para as mesmas declarações de direitos individuais. Daí surgiram os grandes sindicatos, a muito discutida 'consciência de classe' de nossos dias. Durante as Grandes Guerras, isso se expandiu na ainda maior consciência de nação, cada nação envolvida forçosamente desenvolvendo um elevado grau de 'consciência nacional'. É interessante notar os métodos similares empregados e a serem aplicados em cada caso. O indivíduo, a classe, a nação crescem mais intensamente em autoconsciência quando os direitos e as liberdades são infringidos e restringidos e é necessário combater em sua defesa. Essa é a razão para a atual e intensa auto-afirmação de pequenas nações por todo o mundo.

A saída para o impasse assim criado é o reconhecimento mútuo da unidade maior e mais ampla à qual ambos igualmente pertencem e devem fidelidade e serviço. Durante a guerra foi visto claramente por todas as classes que se tratava da nação. Agora resta a todas as nações reconhecer que a Humanidade é o seu Senhor, ou Denominador Comum, para usar outra metáfora. E isso será realizado em breve. Daí podermos profetizar com segurança o término de todas as guerras entre nações civilizadas, e o surgimento de federações gigantescas, em si mesmas uma garantia de paz.

Muitos anos atrás foi profetizado o surgimento em futuro próximo dos 'Estados Unidos da Europa', precedido por uma Federação anterior emergindo do assim clamado Império Britânico, e em (março de 1925), o *Ministério das Relações Exteriores* discutiu a formação inevitável de um 'Estados Unidos da Europa' e a questão veementemente contestada de se a Inglaterra participaria, ou formar-se-ia uma outra grande federação independente.

Esta é a tônica do futuro – Unidade, Cooperação – em direção à qual mesmo as forças externas do mundo contribuíram e estão contribuindo. Ferrovias, navios a vapor, aeroplanos, jornais, telégrafos, a penetração da economia, contribuíram para a aproximação do mundo, aumentaram a comunicação humana, ampliaram o pensamento da humanidade. O resultado deve ser a gradual eliminação de idéias tais como 'estrangeiro' e 'pagão', o crescente triunfo da verdade da Fraternidade Universal que a nossa Sociedade vive a proclamar.

Permita-me colocar as idéias aqui expressas de uma forma um pouco diferente, mais resumida. O princípio que pertence à Nova Era é o da *Unidade na Diversidade*:

1) *Unidade* de objetivo, propósito, sentimento.
2) *Diversidade* de expressão, método, características.

Assim como não existem duas folhas de grama iguais no universo, e todavia todas possuam uma natureza comum que as torna grama, assim também não existem dois homens, funções no estado, ou nações, iguais, e seu *valor para o todo* reside em suas *diferenças* e no desenvolvimento livre e natural de características especiais; todavia, 'sob a pele' somos todos irmãos, nascidos de um Pai, fazendo a mesma viagem, e chegando por fim ao mesmo objetivo, possuindo igualmente o mesmo tipo de pensamento, paixões e desejos humanos, evoluindo sob as mesmas imutáveis leis naturais. O crescente reconhecimento desta verdade significará:

1) Na esfera do pensamento – *tolerância crescente.*
2) Na esfera da ação – *cooperação crescente.*

Talvez possa ser útil encerrar esta seção com mais uma ou duas citações do claro e talentoso pensador Mazzini:

> "O homem começa a perceber que o propósito, a função da existência, deve ser também o fim último daquele desenvolvimento progressivo que constitui a própria existência; e que, portanto, para avançar rápida e diretamente na direção daquele propósito, foi necessário em primeiro lugar determinar com exatidão a natureza daquele desenvolvimento progressivo e agir em conformidade com ele. *Conhecer a lei, e regular a atividade humana pela lei*; esse é o melhor modo de exprimir o problema.
>
> Ora, a lei do indivíduo só pode ser deduzida a partir da lei das espécies. A missão individual só pode ser averiguada e definida ao nos colocarmos sobre uma elevação que nos permita apreender e compreender o todo. Devemos elevar-nos à concepção de Humanidade, para averiguarmos a regra secreta e a lei da vida do indivíduo, do homem. Daí a necessidade de uma cooperação geral, de uma harmonia de esforços –

numa palavra, de *associação* – para cumprir o trabalho de todos.

Uma vez definida a lei, a regulação de nossa atividade por ela torna-se um dever; seu cumprimento torna-se o objetivo de todo o esforço humano; e o método de derivar o máximo de utilidade a partir do seu cumprimento torna-se o estudo de todo pensador.

O poder é aumentado uma centena de vezes quando é concentrado, e é dada uma direção definida à sua ação. Antes da promulgação da lei, a mera sensação instintiva de sua existência não podia fazer mais do que constituir um *direito*, e um direito quase sempre contestado."

Mazzini acreditava que a formulação desta lei de associação tornava indispensável uma completa alteração em todas nossas teorias de governo, estudos filosóficos, políticos e econômicos, todos os quais haviam sido, até agora, inspirados pelo ideal anterior contrário. Ele faz uma advertência quanto ao sonho da unidade material da Europa enquanto se destrói, impensadamente, sua unidade moral, ao não ser reconhecida a condição primária de toda associação – *uniformidade de sanção e crença.* A primeira sem a segunda produz justaposição, não *organização.*

(vi) O Trabalho do Manu

As mudanças externas que ocorrem tão rapidamente durante o período de transição entre um ciclo e outro estão, com efeito, especificamente sob a direção do Manu da Raça. Neste momento o Líder Oculto da Quinta Raça Raiz, a Raça Ariana ou Raça Branca, referido nas escrituras indianas, e em *A Doutrina Secreta* como o Senhor Vaivásvata Manu, está em plena atividade. A sexta Sub-raça de Sua Raça Raiz está em processo de formação por todo o mundo, particularmente em países novos tais como a América, Austrália e África do Sul.

Ainda não surgiu um tipo puro da nova Sub-raça. Uma geração ou duas deverão passar até que isso seja possível, mas as aproximações nessa direção estão aumentando. Existem muitas características físicas que denotam o tipo, mas a mais importante de todas é a crescente complexidade e coordenação do sistema nervoso, propiciando, sob as condições corretas, um instrumento de resposta ao Ego que ali habita, ao mesmo tempo forte e flexível. A nova Raça será capaz de levar a cabo e de apreciar os entendimentos espirituais e as intuições mais sutis de uma maneira impossível à maioria dos homens da atualidade.

A partir da sexta Sub-raça da Quinta Raça Raiz, que ora surge, a ainda mais distante Sexta Raça Raiz nascerá, corporificando estas características especiais em um grau ainda mais completo e intenso. O que seria mais natural e certo então do que a vinda do Manu dessa Raça, nosso próprio Mestre M., para participar ativamente no auxílio das atuais mudanças políticas e sociais, sendo esse o departamento específico da vida humana sob a influência e direção daquela linha de Adeptado?

(vii) Índia

Isso me conduz à questão, algumas vezes calorosamente discutida, do trabalho na Índia. Suas raízes encontram-se de fato muito distantes no passado, e talvez fosse sábio iniciar as considerações lembrando-nos de como é fácil para o homem branco pensar em si próprio como superior a qualquer raça de pele escura, e para o Ocidente supor que seus interesses e cultura são infinitamente superiores e mais importantes do que os do Oriente. Se tivermos qualquer destes preconceitos de raça em nossos corações devemos sem dúvida tentar expurgá-los, vendo que nossos dois Adeptos Fundadores estão em corpos indianos, e que da última vez que o Instrutor do Mundo, o Senhor Maitreya, veio para nosso meio, escolheu revestir-se de um corpo oriental de uma raça desprezada e subjugada. Que os nosso Mestres conhecem esta atitude fica claro pelas palavras do Mestre K.H.:

> "A grande dor que você me infligiu, mostra claramente que ou eu nada entendo da apropriação dos deveres políticos e, portanto, dificilmente poderia esperar ser um sábio "conselheiro" de negócios ou de *política*, ou que o homem que eu considero como um verdadeiro amigo, ainda que honesto e de boa vontade, nunca se elevará acima dos preconceitos ingleses e da pecaminosa antipatia contra *nossa raça* e cor." (*ML*, 379)

Há dois itens de grande interesse a serem observados nessa citação.

1. O Mestre está esperançoso de alcançar *fins políticos* através da ação do Sr. Sinnett.

2. Ele descreve a antipatia racial como "pecaminosa".

Com relação ao item 1, é em si mesmo uma resposta suficiente àqueles que alegam que os Adeptos nunca se referem a questões políticas. A "alma" da política muito interessa ao Mestre.

Com relação ao item 2, a antipatia racial é pecaminosa porque em Suas próprias palavras, "é um pecado contra o amor" (*APM, p. 92*) e contra a verdade fundamental da Fraternidade Universal.

Quais eram os fins políticos que o Mestre desejava promover? Isso também torna-se claro a partir do estudo de Suas cartas. O Mestre desejava a redenção e salvação política de Sua nação. Em resposta a uma acusação do Sr. Hume de que ele queria o ramo anglo-indiano da S.T. meramente "como uma atração para Seus irmãos nativos", o Mestre K.H. respondeu:

> "Ao redigir estas acusações você parou para pensar que, visto que a projetada organização tinha algo maior em vista, mais nobre e muito mais importante do que a mera gratificação dos desejos de uma única pessoa – não importando o quanto digna ela seja – que se bem-sucedida ela promoveria a segurança e bem-estar de uma nação totalmente conquistada?" (*ML*, 210)

Pode ser surpreendente para alguns que o Mestre ainda possa reagir a sentimentos de patriotismo. Ele diz:

> "Ainda sou mais atraído por *alguns* seres humanos do que por outros, e a filantropia conforme prega nosso Grande Protetor – o 'Salvador do Mundo – o Instrutor do Nirvana e da Lei' [...] nunca matou em mim qualquer preferência individual de amizade e amor – por meus consangüíneos, nem o ardente sentimento de patriotismo pelo país – no qual me individualizei em matéria da última vez." (*ML*, 33)

Em outra passagem Ele diz ao Sr. Hume:

> "Você se orgulha de *não* ser um 'patriota' – *eu não* , porque, só aprendendo a amar o seu país o homem aprende a amar melhor a humanidade." (*ML*, 210)

Jamais aprendemos a amar todas as criaturas com exatamente o mesmo grau de intensidade, mas enquanto o Adepto ama todos os homens verdadeiramente 'melhor do que as mães amam seus primogênitos', Seu amor por Seus mais próximos e queridos transcende os limites de nossa imaginação.

Que o Mestre sentiu muito profundamente a degradação e as necessidades de Seus conterrâneos também está claro. Ele escreve:

> "Eu mal tomei conhecimento, até que comecei a observar o desenvolvimento deste esforço para erigir um baluarte aos interesses indianos, (i.e., o jornal *The Phoenix*, C.M.C.) de como meu pobre povo tinha profundamente sucumbido." (*ML*, 377)

> "Sofri tanto ao ser forçado a ver de perto as condições morais e espirituais de meu povo." (*ML*, 378)

Ele indica que tais condições devem-se em parte à injustiça estrangeira e em parte à apatia nacional. Com relação à primeira causa mencionada devemos lembrar que o Mestre não apenas vê o assunto a partir do ponto de vista claro e impessoal do Adepto, mas com a compreensão solidária para com os povos aos quais pertence. Ele diz ao Sr. Sinnett que ao auxiliá-lo a estabelecer um jornal realmente nacional, e de espírito público, ele

> "[...] estará auxiliando os acontecimentos que devem ser desencadeados para salvar a infeliz população que tem sido reprimida desde 1793 – o ano do grande erro político de Lorde Cornwallis." (*ML*, 383)

Ele forneceu base ao Sr. Sinnett para opor-se à aparentemente humanitária Lei de Aluguel:

> "estritamente falando, nenhum governo honesto tem o direito de quebrar, à sua própria vontade e prazer, promessas e compromissos solenes." (*ML*, 385)

Essa atitude da classe dirigente da Índia devia-se a sua atitude mental fundamental em relação aos nativos:

> "tendo aos seus olhos muito menos valor do que um cavalo ou uma rês." (*ML*, 384)

Como diversas vezes é indicado, o Sr. Sinnett, amigo pessoal do Mestre, lamentavelmente partilhava do preconceito de cor de sua classe. O Mestre escreve:

> "Alguma vez eu zombo da 'maneira indefesa como você tateia no escuro'? Decididamente não. Isso seria tão indelicado e tolo de minha parte, quanto você zombar de um hindu por causa do mau inglês em um distrito onde seu governo *não* ensina inglês ao povo." (*ML*, 281)

Ao enviar um chela indiano à Inglaterra, o Mestre K.H. diz ao Sr. Sinnett:

> "Trate o rapaz com delicadeza, esquecendo-se que ele é um bengali, e lembrando-se apenas de que *ele agora é meu chela*." (*ML*, 391-1)
>
> "Você é orgulhoso como toda a sua raça." (Ib., 433)

A eliminação do verdadeiro 'Sahib' do Serviço Civil da Índia e a substituição do sistema competitivo de nomeação também agravaram o mal, na opinião do Mestre, em uma terra tão sutilmente sensível à real capacidade de governar indivíduos. Com relação à fundação do *The Phoenix,* Ele escreve:

> "Mas, para o especulador comum, há um grande risco em criar um novo jornal de alto custo, que venha a favorecer o lado dos justos interesses nativos, naqueles casos de injustiça por demais freqüentes (que dificilmente lhe podem ser provadas sob circunstâncias comuns, mas que um dia o serão) – e que sempre ocorrem quando um país é controlado por conquistadores estrangeiros. Casos que, com relação à Índia, tendem a multiplicar-se com a gradual entrada de funcionários de origem social mais baixa no sistema competitivo de nomeação; e com desavenças crescentes devidas a um ressentimento egoísta quanto à admissão de nativos para o Serviço Público." (*ML*, 373)

Que graves males e crueldades algumas vezes ocorreram é também observado pelos Mestres. O Mestre K.H. escreve:

> "O acordo estabelecido entre Lorde Cornwallis e as *Raças*, o qual estipulava que o 'gado humano negro' deveria ser tratado com benevolência e justiça pelos Zamidars, e que não deveriam aumentar os aluguéis dos Ryots, etc, foi uma farsa legal. O Chohan estava na Índia então e foi testemunha ocular do início dos horrores. Tão logo tinham eles assegurado o Acordo de Assentamento Perpétuo, imediatamente as Raças começaram a desconsiderar seus compromissos. Na incapacidade de cumprir quaisquer desses compromissos, trouxeram ruína e fome anuais para os miseráveis Ryots. Exigiam tributos, os vendiam, e forjavam falsas acusações contra eles sob o nome de *Abwab*. Estas 'portas' e 'aberturas' levavam-nos aonde quer que desejassem e arrecadaram, por mais de 50 anos, os impostos mais exorbitantes. Os Zamidars fizeram tudo isso e muito mais e, com certeza, serão levados a prestar contas por isso. Coisas horrendas demais para serem mencionadas foram feitas, sob os olhares e muitas vezes com a sanção dos servidores da companhia, quando o Motim colocou um certo impedimento ao trazer como resultado uma outra forma de governo." (*ML*, 384)

Isso aconteceu há muito tempo, todavia tivemos o massacre de Amritsar ante nossos olhos. A causa real é a natural falta de simpatia e entendimento entre dois povos totalmente estranhos, e os erros passados de uma raça dirigente, que, apesar do magnífico histórico de serviço e organização devotados, resultando no caldeamento de um continente de raças em um só povo, dificilmente pode deixar de sofrer pela perspectiva e educação na qual seus membros foram criados. Não é bom para uma nação ser submetida por um período muito longo à dominação estrangeira, por mais benéfica que seja em muitos aspectos. Isso destrói as fontes de um nacionalismo e auto-respeito viris. Essa apatia nacional foi o grande obstáculo nos primeiros esforços da Hierarquia, no sentido de reviver a vida nacional na Índia. O Mestre K.H. escreve em uma carta ao *Indian Mirror* de Calcutá, em 14 de abril de 1882:

"Não procure obter auxílio daqueles cujos corações não são suficientemente patrióticos para um trabalho altruísta que vise o bem de seus compatriotas. 'Em que podemos auxiliar?', perguntam. 'Que benefício podemos conceder à humanidade, ou mesmo ao nosso próprio país?' Patriotas sem fibra é o que são na verdade. Na presença da deterioração de seu país em sua nacionalidade por falta de vitalidade, e da infusão de novas forças, o *patriota* agarra-se a qualquer oportunidade. Mas existe *algum verdadeiro patriota* em Bengala?" (*CMS*, Primeira Série, Carta 12)

E em outra parte, Ele escreve a alguém:

"E, ao invés de duvidar, agradeça aos céus, se você tiver um coração patriota batendo em seu peito, por ainda existirem uns poucos 'Irmãos' remanescentes na Índia para cuidar de seus interesses e protegê-la em suas horas de perigo; uma vez que em seu egoísmo, que cresce a cada hora, nenhum de seus filhos parece lembrar, jamais, que tem uma Mãe – degradada, prostrada e espezinhada sob os pés de todos, dos conquistadores e conquistados – ainda assim uma Mãe." (*CMS*, Primeira Série, Carta 15)

Sendo essas as condições de Seus compatriotas, causadas em parte também pela decadência da religião, educação e cultura nativas, e pelo enxerto ali realizado de tradições e influências estrangeiras, o Mestre não contava com alguém para auxiliá-lo, salvo os membros da Sociedade Teosófica. Reiteradamente Ele deixa claro que espera redimir Seu país com o auxílio deles. Ele escreve:

"Estou profundamente aborrecido com a apatia de meus compatriotas em geral. Mais do que nunca confio apenas em uns poucos leais trabalhadores da desafortunada e infeliz S.T." (*ML*, 331)

E, novamente:

"A palavra patriotismo mal possui agora qualquer poder eletrizante sobre o coração indiano. O 'Berço das Artes e das

Religiões' está fervilhando de seres infelizes, precariamente providos, e humilhados por demagogos que têm tudo a ganhar com a astúcia e a falta de pudor. Sabíamos de tudo isso no geral, mas nenhum de nós, Arianos, havíamos sondado as profundezas da questão indiana como o temos feito ultimamente. Se for permitido simbolizar as coisas subjetivas por fenômenos objetivos, eu diria que para a visão psíquica a Índia parece encoberta com uma sufocante e cinzenta neblina – um meteoro moral – uma emanação ódica de seu estado social vicioso. Aqui e ali cintila um ponto de luz que marca uma natureza ainda algo espiritual, uma pessoa que aspira e luta pelo conhecimento superior. Se o farol do Ocultismo ariano tiver de ser aceso outra vez, estas centelhas dispersas devem ser reunidas para formar sua chama. E *é esta a tarefa da S.T.* [Itálicos meus. C.M.C.] (*ML*, 378)

O Mestre não podia usar meios anormais para desencadear este despertar da Alma Nacional. Ele diz que está

> "proibido de usar quaisquer poderes anormais que possam interferir com o *Karma* da nação, todavia, através dos meios normais e legais, tem tentado estimular o zelo daqueles que se preocupam com nossos interesses." (Ib., 378)
>
> "Todo o futuro da 'jóia mais brilhante (!)' – oh, que humor negro contém este nome (!) – da coroa da Inglaterra está em jogo, e estou destinado a devotar todos os meus poderes, até onde o Chohan me permitir, para auxiliar meu país nesta undécima hora de sua miséria. Não posso trabalhar exceto com aqueles *que desejem trabalhar conosco.*" (*ML*, 386)

E em Sua carta de 1881 o próprio *Maha Chohan* lamenta:

> "Oh! pelo homem nobre e altruísta que nos auxiliar efetivamente na Índia nessa divina tarefa. Todo nosso conhecimento, passado e presente, não será suficiente para recompensá-lo." (*CMS*, Primeira Série, Carta 1)

Nós sabemos quem veio em resposta a este chamado. Conhecemos o trabalho devotado, corajoso e firme que ela realizou pela causa da elevação da Índia. Ela era particularmente qualificada para isso, a partir de sua última encarnação (passaram-se apenas três anos antes do renascimento em seu corpo atual). Annie Besant nasceu na Índia, como em muitas outras vezes anteriormente. Com os mesmos corpos astral e mental, não é de se admirar que, como ela nos falou, só veio a sentir-se realmente em casa nesta encarnação quando pela primeira vez colocou os pés na sagrada terra da Índia.

Sob a direção de seu Mestre, ela começou o trabalho pelos povos indianos a partir das mais profundas e seguras fundações. Em primeiro lugar, resgatou-lhes a antiga Fé, fundando o famoso *Central Hindu College*, que agora se tornou a primeira Universidade Hindu, onde os jovens indianos eram educados na atmosfera genuína de sua fé antiga e nobre. Por longos anos ela trabalhou em educação e reforma social, e era conhecida por toda aquela maravilhosa e antiga terra como verdadeira amante dos seus povos, uma destemida defensora dos oprimidos e inimiga de seus insultadores. Com freqüência ouço afirmar, que nos corações do povo indiano ela era sua rainha sem coroa. Eu mesma posso atestar, daquilo que vi e ouvi na Índia há muitos anos, o quanto ela era profundamente reverenciada e amada em muitos lares indianos.

Foi apenas um ajustamento, um corolário necessário de tudo que acontecera antes, que agora ela pudesse coroar todos seus esforços em benefício da Índia, travando, como ninguém mais poderia fazer, a batalha final por sua emancipação política. Ela podia lutar tão bem, melhor do que qualquer outra pessoa, por três razões principais:

1. Seu conhecimento oculto do Plano da Evolução.
2. Sua posição intermediária entre os extremistas de ambos os lados.
3. Sua imensa influência sobre os corações indianos.

Com relação à primeira, nada de útil pode ser dito. O mundo externo dificilmente entenderia suas razões. Entre nós isso será ou não reconhecido conforme nosso conhecimento e intuição.

Quanto à segunda, suas política e estratégias estavam no caminho para a obtenção da Liga pela Autonomia para a Índia dentro da Comunidade Britânica, formando assim um partido intermediário entre extremistas reacionários, de um lado, que ainda manteriam a Índia como nação submetida, tributada e desenvolvida comercialmente para o benefício de uma raça dirigente; e agitadores revolucionários, de outro, trabalhando cega e totalmente pela separação e independência completa. Estas duas forças eram também evidentes quarenta anos atrás, pois o Mestre K.H. diz:

> "A agitação está conduzindo a população indiana às raias da autodestruição. Não pense que estou exagerando se disser mais: os ingleses e especialmente os anglo-indianos estão trilhando o mesmo caminho partindo de direções opostas." (*ML*, 382)

Mesmo naqueles dias havia homens que afastavam um povo obtuso do verdadeiro caminho da liberdade e da felicidade, pois o Mestre fala de um homem

> "[...] a quem o restante dos hindus proclamam, por ora, adorar, e a quem estão exaltando com todo o ardor dos selvagens obtusos e de visão curta." (Ib., 382)

No combate à reação míope, por um lado, e à revolução míope, por outro, a Dra. Annie Besant corajosa e temporariamente sacrificou parte de sua terceira qualificação, a imensa influência que exercia sobre os corações indianos. Mas as gerações futuras a denominarão abençoada em razão do plano para o qual ela trabalhou e que traz glória, paz e expansão para ambos os grandes povos, o britânico e o indiano.

Ela mesma nos disse, e suas palavras são corroboradas, através de muitas indicações, pelas próprias palavras do Mestre. Ela nos disse que o Manu da Quinta Raça-Raiz deseja criar uma grande comunidade Indo-britânica. Toda Raça-Raiz atinge sua apoteose em uma grande nação ou império. A Quinta raça está destinada a alcançar seu ponto culminante através da avenida da Comunidade Britânica, combinando ali a flor da quinta Sub-Raça com os melhores elementos da raça de origem que migrou para a Índia.

Não é difícil identificar aqui a mão que guia o objetivo crescente da evolução. A conquista da Índia pelos povos britânicos significará por fim um enriquecimento da vida coletiva de ambos. A eficiência prática do Ocidente estimulará e organizará as forças do Oriente; enquanto a espiritualidade mais profunda do Oriente purificará e refinará a energia dominante do Ocidente. É uma troca justa, sem a qual ambos os lados sofreriam.

Que verdadeiramente, como Annie Besant tantas vezes falou, os destinos da Inglaterra e da Índia estão ligados fica claro nas palavras do Mestre. Ao propor que o Sr. Sinnett seguisse uma certa linha de ação com relação à situação política da época na Índia, o Mestre K.H. diz:

> "[...] salvando assim nossos respectivos países de um grande mal que paira sobre ambos." (*ML*, 381)

Se o Sr. Sinnett recusasse, o Mestre diz que:

> "O único verdadeiro perdedor no caso de recusa será – a Índia e o seu próprio país – eventualmente. *Isso é profecia.*" (*ML*, 382)

Tanto com as nações quanto com os homens, a hora de seus destinos soa, o momento da oportunidade apresenta-se. Essa momentosa hora chegou para o povo britânico com a deflagração da guerra. Se a nação recusasse tomar parte nela, por amor à comodidade e à segurança em que se encontrava, teria perdido seu atual destino futuro, e um pouco mais tarde uma outra nação teria sido treinada para tomar o seu lugar.

Estou plenamente consciente de que podem surgir argumentos para mostrar que os financistas fizeram a guerra, as intrigas diplomáticas etc., etc. Mas estas coisas são meramente os meios pelos quais as forças arraigadas encontram-se e dissipam-se. "É impossível que deixe de haver escândalos, mas ai daquele que os causar." (Lucas, XVII, 1).

O que realmente se passava nas mentes e nos corações dos membros do Governo Britânico durante aqueles decisivos dias de agosto de 1914, quem poderá dizer? Mas o imenso coração da nação estava totalmente correto em seu motivo. O ideal que a conduziu à guerra com uma força à qual nenhum governo poderia resistir, que inspirou os corações de milhões de jovens a colocar suas vidas em sacrifício, foi a defesa da fraqueza injustamente atacada, e a sustentação de uma palavra comprometida. Logo percebeu-se que questões maiores ainda pendiam naquele sacrifício, a salvação de um mundo, a garantia das fundações de uma era mais livre e mais feliz. Por esse ideal os jovens morreram em todo o mundo, e não morreram em vão.

Por ser responsável por grande parte disso, mais talvez do que o mundo jamais saberá ou entenderá, a Comunidade Britânica ganhou o direito Kármico de empunhar a tocha do futuro. Ela deve dar o exemplo para o resto do mundo, sustentar firmemente para eles os grandes ideais daquele futuro. Portanto, ela não fará parte do futuro Estados Unidos da Europa, mas formará, dentro dos limites do outrora Império Britânico, a primeira poderosa liga das nações, livre, inviolada e forte. Dois membros são absolutamente necessários para o sucesso desta liga – Irlanda e Índia – para ali exercerem funções, e uma quota nacional, um tanto similares.

Quando a Europa foi mergulhada na noite da Idade Média após a dissolução do Império Romano, a "Ilha dos Santos" manteve acesa uma genuína luz de espiritualidade e sabedoria ocultas. As peculiares pureza e genialidade de seu povo habilitaram-na para este papel. Dentro daquela futura civilidade de povos, ela será a Nação-sacerdote do grupo, mais uma vez a guardiã principal da Verdade Antiga, oferecendo ao mundo muitos profetas, poetas e videntes inspirados.

Este é o nosso Destino – o plano, o objetivo do Manu. Certamente todos os bons e leais teósofos devem trabalhar para auxiliar neste plano de todas as maneiras.

O Mestre K.H. diz do povo britânico:

> "Vocês estão agora aproximando-se de seu luminoso meio-dia." (*ML*, 147)

E, ao falar ao Sr. Sinnett que ele deveria ser o mestre completo e único de um jornal devotado aos interesses dos incultos compatriotas do Mestre, Ele diz:

> "A 'nação indo-britânica' é o pulso pelo qual me guio." (*ML*, 375)

Então, certamente, é o pulso pelo qual nos guiamos também, e seja o que for que possamos todos fazer para chamar a atenção para a Índia, para difundir o conhecimento de sua cultura, genialidade, problemas e inabilidades, será de fato uma causa vital e muito cara aos corações dos dois Mestres aos quais devemos tanto.

Mesmo há quarenta anos, vemos o Mestre K.H. lutando para estabelecer um jornal na Índia que abordasse a problemática de seus conterrâneos de forma justa e verdadeira. Ele chama a proposta de sua criação de

> "[...] grande idéia que promete ao final mudar o destino de toda uma nação." (*ML*, 373)

Ele diz que o Chohan, Seu superior, considera

> "O estabelecimento de um novo jornal do tipo descrito é desejável e muito factível – com o devido esforço." (*ML*, 372)

E refere-se a ele como:

"Nosso jornal uma vez estabelecido, etc." (Ib., 372)

Mas aqui, mais uma vez, como sempre, o Mestre teve que trabalhar através do material humano disponível. Ele escreve:

> "E agora, antes de abandonar minha nova relação de conselheiro de negócios, devo repetir que enquanto auxiliarmos o empreendimento do início ao fim tanto quanto for possível dentro de nossas regras, a iniciativa *deve* ser tomada por seus amigos e *deve* ser guiada e apoiada por você, e vou lhe dizer exatamente por quê. Enquanto o maior bem deveria resultar da criação bem-sucedida de tal jornal, a estrita lei de justiça proíbe-nos, de qualquer maneira, de diminuir, no mínimo grau, o mérito que receberá *aquele que* tornar o sonho uma realidade." (*ML*, 376)

Como indica a citação acima, ser o agente espontâneo do Mestre traz tremendas oportunidades. Assim, ele diz:

> "Sua decisão de seguir minha sugestão na questão do Phoenix, mesmo com a certeza – sua – da degradação social e perda pecuniária, já continha a recompensa do *Karma*." (*ML*, 390) [i.e., a proibição do Chohan de haver relacionamento pessoal entre o Mestre K.H. e os membros europeus foi revogada no caso do Sr. Sinnett. – C.M.C.]

O Phoenix fracassou, e o Mestre diz quase pateticamente:

> "Eu estava tão confiante – por ver os sentimentos ainda profundos e fortes espreitando na alma nacional." (*ML*, 388)

Mas o que os Adeptos falharam em fazer em 1883, por intermédio do Sr. Sinnett, tiveram sucesso em realizar trinta anos mais tarde, através de Annie Besant. Mesmo onde, para a nossa visão mais estreita, ela parecia fazer um trabalho imprudente, lembremo-nos de que o Mestre disse ao Sr. Sinnett em seu projetado trabalho que:

> "[...] apesar da oposição, e exatamente por causa dela, você fará aquecer até a ebulição a grande caldeira nacio-

nal, antes do que se poderia esperar de outra maneira." (*ML*, 383)

E aqueles de nós que acreditam que H.P.B. não teria tido nada a ver com isso fariam bem em ponderar sobre uma carta do Mestre K.H. no *The Indian Mirror* de Calcutá, de 14 de abril de 1882, onde Ele diz:

> "*Não esqueça* que todos os bons resultados que estão reservados para a nossa Índia [...] devem-se todos aos esforços individuais dela (H.P.B.). Dificilmente você pode demonstrar-lhe suficiente respeito e gratidão, ou mais do que ela merece. [...] Você terá que impressioná-los cuidadosamente com o sentido da exaltada posição que ela deveria – se é que não a tem – ocupar entre aqueles Hindus que permaneceram fiéis ao Passado, não se preocupam com o Presente, e trabalham apenas para o Futuro que será grande e glorioso se ela for simplesmente apoiada e auxiliada por eles." (*CMS*, Primeira Série, Carta 13)

Esse futuro encontra-se dentro da Comunidade Indo-britânica, quando a Índia irá recuperar sua antiga espiritualidade, honra e bem-estar que dela resultarão.

V. Outras Esferas de Trabalho

(i) Ciência

Para auxiliar neste campo do progresso humano naturalmente requerem-se qualificações especiais. Todavia existem alguns de nossos membros cuja linha de pensamento e trabalho leva-os a ter contato com isso, e é útil lembrar que o Mestre K.H., o Mestre Príncipe R. e o Mestre Hilarion estão intimamente ligados e interessados no crescimento da ciência do plano físico no Ocidente. O mestre chama a ciência moderna de:

> "[...] nossa melhor aliada, [...]"(*ML*, 63)

e diz que –

"Há – mesmo entre os cientistas ingleses – aqueles que já estão preparados para encontrar nossos ensinamentos em harmonia com o progresso e os resultados de suas próprias pesquisas, e que não são indiferentes à sua aplicação às necessidades espirituais da humanidade como um todo." (*ML*, 241)

Se nomes de pessoas vivas podem ser mencionados, certamente isto é verdadeiro sobretudo para o caso de cientistas tais como o Professor Soddy e Albert Einstein.

O Mestre diz:

"Pode ser sua tarefa lançar, entre estes, as sementes da Verdade e assinalar o caminho." (Ib., 241)

Quando o livro do Sr. Sinnett, *O Mundo Oculto**, havia sido recém-publicado, o Mestre K.H. escreveu a ele:

"Quando os primeiros rumores das críticas adversas forem silenciados, os homens de reflexão lerão e ponderarão sobre o livro, como jamais ponderaram sobre os esforços mais científicos de Wallace e Crookes para reconciliar a ciência moderna com os Espíritos, e – a pequena semente crescerá e florescerá." (*ML*, 50)

Darwin, Wallace e Crookes foram todos diretamente inspirados pela comunidade dos Adeptos em relação às suas descobertas e intuições, assim como mais do que um cientista vivo. Os ensinamentos do Ocultismo estão prontos para abrir o portal para um campo totalmente novo de descobertas científicas maravilhosas. Novos mundos a conquistar estão praticamente ao alcance, mas a entrada final neles será evitada até que o mundo tenha ultrapassado o ponto de risco do momento presente.

O Mestre K.H. escreve:

"Se, por gerações, 'fechamos o mundo ao Conhecimento de nosso Conhecimento', foi devido a seu absoluto despreparo; [...]" (Ib.)

---

* SINNETT, A. P. *O Mundo Oculto*. Brasília, Ed. Teosófica, 2000. (N. ed. bras.)

Por exemplo, Sir Oliver Lodge falou-nos que estávamos na véspera de descobertas desconcertantes, que a qualquer momento poderíamos liberar e utilizar o poder ilimitável armazenado no átomo – aquele incrivelmente vivo vórtice de força, rodopiante, reluzente, zunidor, no substrato último da matéria física. Mas, disse um Adepto, isso não será permitido até que o mundo tenha passado além da possibilidade de guerra, pois a descoberta não apenas liberaria uma escrutável fonte de iluminação universal, calor e força motriz, mas iria capacitar também exércitos contrários a reduzir um ao outro em átomos em poucos minutos, e a aniquilar cidades e províncias. A ciência deve estar definitiva e finalmente devotada a fins produtivos, universalmente estudados e usados para a elevação e o melhoramento, sobretudo material, da vida humana, não destrutivos, antes que tais descobertas sejam permitidas.

Na era que se aproxima, a ciência dará as mãos novamente à religião e à filosofia, pois a ciência não é antagônica à verdadeira religião. Como pode sê-lo, uma vez que ambas aproximam-se da mesma Realidade, embora através de caminhos diferentes?

A Ciência busca a Verdade por meio da mente, seu método é a investigação. A Religião viaja pela estrada do coração e da alma, seu método é a aspiração encontrada pela revelação. Foram a ignorância e a superstição da Idade das Trevas na Europa que geraram o divórcio artificial entre as duas. Na realidade, uma prova e confirma a outra, mas, como disse George Sand, "A mente busca, mas é o coração que encontra".

Assim, o Ocultismo, que está ao mesmo tempo por trás de ambas as fases de pensamento e pesquisa, pode mergulhar nas profundezas da existência do homem e da natureza, e trazer à superfície verdades mais profundas para ambos. O auxílio que o Ocultismo pode ser para a Ciência é descrito da seguinte maneira pelo Mestre K.H.:

> "É nossa missão mergulhar e trazer as pérolas da Verdade à superfície; a deles – limpá-las e transformá-las em jóias científicas." (*ML*(*ML*, 51), 51)

(ii) Filosofia

Esse campo de trabalho requer, novamente, um treinamento especializado, e um trabalho brilhante tem sido realizado por alguns de nossos membros de cujos nomes lembrar-se-ão todos. O tipo de trabalho que o Mestre deseja ver realizado aqui está bem claro a partir de certas afirmações feitas por Ele. Ele parece desejar que aquelas pessoas que estão numa posição apropriada comparem, investiguem e discutam os ensinamentos da filosofia e da psicologia modernas, com os ensinamentos apresentados pela Teosofia, para mostrar como estes são iluminados pelas doutrinas ocultas e, assim, levar as mentes filosóficas modernas à consideração das mesmas.

> "O valor filosófico de Schopenhauer é tão bem conhecido nos países ocidentais que uma comparação ou conotação de seus ensinamentos sobre a vontade, etc., com aqueles que você recebeu de nós poderia ser instrutiva."*

Ele deseja que a Teosofia seja apresentada como a Verdade universal subjacente da qual derivou toda grande filosofia, e diz que uma vívida narrativa da seqüência histórica de seus ensinamentos através da evolução sucessiva das escolas filosóficas seria de grande valor.

> "Você naturalmente desejará mostrar que esta Teosofia não é nenhuma nova candidata à atenção do mundo, mas apenas o restabelecimento de princípios que têm sido reconhecidos desde a infância da humanidade. A seqüência histórica deve ser traçada de maneira sucinta porém vividamente, através da evolução sucessiva das escolas filosóficas, e ilustrada com narrativas das demonstrações experimentais de poder oculto atribuído a vários taumaturgos. Os surgimentos e desaparecimentos alternados dos fenômenos místicos, bem como suas mudanças de um centro populacional para outro, mostram o jogo conflituoso entre forças opostas do espiritualismo e animalismo. E finalmente parecerá que a presente maré de fenômenos, com seus variados efeitos sobre o pensamento e os sentimentos humanos, tornou o renascimento da investigação teosófica uma necessidade indispensável." (*ML*, 34-5)

> "A crista da onda do avanço intelectual mais proeminente deve ser assumido e guiado para a espiritualidade." (*CMS*, Primeira Série, Carta 46)

---

* Ibid., p. 66. Veja também JINARAJADASA, *The World as Idea, Emotion and Will.*

(iii) Vegetarianismo e Pesquisa Médica

Está claro nas cartas de nossos Mestres que este também é um ramo da reforma que está próximo de Seus corações. Por duas razões:

1. Acima de tudo, porque a matança de animais é contra a Lei de Amor primordial;
2. Em segundo lugar, porque o consumo de carne torna o homem magneticamente impuro e, portanto, mais difícil de ter acesso pessoal ao Mestre.

Foi a 'caridade para com os pobres brutos' da Sra. Anna Kingsford que dispôs o *Maha Chohan* a seu favor. Quando o Mestre K.H. escreveu aos membros da Loja de Londres, notificado-lhes o desejo do Chohan de que a Sra. Kingsford deveria continuar a ser Presidente, considerando que naquele momento o público poderia entender e apreciar melhor seu método particular de apresentar a verdade esotérica, Ele disse também:

> "Sua luta constante e não de todo mal-sucedida pela causa da antivivissecção e sua constante defesa do vegetarianismo são por si só suficientes para merecer a consideração de nossos Chohans, como também de todos os verdadeiros budistas e advaitas – daí a preferência de nosso *Maha Chohan* nesta direção." (*ML*, 394)

E, em uma carta ao Sr. Sinnett:

> "Basta você saber que sua luta pela antivivissecção e sua rígida dieta vegetariana persuadiram inteiramente nosso austero Mestre a ficar do seu lado. Ele se importa menos do que nós com qualquer expressão ou sentimento externo – ou até mesmo interno – de desrespeito aos 'Mahatmas'. Deixe-a cumprir com seu dever para com a Sociedade, ser fiel a seu princípios, e todo o resto virá no tempo devido." (*ML*, 397)

Os teósofos sinceros cujas oportunidades encontram-se nesta direção têm aqui um campo de serviço infinito e cada vez mais amplo. Antes de mais nada, penso, vem o trabalho de inculcar reflexão e bondade para com os animais, especialmente entre os jovens e nas escolas. Um de nossos membros realizou um trabalho maravilhoso nesse sentido, através de palestras com projeção de slides fotográficos para crianças em idade escolar. A crueldade é, com muita freqüência, mais o resultado da ignorância e irreflexão do que de deliberada malevolência.

Depois, há o trabalho de combater as superstições médicas com relação à vivissecção e inoculações; o auxílio e a direção do crescente sentimento contra os "esportes" cruéis, a agitação contra a atuação de animais em espetáculos, o uso de cavalos velhos para tração e, finalmente, o grande e cada vez maior movimento contra o hábito de comer carne e tudo o que isso significa em termos de terror e dor para o reino animal, e de degradação aos homens engajados nesse comércio, com a reforma parcial na direção de abatedouros públicos e do emprego de "abatedores" humanos.

Com relação ao aspecto médico do caso, existe um amplo movimento por todo o mundo civilizado pelo restabelecimento da saúde através do emprego de meios naturais e por um retorno, tanto quanto possível, a modos naturais de viver. Acompanhando tudo isso vêm as hostes de "curandeiros espirituais", o ressurgimento da cura pela fé, auto-sugestão, ciência mental. E de imenso interesse, ainda que provocativas de inúmeras e veementes discordâncias, vêm as maravilhosas descobertas feitas, e a serem feitas, com as reações eletrônicas do Dr. Abrams de São Francisco.

Essas coisas pressagiam uma nova era também na ciência médica, e se nosso modo de vida nos trouxe até aqui, um teósofo está em uma posição muito concreta para auxiliar na iluminação e na reforma. A batalha contra e a favor da vivissecção foi travada no passado com veemente acrimônia. Não é de admirar ao se considerar, por um lado, o profundo preconceito arraigado e, por outro, os horrores continuamente visíveis. Há dois argumentos usados em defesa da vivissecção que, do mais elevado ponto de vista, podem ser destruídos por completo.

1. Que a vivissecção e a inoculação salvam vidas humanas.
2. Que, mesmo que a vivissecção seja cruel, a vida de um homem tem mais valor do que a de um animal.

Com relação ao primeiro argumento, as inoculações, que são em grande parte resultado do trabalho de vivissecção, certamente às vezes contribuem para impossibilitar o aparecimento da doença, mas às expensas de diminuir a vitalidade geral e através da introdução de um novo veneno com o qual se terá de ajustar contas mais tarde. Este sistema corre paralelo ao impotente sistema político internacional conhecido como 'o equilíbrio de poder'. Equilibrar um veneno com outro serve apenas para encobrir o real estado de coisas e para protelar e tornar pior o dia do ajuste de contas final.

Com relação ao segundo argumento (geralmente é desenhado um quadro patético da agonia de um pai ou mãe diante do filho morrendo de difteria), o ensinamento da reencarnação, com sua conseqüente destruição do medo da morte e do apego não natural a este corpo atual, neutralizará grandemente seu efeito. O ponto de vista correto é este: o animal é mais fraco e está totalmente em poder do homem, portanto, a coisa mais terrivelmente imoral é o mais forte ferir o mais fraco para seu próprio benefício, ou mesmo para o benefício de seus amigos e parentes; de um ponto de vista ainda mais amplo, porque os reinos inferiores são os 'pequeninos irmãos' do homem.

Com relação a qualquer esporte que acarrete a caça e a morte de animais, nenhum verdadeiro teósofo deveria ali engajar-se e deveria sempre condená-los fortemente. Não podemos chamá-los 'esportes' no verdadeiro sentido, pois o 'espírito esportivo' que é tão essencialmente a característica dos ingleses, é o espírito do bem-humorado combate entre iguais, o qual aceita a derrota de forma tão serena e impessoal quanto o triunfo; ou isso pode até ser aplicado ao corajoso espírito que capacita um homem a persistir animadamente a despeito de enormes obstáculos circunstanciais, sem saber quando será vencido ou, se souber, a aceitar a derrota com um sorriso.

Mas o que tem a ver esse genuíno espírito esportista com a caça, com a colocação de armadilhas, ou com o atirar-se na livre e bela vida selvagem da montanha e da floresta? Imagine as pernas tremendo, o coração explodindo, o peito ofegante da raposa ou da lebre caçada, a lontra de pele macia perseguida e acuada por cães de caça e gritos humanos, e o barulho e clamor indescritíveis; os lindos e suaves olhos do bravo veado que brilham com angústia quando pára pela última vez e o caçador corta-lhe a garganta visivelmente fatigada; imagine a solitária agonia e a lenta libertação da morte para muitos animais livres e selvagens, presos em armadilhas e laços (alguma vez você viu no cinema o louco rodopio do coelho capturado?). Imagine o pássaro selvagem morrendo, de cuja cabeça a plumagem da maternidade foi cruelmente arrancada, e os passarinhos que devem morrer agora de pura inanição; o chamado dos filhotes da floresta cujos pais são mortos a tiro ou a pauladas. E lembrem-se de que estas coisas pertencem ao esporte, ao comércio, e ao entretenimento.

Argumenta-se que o ato de caçar dá ao animal caçado uma "chance esportiva". Que chance tem a raposa, a lebre, ou o veado contra homens e cães de caça? E mesmo que uma raposa conseguisse correr até sua toca, permite-se-lhe o fruto de sua vitória na corrida? E assistindo a estes bárbaros espetáculos estão crianças em geral, e se esta for sua primeira ocasião de estar presente, é costume, algumas vezes, lambuzá-las com o sangue quente. Isso é esporte? Não é antes uma bárbara sobrevivência de épocas mais selvagens?

Aos olhos do Mestre é crueldade, e Suas palavras acerca desse tema podem ser apropriadamente lembradas aqui:

> "Todas estas pessoas tentam desculpar a sua brutalidade dizendo que é o costume; mas um crime não deixa de ser crime porque muitos o cometem. O *Karma* não leva em conta o costume; e o *Karma* da crueldade é, de todos, o mais terrível. [...] O destino reservado aos cruéis terá de cair também sobre todos os que intencionalmente matam criaturas de Deus, chamando a isso de 'esporte'."(*APM, p. 86-7*)

O caso do selvagem que mata animais selvagens para alimento é colocado pelo Mestre em uma categoria bem diferente. Falando de um índio Pele Vermelha no mundo do céu, o Mestre diz:

> "Como não é uma falta do primeiro, se nasceu um 'selvagem' com o instinto para matar – embora tenha causado a morte de muitos animais inocentes – por quê, se apesar de tudo, ele foi um pai, filho e marido amoroso, por que ele não deveria também gozar *sua* parte de recompensa? O caso seria muito diferente se os mesmos atos cruéis tivessem sido praticados por uma pessoa educada e civilizada, por mero amor ao esporte. O selvagem ao renascer simplesmente assumiria um lugar inferior na escala, em função do seu desenvolvimento moral imperfeito; enquanto o *Karma* do outro seria tingido com delinqüência moral." (*ML*, 100-1)

A segunda razão para a objeção do Mestre quanto a comer carne, e também quanto a se tomar bebidas alcoólicas, é que elas tornam os corpos físico e psíquico impuros e densos. O Mestre K.H. escreve:

> "Os espiritualistas jamais encontrarão médiuns e videntes confiáveis (nem ao menos parcialmente) enquanto estes

> e seus 'círculos' saturarem a si mesmos com sangue animal e os milhões de *infusórios* de fluidos fermentados. Desde o meu retorno tornou-se *impossível* para mim respirar – mesmo na atmosfera da *Sede*! M. teve que interferir, e forçar toda a criadagem a deixar de comer carne; e tiveram, todos eles, de ser purificados e totalmente lavados com várias drogas desinfetantes antes que eu pudesse iniciar com as minhas cartas. E eu não possuo, como você poderia imaginar, sequer a metade da sensibilidade às emanações repugnantes que possuiria uma *concha* desencarnada minimamente respeitável, – que dirá uma *Presença* real, ainda que em mera 'projeção'. Dentro de um ano mais ou menos, quiçá antes, poderei estar outra vez *insensível*. No momento é *impossível* para mim – fazer o que deveria." (*ML*, 272)

E, em outra ocasião, Ele diz ao Sr. Sinnett:

> "Quer você às vezes realmente necessite do auxílio de um feliz pensamento à medida que seu trabalho progride, ele pode, muito bem, ser transmitido por *osmose* para a sua cabeça – se o vinho de Xerez não obstaculizar o caminho, como já aconteceu em Allahabad." (*ML*, 36-7)

H.P.B, em uma carta ao Sr. Sinnett, endossada pelo Mestre M., escreve que o Mestre lhe ordenou dizer-lhe que 'está aconselhado pelo Mestre M. a cumprir com um dever especial para impedir seu filho pequeno de comer carne – nem mesmo aves –, e a escrever sobre isso para a Sra. Sinnett. Uma vez que a mãe colocou a criança sob a proteção de K.H., que ela não deixe coisa alguma poluir sua natureza. A criança pode tornar-se um poderoso instrumento para o bem em futuro próximo. Deixe-o ser treinado como *sua própria natureza* sugere'.

Tudo isso é uma prova clara de que a causa do vegetarianismo e a total abstinência de bebidas alcoólicas são um trabalho a ser realizado em nome do Mestre; realizado com dignidade, razoabilidade e ausência daquele espírito fanático que iria impor indecisão sobre outros princípios de viver que eles, todavia, não vêem claramente por si mesmos. A melhor propaganda é promover tais reformas de modo sábio e completo em nossas próprias vidas, lembrando que devemos nos conformar com certa quantidade de impopularidade e ridículo, pois nestes assuntos, tal como nos superiores, são pertinentes as palavras do Mestre K.H. aos membros da Loja de Londres, por ocasião da eleição de seu Presidente:

> "Deixe os membros sob sua liderança tentarem resolutamente esquecer a impopularidade que todo ensinamento esotérico e toda reforma com certeza atraem no início, e eles *terão* sucesso. A Sociedade será um grande auxílio e um grande poder no mundo." (*ML*, 394)

Mas temos que ser corajosos o suficiente para viver aquilo que pregamos. Que alguns membros esperavam "aprender a doutrina" sem verdadeiramente "viver a vida" de sacrifício pessoal em obediência ao princípio é visto nas palavras do Mestre M.:

> "Filiam-se à Sociedade e embora permaneçam tão obstinados como sempre em suas velhas crenças e superstições, não havendo jamais desistido da casta ou de um único de seus costumes, eles, em sua exclusividade egoísta, esperam ver e conversar conosco e obter nosso auxílio em tudo. Ficarei agradecido se o Sr. Sinnett disser a todos aqueles que possam dirigir-se a ele com pretensões similares o seguinte:
>
> Os 'Irmãos' desejam que eu informe a todos vocês, *nativos,* que a menos que um homem esteja preparado para tornar-se um teósofo completo, i.e., fazer como fez D. Mavalankar, – abandonar inteiramente a casta, suas velhas superstições e mostrar-se um verdadeiro reformador (especialmente no caso do casamento de crianças), ele permanecerá simplesmente um membro da Sociedade sem qualquer esperança de ter notícias de nós." (*ML*, 454-5)

(iv) O Movimento das Mulheres

Ainda que a luta por igualdade política esteja ganha – talvez nunca tenha sido mais que um símbolo da verdadeira luta – o verdadeiro trabalho da mulher na construção da nova era e na salvação da humanidade futura está apenas começando. Devemos ajudar a trazer de volta ao mundo o ideal e os conceitos eternamente verdadeiros da mulher, seu lugar e trabalho na Natureza. Devemos parar de copiar os homens e ousar ser nós mesmas; descobrir e organizar a verdadeira educação, o verdadeiro trabalho, as verdadeiras funções que na Natureza pertencem à mulher, funções essas que desenvolverão suas capacidades peculiares e a tornarão forte, bela, pura, intuitiva, uma Mãe de Deus em miniatura e a *Mater Consolatrix* do mundo.

O profundo significado e objetivo do Movimento das Mulheres está indicado nas palavras do Mestre K.H., escrevendo sob o pseudônimo de "Ocultista Eminente", em notas a um livro de Eliphas Levi:

> "Deixe que a sua ciência exata, tão orgulhosa de suas conquistas e descobertas, lembre-se de que todas as maiores hipóteses – quero dizer, aquelas que agora transformaram-se em *fatos* e *verdades* inegáveis – foram todas *adivinhadas*, foram o resultado de inspiração espontânea (ou intuição) – nunca do raciocínio científico. [...] A ciência oculta não apenas explica como também mostra a maneira infalível de se produzirem tais visões dos fatos e da realidade. E mostra às futuras gerações os meios de se chegar a isso naturalmente. Mas os autores de *The Perfect Way* estão certos: a mulher não deve ser considerada como um apanágio do homem. Uma vez que ela não foi feita para seu mero benefício ou prazer mais do que ele o foi para o dela; mas ambos devem ser entendidos como forças iguais, embora individualidades diferentes. [...] A missão da mulher é tornar-se mãe de futuros ocultistas – daqueles que nascerão sem pecado. A salvação e redenção do mundo giram em torno da elevação da mulher. E não até que a mulher rompa os grilhões de sua escravidão sexual, à qual sempre esteve sujeita, irá o mundo obter uma insinuação daquilo que ela realmente é e do seu lugar apropriado na economia da Natureza. A Índia Antiga, a Índia dos Rishis, fez a primeira sondagem com sua linha de prumo nesse oceano da Verdade, mas a Índia pós-Mahabahrata, com toda sua profundidade de aprendizagem, negligenciou e esqueceu o assunto.
>
> A luz que virá a essa questão e ao mundo em geral, quando este descobrir e apreciar de fato as verdades subjacentes a este vasto problema do sexo, será como 'a luz que jamais brilhou em terra ou no mar', e que tem de chegar aos homens através da Sociedade Teosófica. Essa luz conduzirá à verda-

deira *intuição espiritual*. Então o mundo terá uma raça de Budas e Cristos, pois terá descoberto que os indivíduos *têm em seu próprio poder* a procriação de crianças semelhante a Budas ou – a 'demons.'"*

VI. Os Princípios que Devem Guiar-nos em Todo Nosso Trabalho

Ao encerrar estas considerações do nosso trabalho público, quer seja ele propaganda teosófica direta, ou a correta direção e auxílio em reforma religiosa ou social, pode ser útil definir alguns grandes princípios aos quais deveríamos, parece-me, aderir corajosa e sinceramente, se quisermos realizar o trabalho do Mestre de modo tão verdadeiro quanto pudermos.

(i) A Meta da Sociedade é a Filantropia

Ela existe para servir aos homens. Ela não existe para desenvolver os poderes psíquicos de qualquer homem em particular, ou para ensinar aos homens fatos e leis ocultas para seu benefício e satisfação próprios. Ela existe para trazer a luz das verdades sagradas da vida e do viver para o interior de cada departamento da vida humana, para que sua aplicação possa ser imediata e prática. Os verdadeiros teósofos, portanto, não trabalham para a Sociedade como tal, mas, nas palavras de H.P.B., "*para* a humanidade *através* da S.T". O Mestre K.H. reconheceu no Sr. Hume

> "[...] o desejo sincero de tornar-se útil à Sociedade, e portanto à humanidade."(*ML*, 59)

Nas mãos de verdadeiros filantropistas e teósofos (observe o termo que vem em primeiro lugar), diz o Mestre M., a Sociedade

> "[...] poderia tornar-se tão forte quanto uma fortaleza inexpugnável." (*ML*, 248)

* LEVI, Eliphas. *The Paradoxes of the Highest Science*, p. 171.

E que ela foi idealizada para ramificar-se em inúmeras direções filantrópicas está também indicado, como se pode ver em outra carta Sua, onde Ele diz:

> "As linhas indicadas contêm em si o germe da maior das reformas, os mais beneficentes resultados obtidos pelo movimento teosófico." (*ML*, 442)

(ii) Direito e Justiça para Todos

Devemos sustentar impessoalmente o direito e a justiça para todos 'sem distinção de raça, credo, sexo, casta ou cor'. Como o Mestre K.H. observa:

> "O termo 'Fraternidade Universal' não é uma frase ociosa. A humanidade em massa tem um supremo clamor sobre nós [...]. Ela [a Fraternidade Universal] é a única fundação segura para a moralidade universal. [...] é a aspiração do *verdadeiro Adepto.*"(Ib.)

> "Todo teósofo ocidental deve aprender e lembrar, especialmente aqueles dentre eles que desejassem ser nossos seguidores – que em nossa Fraternidade, todas as personalidades submergem numa única idéia – direito abstrato e absoluta justiça prática para todos."(Ib., 395)

(iii) Maiores Oportunidades Exigem Maiores Responsabilidades

Deveríamos viver em nossas próprias vidas, e inculcar entre os demais, o princípio de que todo poder adicional de mente, coração ou ambiente significa maior responsabilidade aos olhos da verdade e do *Karma* para o exercício desses poderes no serviço do homem, e não apenas para a satisfação ou benefício pessoal. Também, que aquelas faltas e imperfeições dos menos evoluídos não são algo de efeito tão amplo e fatal quanto os daqueles colocados em postos mais elevados. Assim escreve o Mestre M.:

> "Se ele ao menos soubesse que aos nossos olhos um engraxate honesto era tão bom quanto um rei honesto, e um varredor *imoral* muito mais elevado e desculpável do que um Imperador *imoral [...]*"(*ML*, 220)

Por conseguinte a cegueira à solidariedade e felicidade humanas de uma classe mais afortunada, porém egoísta, é no geral, um pecado maior do que a estreiteza de visão igualmente egoísta de uma porção menos evoluída da comunidade. Mas ao trabalhar com qualquer segmento da comunidade, seja ele qual for, devemos estar pessoalmente dispostos, se queremos de fato servir, a aceitar o *Karma* coletivo daquele grupo. Daí o quarto princípio.

(iv) Aceitação com Alegria do Karma Coletivo

O *Karma* coletivo de nosso grupo, classe ou nação deve ser aceito com alegria por nós como indivíduos. Não podemos escapar do *Karma* coletivo de nossa casta e ajudamos melhor, não fugindo ou nos dissociando dele, porém aceitando e assumindo-o alegremente. Como citado anteriormente, o Mestre K.H. diz em Sua carta ao Rev. Leadbeater, em resposta a uma carta deste de 1884, onde ele expressa seu grande desejo de colocar-se sob a tutela do Mestre como chela:

> "Há também o *Karma* coletivo da *casta à qual você pertence* [A Igreja cristã. Leadbeater era então um sacerdote oficiante da Igreja da Inglaterra - CMS] a ser considerado. É inegável que a causa que você traz no coração está agora sofrendo devido a obscuras intrigas e à vil conspiração do clero cristão e dos missionários contra a Sociedade. Nada os deterá no esforço de arruinar a reputação dos Fundadores. Você está pronto para expiar pelos pecados *deles*?" (*CMS*, Primeira Série, Carta 7)

Em outro lugar, o Mestre diz ao Sr. Sinnett:

> "É uma manifestação de verdadeira maturidade quando um homem aceita amplamente sua parte do *Karma* coletivo do grupo em que trabalha, e não permite a si mesmo amargar-se, e ver os outros em cores mais escuras do que a realidade, ou jogar toda a culpa sobre alguma 'ovelha negra', uma vítima especialmente selecionada. Um homem assim verdadeiro será sempre protegido por nós e, a despeito de suas falhas, é, de um modo sublime um *altruísta*; mergulha sua personalidade em sua causa e não dá atenção aos des-

confortos ou às calúnias injustas lançadas sobre ele." (*ML*, 364)

(v) Nossa Função como Pioneiros

Lembremos que somos pioneiros trabalhando para imensos fins futuros e devemos ser muito pacientes quanto a resultados visíveis imediatos. O próprio Mestre é imensamente tolerante com o lento crescimento da natureza humana. De fato, ele diz que forçar demais o passo produziria 'monstros'. Sendo Sua visão tão infinitamente mais adiantada e ampla do que a nossa, ao trabalhar para auxiliar Seus planos em nossa pequena medida podemos apenas confiar nessa visão e sermos pacientes o suficiente para plantar as sementes entregues aos nossos cuidados, ainda que não possamos ver o crescimento de muitas delas nesta encarnação. O Mestre K.H. escreve:

> "Contudo, na pior das hipóteses pode ser percebido que há *alguma* satisfação no fato de que existe agora uma passagem através deste rio e vocês estão construindo a estrutura para uma ponte real. Está certo que você batize o fruto de seus mais novos pensamentos com as águas da esperança; e dentro dos limites das possibilidades, que através disso, 'um maior e muito significativo impulso será dado ao presente movimento'. Mas, amigo, mesmo o 'queijo fresco' da lua brilhante é periodicamente degustado por *Rahu*; portanto não pense estar você completamente acima das contingências da volubilidade popular, que apagaria sua luz em favor do 'mergulho barato' de algum novo homem. A cultura da sociedade inclina-se com mais freqüência à filosofia do tênis do que à dos proscritos 'Adeptos', cujo jogo mais amplo usa mundos como bolas e espaços etéricos como seu gramado. O *enredo* de seu primeiro livro estava temperado com fenômenos para agradar o paladar espiritualístico; este segundo é um prato de filosofia fria, e em sua 'grande seção da Sociedade de Londres' você raramente encontrará quantidade suficiente do vinho da simpatia para acompanhá-lo. Muitos, que agora pensam que você é um tanto louco, comprarão o livro para descobrir se uma delegação de lunáticos deveria posicionar-se para impedir que você cause mais dano; mas de todos os seus leitores poucos

estarão dispostos a seguir seu comando em direção ao nosso *ashram*. Ainda assim, o dever do teósofo é como o do agricultor; abrir seus sulcos e semear seus grãos da melhor maneira possível; a questão é com a natureza, e ela é a escrava da lei." (*ML*, 334)

Os homens não podem ser levados à força para os caminhos que levam à Realidade e à Luz. Tudo que podemos fazer é colocar sua definição intelectual ante a mente do homem. Mesmo então, o maior trabalho é realizado pela vida do pretenso professor, vivida de tal forma que os corpos astral e mental purificados iluminem e elevem momentaneamente os corpos daqueles aos quais ensina. Todavia, em obediência à Lei que diz que o crescimento humano deve resultar de um impulso do interior, e não de uma imposição exterior, o Mestre diz:

> "Tudo que você pode fazer é preparar o intelecto; o impulso em direção à 'cultura da alma' deve ser provido pelo indivíduo." (*ML*, 243)

(vi) O Mestre é nosso Amigo e Colaborador

Ou melhor – nós podemos ser Seu amigo e colaborador, cada um em sua própria esfera e de acordo com nosso melhor julgamento. Assim Ele diz a todos nós, como disse ao Sr. A. P. Sinnett:

> "Seja paciente, amigo e irmão; e devo novamente repetir – seja nosso *útil colaborador*; mas em sua própria esfera, e de acordo com o seu julgamento mais maduro." (*ML*, 25)

PARTE 3

O TRABALHO DA LOJA

Encontram-se muitas palavras nas cartas dos nossos Mestres que indicam muito claramente suas idéias de como uma Loja bem-sucedida (ou "Ramo", como era chamada no início) deve ser conduzida. E o primeiro grande ponto a ser notado, como a maioria de nós percebeu, é que *as pessoas* são os trunfos mais valiosos.

O nível de trabalho e influência de uma Loja depende da personalidade de seus membros, do caráter, pureza de motivo, altruísmo e capacidade dos mesmos. Mais particularmente é este o caso, com relação a seus dirigentes e líderes. Por isso, o Mestre K.H. diz:

> "[...] a utilidade de um Ramo depende de forma ampla, senão inteiramente, da lealdade, discrição e zelo de seu Presidente e Secretário; por mais que seus colegas possam fazer para ajudá-los, a atividade eficiente de seu grupo desenvolve-se proporcionalmente à de seus dirigentes." (*ML*, 402)

O Mestre parece conferir grande importância à *personalia* de uma Loja e de uma Seção Nacional, que talvez seja útil fazer uma consideração especial sobre as três qualificações mencionadas por Ele.

I. As Três Grandes Qualidades Necessárias

(i) Lealdade

Este é um termo muito debatido. De acordo com nosso temperamento podemos interpretá-lo como lealdade a uma personalidade ou a uma idéia. Está deveras muito claro qual delas o Mestre defende como o princípio guia no trabalho teosófico.

Ele diz ao Sr. Sinnett:

> "Há uma tendência ao culto do herói que se mostra claramente, e você, meu amigo, não está de todo livre disso. Estou bastante consciente da mudança que se operou em você nos últimos tempos, mas isso não altera a questão principal. Se continuar com seus estudos ocultos e trabalho literário – então aprenda a ser leal à Idéia, ao invés de ao meu pobre eu. Quando alguma coisa tiver que ser feita nunca pense se eu a desejo, antes de agir. Eu desejo *tudo* que possa, em maior ou menor grau, levar adiante este projeto." (*ML*, 319)

Ser leal aos grande princípios universais é ser leal ao Mestre, que é a corporificação daqueles princípios, e esta lealdade maior, pode bem superar a lealdade menor ao Mestre como personalidade ou a qualquer um de Seus grandes discípulos, se tal sentimento pessoal manifesta-se natural e instintivamente.

Tal verdadeira lealdade jamais será combativa ou intolerante; jamais forçará um reconhecimento exterior que não seja espontâneo; ou a reverência a outros em quem não tenha surgido de forma natural; jamais cultivará uma referência instantânea ao Mestre e ao seu trabalho em todos os assuntos. Esta é uma prova clara em si mesma de que a verdadeira reverência e entendimento ainda não nasceram em seu interior. Como diz o Mestre M. de alguns membros na Sociedade, em 1882:

> "É somente porque eles pregam em demasia 'os Irmãos', e muito pouco ou mesmo nada a Fraternidade, que fracassam." (*ML*, 248)

O próprio Mestre não espera reconhecimento ou reverência antes de seu espontâneo e natural nascimento em qualquer alma humana. O Mestre K.H. escreve sobre a S.T. Britânica nos primeiros tempos:

> "Sua crença ou descrença na última coisa mencionada (i.e., na existência dos Adeptos) é um assunto de importância de fato muito insignificante para nós." (Ib., 332)

E o Mestre M., falando do Sr. Hume, diz:

> "A reverência pode não estar em sua natureza, tampouco alguém reclama ou se importa com isso de qualquer maneira." (Ib., 265)

O Mestre de modo algum reclama ou se importa com a coisa *em si mesma*, mas onde ela exista espontânea e sinceramente capacita o homem a receber infinitamente mais da personalidade do Mestre, e a ser um canal mais completo para o Seu poder. Um pensamento de pura devoção altruísta ao Mestre não *Lhe* traz qualquer coisa, mas abre um canal entre o Adepto e o aspirante que permite que mais da bênção e do poder do Mestre fluam diretamente através do devoto para o auxílio ao mundo.

Nesse mundo dos verdadeiros, a sinceridade absoluta é *sine qua non*. A devoção cresce naturalmente, seguindo-se ao contato estabelecido com o Mestre nos planos internos através dos próprios ideais do homem, e não pode ser imposta de fora. Assim, essa lealdade ao Mestre como pessoa, ou aos Seus grandes discípulos, é a conseqüência final da fidelidade total aos Seus grandes ideais.

A Dra. Besant insistiu nesta verdade incessantemente. Quantas vezes ela nos falou do grande desserviço que prestamos quando dizemos: "Assim diz Annie Besant", ou "Assim diz C.W.L.", ou "Assim diz H.P.B.".

Este é um ponto sobre o qual é essencial refletir com muita clareza. Não significa que, quando em dúvida a respeito de qualquer conhecimento ou procedimento, não devemos recorrer às afirmações publicadas daqueles que sabem muito mais do que nós. A essência de toda a questão jaz na atitude. Recorramos com sinceridade, em nossas próprias vidas e decisões, àqueles aos quais reverenciamos e em quem confiamos, mas não cometamos o erro não fraternal de impor suas afirmações como uma "autoridade" sobre outros. As únicas coisas que possuem autoridade universal em nossas fileiras são os grande princípios que nos são ensinados pela Teosofia.

Quais são esses princípios, ou alguns deles, aos quais devemos ser verdadeiramente leais? Acima de tudo ao princípio que reconhece que enquanto a meta de nosso esforço é uma, exigindo de nós todo o mútuo calor do apoio e do encorajamento fraternos, os métodos pelos quais essa meta é abordada são tão variados quanto as mentes dos homens. Estamos fadados a tolerar solidária e sinceramente todas as diferenças de opinião e perspectiva em nosso meio quando estas são expressas de maneira não combativa e fraternal. Realmente, tal diferença amistosa de opinião constitui, segundo o Mestre, uma necessidade saudável em uma Loja. Ele diz:

> "Se você desejar, lhe enviarei um *Ensaio* mostrando por que na Europa, mais do que em qualquer outro lugar, uma *Fraternidade Universal*, i.e., uma associação de 'afinidades' de fortes forças e polaridades magnéticas ainda que dissimilares, centradas em torno de uma idéia dominante, é necessária para empreendimentos bem-sucedidos em ciências ocultas. Aquilo em que um fracassar – a união de muitos conseguirá." (*ML*, 20)

Ele diz ao Sr. Sinnett:

> "A menos que você reúna vários, e de uma forma ou de outra os organize, temo que lhe serei de pouco auxílio pratico [...] sentar-se com sua senhora é mais do que inútil. Os magnetismos de vocês são muito semelhantes – e você não conseguirá nada." (Ib., 22)

Houve um tempo em que reinava tremenda divergência de opinião na Loja de Londres entre a visão cristã da Sra. Kingsford e seus seguidores, e a visão mais oriental do Sr. Sinnett com os seus. O Mestre K.H. diz:

> "[Isto] proporciona base para se ter esperança de que o método correto seja posto em ação dentro em breve." (*ML*, 393)

Ele continua:

> "É bem sabido que um ímã deixaria de ser um ímã se seus pólos cessassem de ser antagônicos. O calor de um lado deve ser confrontado pelo frio do outro, e a temperatura resultante será saudável para todas as pessoas. A Sra. Kingsford e o Sr. Sinnett são ambos úteis, ambos necessários e apreciados por nosso reverenciado Chohan e Mestre, exatamente porque são os dois pólos calculados para manter todo o corpo em harmonia magnética, assim como a judiciosa disposição de ambos produzirá um excelente campo médio que não pode ser obtido por quaisquer outros meios; um corrigindo e equilibrando o outro. A direção e os bons serviços de ambos são necessários para o firme progresso da Sociedade Teosófica na Inglaterra." (*ML*, 393-4)

Mas para conseguir o melhor dessas forças opostas e complementares, 'o método correto' (*ML*, 393) teve de ser empregado. O que é este método encontra-se indicado mais adiante na mesma carta. Visões divergentes devem ser respeitadas e consideradas:

1. Enquanto forem sinceras, e
2. Sejam mantidas a simpatia e a cortesia fraternais.

Esta é a difícil condição para o trabalho grande e vital. O Mestre K.H. escreve:

> "Desejamos que a Loja de Londres possa preservar sua harmonia na divisão." (Ib., 396)

Ele continua:

> "[...] é desejável que a 'Loja de Londres' seja administrada por, pelo menos, *quatorze* Conselheiros – a metade inclinando-se abertamente em direção ao Esoterismo Cristão, representado pela Sra. K., e a outra metade seguindo o Esoterismo Budista, representado pelo Sr. S.; todos os assuntos importantes devem ser decididos pela maioria dos votos. Estamos bem conscientes e completamente alertas às dificuldades de tal arranjo. Todavia parece absolutamente necessário, para estabelecer a harmonia perdida. A constituição da 'Loja de Londres' tem que ser retificada se os membros pelo menos quiserem tentar; e assim produzir mais força em tal divisão amigável do que na unidade forçada." (*ML*, 396)

Mas, ao mesmo tempo, deve reinar o verdadeiro sentimento fraternal se uma Loja quiser ser abençoada e inspirada em sua obra pelos nossos Mestres.

> "Portanto, a menos que ambos, a Sra. Kingsford e o Sr. Sinnett, concordem em *discordar* em detalhes e trabalhem em estrito uníssono para os objetivos principais, conforme constam nas *Regras* da Sociedade Matriz, não podemos auxiliar no futuro desenvolvimento e progresso da Loja de Londres." (*ML*, 396)

Às vezes, divisões e crises nas Lojas bem como no corpo matriz são por fim saudáveis. O Mestre K.H. fala sobre tal distúrbio na Loja de Londres:

> "As ocorrências recentes, nas quais você teve uma parte não de todo agradável, podem ser desgastantes para alguns e cansativas para outros, todavia é melhor assim do que se continuasse aquela velha calma paralítica. Um surto de febre no corpo humano é a evidência de que a natureza está tentando expelir as sementes de doença e talvez da morte absorvida anteriormente. No estado em que se encontrava, o Ramo de Londres fazia nada mais que vegetar. [...] É evidente que o *Karma* exigiu que o repouso fosse interrompido [...] doravante o grupo de Londres, desperto, estimulado e alertado, possui um campo claro onde exercitar suas atividades." (Ib., 391)

Todavia, tais febres não devem ser indevidamente prolongadas ou o trabalho com certeza sofrerá. A atitude ideal está bem descrita nestas palavras adicionais do Mestre K.H.:

> "É um fato universalmente admitido que o maravilhoso sucesso da Sociedade Teosófica na Índia deve-se inteiramente aos seus princípios de sábia e respeitosa tolerância às opiniões e crenças de cada um. Nem mesmo o Presidente-Fundador tem o direito de interferir direta ou indiretamente na liberdade de pensamento do membro mais humilde, muito menos buscar influenciar sua opinião pessoal. É apenas na ausência desta generosa consideração, que mesmo a mais fraca sombra de diferença arma os buscadores da mesma verdade, de outro modo honestos e sinceros, com o aguilhão de ódio do escorpião contra seus irmãos igualmente sinceros e honestos. Vítimas iludidas da verdade distorcida, esquecem, ou jamais souberam, que a discórdia é a harmonia do Universo. Assim, na Sociedade Teosófica, como nas gloriosas *fugas* do imortal Mozart, cada parte persegue incessantemente a outra em harmoniosa discordância nos caminhos do progresso Eterno para encontrar-se e finalmente se fundir no limiar da meta perseguida em um todo harmonioso, a tônica na natureza. *A Justiça Absoluta* não estabelece diferença entre os muitos e os poucos." (*ML*, 395)

Se pudermos pôr em prática este magnífico princípio com certeza serviremos bem e lealmente aos nossos Mestres. Então jamais haveria disputa nas Lojas ou grupos que, quando se encontram fora do poder, deixam de aparecer nos encontros da Loja. Que estas mesquinhas atitudes mentais são totalmente estranhas e dolorosas à natureza dos Mestres fica claro nas seguintes palavras:

> "Gostaria que você evitasse, se possível, outro 'coup de theatre'. Por mais naturais que estas surpresas sensacionais possam ser na política, quando partidos são formados por devotos cujas almas regojizam-se com intrigas, são muito penosas de testemunhar em uma associação de pessoas que professam entregar-se às questões mais solenes que afetam os interesses humanos. Deixe as naturezas mais medíocres disputarem se quiserem; o sábio compõe suas diferenças em espírito de mútua clemência. (K.H.)" (*ML*, 403)

Como diz o nosso Mestre Morya:

> "[...] vocês dois pertencem à mesma Sociedade e são *Irmãos.*" (Ib., 258)

O que é então, afinal, lealdade, e onde ela reside? Lealdade é fiel aderência a um ideal, mesmo ao custo de desconforto ou perdas pessoais. Lealdade a um trabalho é o fiel desempenho desse trabalho, ao custo, se necessário, de dor e perda para nós mesmos.

Lealdade a uma pessoa é a fiel aderência em amizade àquela pessoa, mesmo quando os motivos para as ações do nosso amigo, ou as ações em si mesmas, não possam ser compreendidas por nós ou pareçam repreensíveis. "Amor que se altera quando encontra alterações não é amor", cantou William Shakespeare.

A lealdade é da essência da fidelidade; é abnegada, despretensiosa, pura; lenta em suspeitar, desejosa de confiar, ansiosa por servir. Mas não é pessoal, dogmática, combativa, intolerante com outros, especialmente quando tais opositores são sinceros e não-ofensivos. Todavia ela pode pegar das armas quando a pureza é injustamente atacada, e fazer valente defesa daqueles que são atacados com ódio, incompreensão e ofensa.

A lealdade é uma tremenda virtude. É a qualidade ou timbre da mente honesta, altruísta e de alma límpida. E das três lealdades acima delineadas, cada uma inclui e faz das demais um tesouro.

Penso que a lealdade, tanto na Sociedade como um todo quanto nas Lojas, exige duas coisas:

1. Que devemos acatar e respeitar todas as tonalidades de opiniões divergentes;
2. Que não devemos tolerar, além de um certo limite de tempo, diferenças expressas em espírito não-fraternal, ou com calúnias e ofensas pessoais.

Tais membros merecem, em minha opinião, ser expulsos do nosso quadro. E que esse foi o princípio observado nos primeiros tempos da Sociedade fica claro a partir dos seguintes resumos.

Sobre um homem que perseguia sua esposa com acusações infames após a haver enganado e ofendido, o Mestre escreve que H.P.B. insistiu em sua expulsão da Sociedade. (*ML*, 412)

Em outro lugar, o Mestre menciona um homem expulso da Sociedade devido a calúnias feitas na *Pall Mall Gazette* a dois outros membros (Ib., 303). O Coronel Olcott, em seu *Old Diary Leaves*, também menciona um ou dois casos onde fez isso, exercendo seu poder Presidencial.

Como diz o Mestre K.H.:

> "Por pouco que nos preocupemos pela subserviência pessoal a nós, líderes aceitos pelos Fundadores da Sociedade Teosófica Matriz, não podemos jamais aprovar ou tolerar deslealdade de qualquer membro de qualquer Ramo aos *princípios fundamentais representados pela Organização Matriz.* As regras do corpo principal devem ser cumpridas por aqueles que compõem seus Ramos; desde que, naturalmente, não transcendam os três objetivos declarados da organização." (*ML*, 402)

(ii) Discrição

A segunda qualificação mencionada pelo Mestre é especialmente necessária em todos que assumam responsabilidades em nossas fileiras. Quanto maior essa responsabilidade, maior o alcance do trabalho, e tanto mais vital e superior é a necessidade de autocontrole e discrição. Durante os muitos anos de trabalho na Sociedade em ambos os lados do mundo, posso lembrar-me de muitas ações nocivas perpetradas, por falta desta indispensável qualidade. A falta dela parece surgir de duas fontes:

1. Falta de capacidade mental;
2. Falta de controle sobre a fala.

Às vezes somos indiscretos porque nos falta penetração e compreensão para sermos de outro modo. Podemos dizer de tais membros nas palavras do verso antigo, que "O mal é perpetrado por falta de pensamento, muito mais do que por falta de sentimento".

Bem, suponho que não podemos envelhecer mais rapidamente do que podemos crescer, mas certamente tais membros não são adequados para ocupar posições oficiais.

Mas o que podemos fazer em uma pequena Loja onde todos os membros não são muito qualificados? Podemos então escolher aquele que pensamos ser o melhor sob as circunstâncias, e o escolhido deve talvez lembrar-se de que o poder espiritual da sinceridade e da humildade pode às vezes mais do que compensar a falta de sabedoria e capacidade mental. Aqui mais uma vez é verdade que se a qualidade fundamental do amor é suficientemente forte em um homem, ela irá forçá-lo a adquirir todas as demais, até mesmo a discrição.

Isso nos conduz ao segundo ponto. A raiz da segunda causa da indiscrição é a exaltação da personalidade, egoísmo puro e simples. Todos sofremos mais ou menos desta doença fundamental da alma e assim será até a proximidade de alcançarmos o Adeptado. Como escreveu o Mestre K.H. certa vez sobre alguém:

> "Ele é vaidoso – mas quem não é?" (*ML*, 234)

A indiscrição é muitas vezes responsável pela provocação de ridículo e mal-entendido da parte do público. O mal é, assim, causado por:

1. Falar muito livremente sobre assuntos malcompreendidos.

É uma falha que sofremos com freqüência quando tudo é novo e maravilhoso para nós, ou quando desejamos impressionar outros. O Sr. Sinnett, por exemplo, era assim indiscreto, e o Mestre K.H. escreveu-lhe:

> "Seja mais cuidadoso quanto ao que diz sobre tópicos proibidos. O mistério das 'oito esferas' é um assunto muito confidencial, e você está longe de compreender mesmo os seus aspectos gerais. Você foi repetidamente advertido e não deveria tê-lo mencionado. Sem ter a intenção, você trouxe o ridículo sobre assunto solene." (*ML*, 390)

2. Falar de assuntos internos para ouvintes despreparados.

Nos idos de 1884, o Sr. Sinnett desejou publicar as cartas dos Mestres dirigidas a ele. Mas o Mestre K.H. escreve:

> "As cartas, em resumo, não foram escritas para publicação ou comentários públicos sobre elas, mas para uso privado, e nem M. nem eu jamais daremos nosso consentimento para vê-las manuseadas desta maneira." (Ib., 351)

Por quê? Não porque o Mestre temesse críticas e incompreensões a *Seu* respeito. A opinião do mundo nunca pode atingi-lo. Como Ele escreve na mesma carta:

> "Não procuro evitar nem novos 'incidentes de Kiddle' [por *Sua* recusa à publicação de *Suas* cartas] nem críticas dirigidas contra minha personalidade, a qual de fato dificilmente pode ser atingida; ao contrário, tento salvar você e a Sociedade de novos problemas que desta vez seriam sérios." (*ML*, 351)

São os efeitos dessas críticas tanto sobre os críticos quanto sobre as multidões, que poderiam assim ser excluídos da luz e oportunidade, que o Mestre desejava evitar, pois o Sr. Sinnett poderia assim

> "[...] gerar críticas sobre os 'Mestres' e uma influência retardatária sobre o progresso humano e da S.T." (Ib., 351)

3. Falar imprudentemente para outros membros, mesmo desejando auxiliá-los.

O Sr. Sinnett foi culpado desta indiscrição nos primeiros tempos porque, pensando em ajudar um proeminente psíquico com o qual tinha contato naquele tempo, fez citações livremente e sem autorização de uma carta escrita para ele pelo Mestre. O resultado foi o completo afastamento de um homem promissor da Sociedade, e o Mestre escreve ao Sr. Sinnett:

> "O que você não sabe é o grande mal produzido pelas suas próprias indiscrições inconscientes." (*ML*, 261)

Ele considera que isso se deve à falta de compreensão espiritual do Sr. Sinnett, causada pela atmosfera na qual vivia. O Mestre escreve:

> "O homem, afinal, é vítima do seu ambiente enquanto vive na atmosfera da sociedade." (*ML*, 261)

4. Antagonizar outros devido a uma lealdade combativa e imprudente.

O Mestre fala ao Sr. Sinnett que Ele vê

> "[...] que ao invés de fazer amigos e auxiliares no campo dos Filisteus – seja deste ou daquele lado do oceano – muitos de vocês – você juntamente com os demais – granjeiam nada mais que inimigos ao falar em demasia sobre mim e minhas opiniões pessoais." (*ML*, 202)

5. Por fim, uma causa produtiva de indiscrição e agitação em nossa Sociedade é a falta de reto entendimento e o indevido e maldirigido entusiasmo em relação a quaisquer espécies de fenômenos psíquicos.

Com que freqüência o Mestre advertiu os membros contra isso! Tão desastroso foi o efeito dos fenômenos, permitidos no início, e denunciados por um público leigo como fraude, que o Mestre K.H. escreve que Eles jamais permitirão que esse assunto seja novamente assim comprometido, e que

> "[...] o convés e o cordame da boa nau devem ser limpos das impurezas e escórias que se acumularam sobre eles pela indiscrição de seus próprios membros." (*ML*, 360)

Nos dias de hoje a situação mudou de alguma forma. O público não é mais cético ou descrente no que se refere aos fenômenos psíquicos. As tendências da época fluem na direção oposta, e é precisamente entre nossos próprios membros que necessidade de ensinamento, clara compreensão, e autocontrole nesses assuntos fazem-se mais necessários. São deveras tão importantes, que nesse ponto, certamente será bom buscar orientação e iluminação naquilo que nossos Mestres têm a dizer sobre o assunto.

(iii) Mediunidade e Poderes Psíquicos

Cabe lembrar que, nos dias de hoje, para quase todas as pessoas surge uma quantidade módica de experiência psíquica de algum tipo. Há muitos anos, mencionar que se tinha ouvido ou presenciado alguma coisa superfísica era correr o risco de ser preso em um asilo para lunáticos. Não é assim agora. Realmente, ser psiquicamente sensitivo é mais um modismo do que outra coisa. E uma pessoa que pode "ver coisas" é sempre procurada por outras.

Mas a lei para os estudantes submetidos ao verdadeiro treinamento oculto é de manter estrito silêncio no que se refere a qualquer poder psíquico que possam possuir. Por diversas razões, entre as quais:

1. Espiritualidade e posse de poderes psíquicos não são sinônimos.

É extraordinariamente difícil dissuadir as mentes de algumas pessoas dessa noção errônea. Neste momento tenho em mente dois membros que conheço, homens de posses, capacidade e bom senso, que de imediato caem de joelhos na presença de qualquer psíquico.

Os perigos de tal predisposição são grandes, para o próprio devoto e para o psíquico assim reverenciado. Para o devoto, porque ele renuncia a suas mais inestimáveis posses, seus próprios poderes inatos de julgamento, comparação e decisão. Para o psíquico, porque tal adulação provavelmente se tornará um obstáculo ao atingimento de sua verdadeira meta.

Há incontáveis variedades de sensibilidade psíquica, abrangendo dois tipos principais – aquilo que é algumas vezes chamado o psiquismo inferior e o superior. Ao primeiro pertence a sensibilidade que era possuída universalmente pela Raça Atlante e *precede* o desenvolvimento apropriado da natureza mental. Expressa-se através de uma sensibilidade difusa de todo o corpo psíquico. Seus resultados são vagos, difusos, como um camaleão em sua impressionabilidade às forças do pensamento e da emoção, e geralmente manifesta-se, nos dias de hoje, nos camponeses de vários países que vivem próximos à Natureza, ou na vidência de muitos "médiuns" não desenvolvidos entre nós.

Tudo isso é completamente bloqueado tão logo o corpo mental, positivo e individualista em sua natureza, inicia seu real desenvolvimento. Daí que os poderes psíquicos e o desenvolvimento intelectual demarcado raramente habitam juntos na mesma pessoa. A maior parte da quinta raça está desenvolvendo a mente de modo preeminente. Daí o desaparecimento da sensibilidade psíquica entre eles.

Hoje em dia ela está retornando porque estamos ultrapassando a perspectiva puramente manásica inferior, mas eras haverão de passar antes que a sensibilidade universalmente difundida torne-se o verdadeiro psiquismo superior, bem definido, confiável, positivo, funcionando através de centros do corpo plenamente desenvolvidos e coordenados, e sob o controle da vontade, e não de maneira esporádica e exterior a ela.

Espiritualidade significa a crescente compreensão pelo homem interior da unidade subjacente à vida e todas as suas implicações, a crescente persistência e expressão através da personalidade inferior do Ego que desperta, ou "Filho do Altíssimo" interior. Isso pode, ou não, ser acompanhado pelo aumento da sensibilidade psíquica. O Mestre K.H. escreve ao Sr. Sinnett:

> "Seu progresso espiritual é muito maior do que você imagina ou pode compreender, e você faz bem em acreditar que tal desenvolvimento é *em si mesmo* mais importante que sua compreensão pela sua consciência do plano físico." (*ML*, 366)

Muitas causas podem tornar impossível ou desaconselhável o registro na consciência física das vibrações mais sutis da vida e do mundo interiores. Saúde, modo de vida, textura das células do cérebro devido à hereditariedade e ao *Karma*, qualquer uma delas ou todas podem impedi-lo. Mas, "lembrar o que fazemos à noite", "ver auras", "sentir atmosferas" não são reais medidas da estatura espiritual de uma pessoa, a qual pode com freqüência, por razões a serem discutidas mais adiante, prosseguir melhor em sua evolução pela ausência de tais faculdades. O Mestre K.H. diz:

> "É impossível, sob suas condições atuais de saúde, que você consiga trazer de volta ao seu cérebro físico a consciência de planos superiores de existência; todavia lembre-se de que o sentido de revigoramento magnético não é uma medida verdadeira de benefício espiritual, e você pode até mesmo alcançar maior progresso espiritual enquanto seu desenvolvimento psíquico pareça estar imóvel." (*ML*, 366)

Os sinais de verdadeira espiritualidade e de correspondente aumento de utilidade ao Mestre e ao mundo estão maravilhosamente expostos no capítulo treze da Segunda Epístola da São Paulo aos Coríntios. Os possuidores e devotos da sensibilidade psíquica fariam bem em às vezes ponderar sobre isso.

2. O perigo da ênfase da personalidade.

Sendo a meta final do homem tornar-se totalmente uno em consciência e propósito com o Divino dentro e fora de si, o grande obstáculo para isso é a força da "grande heresia da separação" em sua própria personalidade. O senso de separatividade nos corpos mental inferior, astral e físico deve ser amplamente transcendido antes de efetuado o completo alinhamento com o Ego, o que torna possível a Iniciação.

> "O objetivo principal de nossa luta e *iniciações* é alcançar esta união enquanto ainda nesta terra." (*ML*, 77)

A Senda é trilhada pelo Ego, não pela personalidade. Portanto, como ensina *A Voz do Silêncio*, "A Senda inicia e termina fora do eu", i.e., o eu inferior, pessoal. Ora, a essência da separatividade, ou não-unidade, no eu inferior varia em sua manifestação de acordo com o veículo de expressão. No corpo físico ela se mostra como os desejos e instintos individuais do mesmo por alimento, bebida, conforto físico ou prazer.

No corpo astral ela age através de todas as emoções de tendência separatista, aquelas da parte do "ódio", seja no aspecto positivo do apego ou desejo pelo eu, ou no aspecto mais negativo do humor conseqüente de frustrações ou negação do desejo pessoal.

No corpo mental, verdadeira sede do egoísmo, manifesta-se como interesse próprio, exclusivismo e orgulho. O Mestre K.H. descreve isto com lucidez:

> "Teu corpo mental deseja pensar em si mesmo orgulhosamente separado, pensar muito em si mesmo e pouco nos outros. Mesmo quando tu o tiveres desviado das coisas mundanas, ainda tentará especular para si, fazer-te pensar em teu próprio progresso, em vez de pensar sobre a obra do Mestre e em auxiliar os outros." (*APM, p. 25*)

Este arquiinimigo do verdadeiro progresso espiritual foi, no início da evolução, uma necessidade e um auxílio, quando o centro da individualidade crescia e estava sendo nutrido. Agora, enquanto o centro permanece, a parede circundante, a periferia, deve ser destruída. As forças não devem ser mais atraídas do mundo, mas irradiadas sobre ele de uma outra dimensão interior. Finalmente esta atitude é obtida com a perfeição do sol, o manto físico do Logos, o qual, como diz o Mestre K.H.:

> "[...] *tudo* dá e *nada* recebe de volta de seu sistema." (*ML*, 164) [Cf. *A Voz do Silêncio*.)]

Mas esse sacrifício é ganho verdadeiro, pois o Ego em cada um de nós pode viver apenas na "atmosfera do pensamento eterno" onde a "gigantesca erva daninha" da personalidade não pode florescer. Portanto, escreve o Mestre:

> "Almejamos levar os homens a sacrificar sua personalidade – um 'flash' passageiro – em prol do bem-estar de toda a humanidade, portanto de seus próprios Egos *imortais*, uma parte da humanidade, uma vez que esta é uma fração do todo integral, que um dia irá tornar-se." (Ib., 228)

Diz *Luz no Caminho:*

> "Procura em teu coração a raiz do mal e arranca-a. Esta raiz vive e frutifica no coração do discípulo fervoroso, como no do homem de desejos. [...] O artista puro, que trabalha por amor à sua obra, está às vezes mais firmemente colocado no caminho certo do que o ocultista, que imagina haver removido de si os interesses do eu, mas que, na realidade, apenas alargou os limites da experiência e do desejo e transferiu seu interesse para coisas relacionadas à sua maior extensão de vida."(*LC*)

A firme manutenção da "erva daninha gigante" sobre os princípios internos de um homem é enormemente mais perigosa do que em sua natureza física, externa. Como o Mestre K.H. expressa-o:

"Personalidade autocentrada, vaidade e presunção abrigadas nos princípios *superiores* são enormemente mais perigosas do que o mesmo defeito inerente apenas à natureza física inferior do homem." (*ML*, 353)

É *esse* é o perigo de anunciar a posse de poderes psíquicos e o conseqüente recebimento de adulação cega de outros. E novamente, há este solene fato adicional a ser considerado, de que –

3. até a Iniciação, e após longo treinamento por um Mestre de Sabedoria, nenhum psíquico é confiável.

O Mestre K.H. diz:

"Há aqueles que são voluntariamente cegos, e aqueles que *involuntariamente* o são. Os médiuns pertencem aos primeiros, os sensitivos aos últimos. A menos que regularmente iniciado e treinado – no que diz respeito ao 'insight' espiritual dos fatos e às supostas revelações feitas ao homem em todas as idades desde Sócrates até Swedenborg e 'Fern' – nenhum vidente ou clariaudiente autoguiado jamais viu ou ouviu com *muita* precisão."(Ib., 252)

E, novamente:

"É extremamente difícil para o médium não-iniciado fixar em sua mente as imagens verdadeiras e corretas do que vê e ouve." (*ML*, 99)

O Coronel Olcott escreveu algumas sábias palavras relativas a esse tema:

"Não é amplamente compreendido que os poderes psíquicos desenvolvidos, abrangendo toda a extensão de estágios sublimados de visão, audição, tato, gosto, olfato, intuição (profética, retrospectiva e contemporânea), etc., guardam com a individualidade desperta uma relação similar àquela que os cinco sentidos comuns têm com o eu físico, ou personalidade. Da mesma forma que uma pessoa precisa aprender a restringir suas percepções das coisas externas através das avenidas dos sentidos, a concentrar todo seu pensamento sobre algum profundo problema de ciência ou de filosofia, do mesmo modo deve o pretenso *jnani*, ou sábio, controlar suas atividades desenvolvidas de clarividência, clariaudiência, etc., se ele não quiser ter seu objetivo frustrado pelo fato de seu pensamento perambular pelos desvios que elas fazem surgir. Nunca vi este ponto claramente exposto antes, todavia é muito importante tê-lo em mente. Devido à ignorância desta regra, Swedenborg, Davis, os Santos Católicos e os visionários religiosos de todas as outras seitas têm, por assim dizer, como que hesitado, clarividentemente bêbados, através das galerias de imagens da Luz Astral; vendo algumas coisas que existiam e criando outras que não existiam até que fossem engendradas por eles; divulgando então profecias mutiladas, revelações imaginárias, maus conselhos, falsa ciência e teologia enganosa." (*Old Diary Leaves*, I, 318)

Daí a imensa possibilidade de auto-engano nesta 'região *mayávica*'. Com freqüência, diz o Mestre K.H., o detentor de poderes psíquicos

> "[...] é desorientado por enganosos espíritos da Natureza, ou torna-se vaidoso e julga-se isento de cometer erros." (*APM, p.46-7*)

Se pensarmos nas reivindicações vacilantes de parte de muitos "Guias" ou "Mentores" espíritas, bem como de parte dos "Instrutores" e "Mestres" astrais através de clarividentes e clariaudientes, mesmo entre nós, veremos a verdade contida nas palavras do Mestre. A Sra. Kingsford, por exemplo, por cuja pureza e honestidade o Mestre tinha grande consideração, estava certa, disse o Mestre,

> "[...] de que ela *viu* e *conversou* com Deus!!" (*ML*, 409)

E qual é a causa de tal colossal autodecepção? O Mestre diz,

> "[...] IGNORÂNCIA [...] a criação daquilo em que acreditamos e *queremos* ver."(Ib.)

Não apenas a Divindade, mas os discípulos de Cristo, foram incluídos pela Sra. Kingsford entre as fontes de sua inspiração direta. Que os Adeptos não estavam entre eles, mas conheciam bem sua real natureza, fica claro a partir da seguinte carta do Mestre K.H.:

> "O Sr. Massey erra quando espera que eu esteja preparado para juntar-me ao variegado grupo de 'inspiradores' da Sra. Kingsford. Deixe-os permanecer sob suas máscaras de São João Batista, como aristocratas bíblicos. Contanto que esses últimos ensinem *nossas doutrinas* – por mais maquiadas que estejam com o joio estrangeiro – um grande avanço será feito. C.C.M. deseja *luz* – ele é bem-vindo à luz – *através de você*." (*ML*, 323)

Há um ou dois pontos de grande interesse no que se disse acima.

1. Os 'inspiradores' são um grupo variegado.
2. Eles mascaram-se sob títulos pretensiosos.
3. O único bem que fazem é que às vezes um pouco de ensinamento verdadeiro aparece.
4. O Mestre é alcançado através dos agentes por Ele indicados.

Eu presenciei o caso da Sra. Kingsford descrito acima repetir-se reiteradamente durante os anos passados, tanto entre os membros da Sociedade quanto fora de suas fileiras. Posso relatar numerosos casos onde as pessoas vieram a mim durante meu trabalho, alguns membros, outros não, todos os quais genuinamente convencidos de que estavam sob a mais elevada orientação espiritual direta e tinham revelações singulares para o mundo como um todo. Acreditavam muitas vezes que o guia era o Cristo ou um dos Mestres de Sabedoria.

Em mais de uma ocasião o psíquico fora informado de que o seu corpo seria usado pelo Cristo quando Ele viesse, e no caso de algumas psíquicas, de que seriam a Mãe do nosso Senhor. Uma boa quantidade estava também convencida de que haviam passado por certas iniciações; um, de fato, afirmou terem sido em número de nove! Todas essas pessoas estavam convencidas da verdade de suas afirmações, e todas elas tinham seguidores igualmente convencidos.

Não fica claro que ensinamento e iluminação sobre esse tema são muito necessários, especialmente entre nós? Pois é entre nós, e nas fileiras dos membros mal-instruídos, que o pior dano é causado. Quantas Lojas vi divididas em duas devido aos pronunciamentos de psíquicos desequilibrados e presunçosos! Como foi mencionado acima, o perigo é duplo. O psíquico se torna intolerante e vaidoso. Nas palavras do Mestre,

> "[...] torna-se vaidoso e julga-se isento de cometer erros." (*APM, p. 47*)

Ele entrou em um mundo de leis e dificuldades do qual nada sabe, e que, sem a verdadeira orientação e iluminação, revelar-se-á um verdadeiro lodaçal de engano iluminado pelo fogo fátuo da irrealidade. Poder-se-ia pensar que procurar esta orientação com humildade e lealdade, nas mãos dos discípulos instruídos e iniciados dos Adeptos dentre nós, deveria ser o primeiro cuidado. Mas não, a autoconfiança do vidente comum é tal que usualmente é a última coisa em que pensa; e não é de se surpreender, pois o egoísmo consciente ou inconsciente do homem é a nota sempre tocada pelas inteligências que o estão usando ou brincando com ele, do outro lado.

Isso não teria tanta importância, se não produzisse tanta desarmonia e pensamentos doentios em uma Loja. Citando mais uma vez, na íntegra, o diagnóstico feito pelo Mestre sobre esse perigo na Sociedade de Londres em 1883:

> "[...] a expressão inocente da vaidade feminina pode, a menos que de imediato corretamente ajustada, produzir conseqüências muito más. Em uma carta da Sra. Kingsford ao Sr. Massey, aceitando condicionalmente a presidência da S.T. Britânica, ela expressa sua crença [...] de que antes do aparecimento de '*The Perfect Way*' ninguém 'sabia o que a escola oriental realmente afirmava sobre reencarnação'; e acrescenta que 'vendo o quanto foi dito naquele livro, os Adeptos apressam-se em revelar seus próprios tesouros, tão relutantemente repartidos até aqui (como colocou H.X.)'. O Sr. Massey, devido a isso, oferece em resposta total adesão a essa teoria e prossegue com um hábil cumprimento à senhora de que não desacreditaria alguém que tem plenos poderes. 'Provavelmente', diz ele, 'sentem (os Irmãos) que uma comunidade no seio da qual uma obra tal como '*The Perfect Way*' pode ser produzida, e encontrar aceitação, está pronta para a iluminação!!' Ora, deixe esta idéia se tornar corrente, e tenderá a converter-se em uma seita a escola da mais estimável autora, a qual,

embora *pertencente à quinta ronda*, não está isenta de uma dose bastante considerável de vaidade e despotismo, daí a intolerância. Assim, eleve o conceito errôneo a uma importância indevida; prejudique de tal modo sua própria condição espiritual ao alimentar o senso latente de messianismo; e você terá obstruído a causa da investigação livre e independente que os 'Iniciadores' dela tanto quanto nós desejaríamos promover." (*ML*, 323-4)

Este é outro mal contra o qual resguardar-se; a renúncia do pensamento livre e independente por parte dos seguidores, produzindo às vezes uma atmosfera mórbida e doentia. Ambos, adoradores e adorados nesses casos não têm conhecimento e experiência suficientes. Estão na posição descrita pelo Mestre quando diz:

> "Você reivindicou orgulhosamente o privilégio de exercitar seu próprio julgamento descontrolado em assuntos ocultos sobre os quais nada poderia saber – e as leis ocultas – que você acredita poder desafiar e brincar com elas impunemente – voltaram-se contra você e o feriram gravemente." (Ib.)

E então comete-se o erro de se achar que comunicações pessoais possam ser feitas pelo Mestre através de um certo psíquico. Todavia Ele disse ainda certa vez a alguém:

> "Jamais liguei você a coisa alguma através da Sra. H.; nunca me comuniquei com você ou qualquer outra pessoa através dela." (Ib., 350)

Este é um ponto tremendo a ser observado.

5. O Mestre não se comunica através de médiuns ou quaisquer outros canais que não aqueles por ele indicados.

Tão comuns tornaram-se as reivindicações de certos médiuns, durante um período nos primeiros tempos, de que o Mestre os havia visitado 'na forma astral', que o Mestre K.H. foi obrigado a tomar medidas especiais para combater o mal. Ele declarou, portanto, que qualquer médium ou vidente que se sentisse disposto a reivindicar ter sido visitado, ter conversado, ou visto Ele, teria que futuramente comprová-lo, prefixando suas afirmações com três palavras secretas, que Ele divulgaria e deixaria aos cuidados do Sr. Hume e do Sr. Sinnett. O Mestre D.K., que é o escriba neste exemplo, afirma que:

> "Para seu pesar meu Mestre é forçado a adotar esta medida, uma vez que, infelizmente, nos últimos tempos tal autoengano tem-se tornado bastante freqüente e demandou uma rápida contenção." (*ML*, 447)

Encaremos este assunto com sensatez e perguntemos a nós mesmos se realmente pensamos que é mesmo possível que um Adepto, cujas mãos estão cheias de um trabalho estupendo o qual não podemos compreender, gastaria um momento de Seu precioso tempo – para cujo uso exato naquilo que produz mais benefício Ele é meticulosamente cuidadoso – em falar através de todos ou quaisquer videntes.

O próprio Mestre é bastante explícito nesse assunto.

> "O médium e o chela são diametralmente dissimilares, e esse último age conscientemente, exceto sob circunstâncias excepcionais durante o seu desenvolvimento, sobre o que não é necessário estender-me aqui." (*ML*, 417)

A negatividade e a passividade são totalmente alheias à vida e ao treinamento ocultos, os quais evocam a própria inteligência do homem, seu julgamento, coragem, poder de decisão e vontade. Como o Mestre K.H. coloca:

> "Não 'exigimos uma mente *passiva*', mas, pelo contrário, estamos em busca daqueles mais ativos, capazes de juntar dois mais dois uma vez que estejam na pista certa." (*ML*, 273)

A prática de qualquer forma de mediunidade dentro de nossa Sociedade apenas faz aproximarem-se influências desconhecidas e indesejáveis, pavimentando o caminho para inúmeros erros e desastres. O Mestre M. descreve seus esforços em relação a certo médium,

> "[...] salvar o pobre infeliz de dois elementais – os quais agarraram-se a ele como parasitas." (*ML*, 425)

Ele escreve ainda:

"Ai dos espíritas! O *Karma* deles está pesado com a ruína de homens e mulheres que atraem para a mediunidade."(Ib.)

Quando a mente de alguém tornou-se envenenada contra H.P.B., tendo essa pessoa recorrido a outro psíquico, o Mestre K.H. escreveu-lhe:

"Eu de bom grado lhe ajudaria e protegeria de seu destino, mas a menos que se livre da horrível influência que recai sobre você, muito pouco posso fazer." (*ML*, 349)

O Mestre descreve este psíquico como uma pessoa muito promissora, mas de personalidade muito autocentrada.

"Se as sinceras aspirações dela tivessem conquistado a intensa personalidade do seu eu inferior, eu teria dado à S.T. uma excelente auxiliar e trabalhadora." (*ML*, 355)

Resumindo esta seção, penso que deveríamos lembrar e entender claramente três coisas:

1. Se tivermos quaisquer poderes ou tendências psíquicas, mantenhamos uma discreta reticência sobre o assunto, pois neste mundo de infinitas ilusões, sem a orientação pessoal de um Mestre de Sabedoria, e até que o Fogo da Iniciação tenha finalmente fundido os eus inferior e superior, não podemos ter certeza daquilo que vemos, nem entender corretamente seu significado e implicações. Aqui estão algumas razões do por que é assim:

Até que se esteja purificado da "equação pessoal" nos corpos inferiores, o psíquico comum vê tudo através de sua própria "atmosfera" pessoal. Isso colore e distorce tudo que é visto ou ouvido, como uma vidraça colorida modifica a visão que se tem através dela. Se a vaidade e a auto-importância do psíquico são realçadas, consciente ou inconscientemente, a ilusão e a certeza do engano aumentam.

O candidato à Iniciação, durante a parte preliminar do grande ritual, tem que provar sua habilidade em distinguir entre:

(a) uma forma-pensamento e uma entidade real no plano psíquico;

(b) um Mestre de Sabedoria e uma imitação Sua.

As duas realizações acima são quase impossíveis a um psíquico não-treinado. Os membros fariam bem em considerar esse fato.

2. Com relação a outros que as possuem, somando-se ao acima mencionado, devemos lembrar que o menor toque da mais leve condescendência, ou até mesmo a ausência silenciosa de cooperação com nossos grandes lideres, é em si uma evidência do auto-engano do vidente. Pois no mundo dos Adeptos, todo membro daquele mundo é conhecido, reconhecido, e com ele se colabora eternamente. Alguém que verdadeiramente pertencesse a esse mundo seria o primeiro a reconhecer nele seus irmãos maiores, a prestar-lhes sempre reconhecimento e reverência humildes, sinceros e leais.

Lembre-se de que:

(a) não alcançamos o Mestre ignorando ou pondo de lado Seus grandes discípulos;

(b) Ele tem sempre Seus agentes *designados* no mundo.

Quando alguns membros do Círculo Interno da Loja de Londres solicitaram ensinamento do Mestre através de outro canal, que não o Sr. Sinnett, o Mestre M. replicou:

> "Se se encontrassem meios de prosseguir com os Ensinamentos Esotéricos interrompidos no ano passado, e se o Mahatma Kut-Humi puder retomar sua correspondência, esta poderá passar apenas através das mãos do Sr. Sinnett, como tem sido até aqui. Ele foi escolhido correspondente desde o início; ressuscitou a Loja de Londres e trabalhou pela causa da Sociedade Teosófica; é tão-somente justo que ele possa colher os frutos do *Karma*. O Mahatma, seu correspondente, não poderia transferir ensinamentos em série a ninguém mais com algum grau de justiça." (*CMS*, Primeira Série, Carta III)

Pois, como certa vez observou o Mestre K.H.:

> "A ingratidão não está entre nossos vícios [...]."(*ML*, 9)

Escrevo isso com grande determinação porque a esta hora há muitos dentro e fora de nossos quadros que, auto-iludidos, colocam-se como professores de esoterismo e como representantes dos Adeptos, enganando assim inconscientemente muitos outros.

Se, como é questionado com freqüência, surgir a pergunta de por que os Adeptos parecem escolher um número de Seus discípulos de entre os membros da Sociedade Teosófica, lembremo-nos:

α. Que a Sociedade foi *fundada* por Eles, e provavelmente seriam atraídos para suas fileiras aqueles que têm laços Kármicos de vidas passadas, por mais frágeis que sejam, com os Adeptos.

β. Os ensinamentos da Teosofia são os ensinamentos dos Mistérios antigos. Aqueles que passaram através dos Mistérios em vidas passadas reconhecerão aqueles ensinamentos agora.

γ. A Sociedade é um "campo magnético" dentro de cuja influência um certo tipo de crescimento interior está destinado a acontecer, em casos favoráveis.

Lembremo-nos aqui das palavras do Mestre K.H.:

> "Para começar deixe-o livrar-se da *maya* de que qualquer homem vivo pode sustentar 'alegações' sobre os Adeptos. Ele pode criar *atrações* irresistíveis e forçar suas atenções, mas elas serão espirituais, não mentais ou intelectuais. Esta pequena advertência aplica-se e é dirigida a diversos teósofos britânicos, e seria bom para eles que a conhecessem. Uma vez separados das influências comuns da Sociedade, *nada* nos atrai a qualquer estranho salvo sua crescente espiritualidade. Ele pode ser um Bacon ou um Aristóteles em conhecimento, e mesmo assim sua atividade não produzirá sequer o peso de uma pena sobre nós, se seu poder estiver confinado ao *Manas*. A suprema energia reside em *Buddhi*; latente – quando unida apenas ao *Atman*, ativa e irresistível quando galvanizada pela *essência* de '*Manas*', e quando nada da escória deste mesclar-se com aquela essência pura, para restringi-la através de sua natureza finita. *Manas*, puro e simples, é de um grau inferior, pertencente à terra em si; e assim, seus homens mais grandiosos contam apenas como não-entidades na arena onde a grandeza é medida pelo padrão de desenvolvimento espiritual." (*ML*, 336)

Mas por que os Mestres permitem que pessoas os personifiquem e sejam enganadas? Não somos crianças e crescemos através de tentativas de exercitar nossos próprios poderes de intuição e discriminação. O conselho do Mestre K.H. dado ao Sr. Hume aplica-se a todos nós:

> "Aprenda primeiro nossas leis e eduque suas percepções, querido Irmão. Controle seus poderes involuntários e desen-

> volva sua vontade na reta direção e você tornar-se-á um instrutor ao invés de um aprendiz." (*ML*, 141)

É permitido por razões ainda mais profundas:

> "Pode acontecer que para nossos próprios fins, médiuns e seus espectros sejam deixados livres e em paz não apenas para personificar os 'Irmãos', mas até mesmo para *forjar nossa caligrafia*." (*ML*, 413)

3. Renunciar inteiramente a qualquer forma de mediunidade, até mesmo à escrita automática, pois a condição negativa da mediunidade é totalmente contrária ao espírito da vida oculta e pode afinal levar-nos a nos tornar presas das influências mais confusas. Lembremo-nos de que uma vez que estejamos em seu poder não seremos capazes de ver o assunto diretamente. Alguns de nossos membros, com grande falta de sabedoria, aceitam e anunciam com entusiasmo certos livros e pronunciamentos mediúnicos, esquecendo completamente a verdade indicada nas palavras prévias do Mestre K.H.:

> "Mas vejo que o que os Espíritas falham em perceber, e seus 'Espíritos' em explicar (esses últimos nada conhecendo além do que pode ser encontrado nos cérebros dos primeiros), é, [...] etc." (*ML*, 419)

Mas quer se trate de formas de mediunidade ou de poderes psíquicos, quão sábias são as palavras de nosso Mestre K.H. a todos os aspirantes:

> "Não desejes os poderes psíquicos; eles virão quando o Mestre entender ser melhor para ti possuí-los. [...] se o Mestre entender que seria útil para ti possuí-los mais cedo, Ele te ensinará como desenvolvê-los com segurança. Até então, estarás melhor sem eles. (*APM, p. 46-7*)

Certamente podemos confiar no Mestre e em Seus grandes discípulos em assuntos nos quais somos todos novatos. Lembremo-nos de Suas palavras ao Sr. Sinnett:

> "Acredite-me, fiel amigo, que *nada* a que falte total confiança em nós, em nossos bons motivos, senão em nossa sabe-

doria, em nossa presciência, senão onisciência – que não pode ser encontrada nesta terra – pode ajudar uma pessoa a atravessar de uma terra de sonho e ficção para nossa terra da Verdade, a região da realidade e do fato austeros." (*ML*, 352)

Todavia, isso não significa que não devamos auxiliar o Movimento espírita se pudermos, ou que ele não tenha feito qualquer benefício à humanidade. Longe disso! O Mestre bem sabia da busca pela Realidade que jazia na base do movimento mesmo então, e desde aqueles dias toda a sua filosofia tem sido ampliada e aprofundada.

> "Sob a superfície do Espiritismo flui uma corrente que está cavando um largo canal para si mesmo. Quando ele reaparecer sobre a superfície, seus efeitos serão aparentes. Muitas mentes como a sua já estão ponderando a questão da lei oculta – forçada sobre o público pensante através desta agitação. Como você, estão insatisfeitas com o que tem sido alcançado até aqui e reivindicam mais." (*ML*, 35)

As grandes leis e princípios enunciados na Teosofia deveriam ser de benefício incalculável para os espíritas, e entre nós, realizando um esplêndido serviço neste sentido, há mais de um trabalhador que anteriormente foi um médium público. O Mestre K.H. diz:

> "O único problema a resolver é o de ordem prática, de como promover melhor o estudo necessário, e dar ao movimento espírita um impulso ascendente conveniente. É um bom começo tornar melhor compreendidas as capacidades inerentes do homem vivo interior. [...] Eis um fato tão propício para ser trabalhado quanto lhe será possível encontrar, e ele não pode ser excessivamente simplificado." (Ib.)

O espiritismo errado é a mediunidade indiscriminada; o espiritismo correto é o surgimento da consciência da comunhão dos altruístas e puros com os devas e homens superiores.

> "Não é contra o *verdadeiro* espiritismo que nos colocamos, mas apenas contra a mediunidade indiscriminada e – manifestações físicas – materializações e especialmente pos-

sessões-transe [...] são os Ocultistas e os Teósofos que são os verdadeiros Espíritas, enquanto a seita moderna que tem este nome é composta simplesmente de fenomenalistas *materialistas*" (*ML*, 110-111)

(iv) Zelo

O que é zelo? Vamos defini-lo. O dicionário descreve-o como: "Avidez em qualquer atividade ou causa; ardor passional; seriedade; fervor, entusiasmo"; e diz que a palavra vem do grego *zeo*, eu fervo, que é correlata ao inglês *yeast*, "fermento". Portanto podemos descrevê-la como um fervor contínuo do espírito, incessante e unidirecionado, que capacitaria o homem, fosse esse zelo suficientemente forte, a passar por quaisquer sacrifícios, privações, incompreensões, provações e a manter-se firme em uma linha de trabalho e ideal, ainda que tudo em volta pudesse desmoronar e aparentemente estar contra ele.

Este é o verdadeiro zelo, e de imediato podemos ver por que o Mestre o inclui como uma qualificação necessária para o dirigente de uma Loja, porque os membros mais fracos dependerão desta força interior e determinação, e os membros tépidos tirarão daí ardor e interesse. Devemos ser cuidadosos para distinguir o verdadeiro zelo da variedade espúria. Esta última é composta principalmente de grandes discursos, dura tanto quanto fogo de palha e dá poucos frutos, se é que dá algum, em sacrifício pessoal e ações de serviço. O zelo excessivo pode conduzir a atos de indiscrição, mas nunca aos pecados da omissão e da apatia. Onde encontraríamos melhor descrição do verdadeiro zelo do que aquela feita pelo Mestre K.H. sobre o Coronel Olcott?

> "O Coronel Olcott está sem dúvida 'em desacordo com os sentimentos do povo inglês' de ambas as classes; mas apesar disso mais alinhado *conosco* do que qualquer uma delas. Podemos confiar nele sob *todas* as circunstâncias, e seu serviço devotado nos é oferecido não importando o que aconteça de bom – ou de mau. Meu querido Irmão, minha voz é o eco da justiça imparcial. Onde podemos encontrar igual devoção? Ele é alguém que nunca questiona, apenas obedece; que pode cometer inumeráveis erros devido a seu zelo excessivo, mas que está sempre pronto a reparar suas faltas mesmo à custa da maior auto-humilhação; que aprecia o sacrifício do conforto

> e mesmo a vida como algo a ser posto em risco, de boa vontade, sempre que necessário; que come qualquer comida, ou mesmo passa sem alimento; dorme em qualquer cama; trabalha em qualquer lugar; relaciona-se fraternalmente com qualquer tipo de pessoa, suporta qualquer privação pela causa." (*ML*, 14)

Nas palavras de H.P.B., 'trabalhar através da Sociedade Teosófica para a humanidade' é ganhar a gratidão e o auxílio dos Grandes Seres que se colocam por trás da Sociedade. Como o Mestre K. H. disse certa vez ao Sr. Sinnett:

> "Tampouco estou disposto a esquecer, aconteça o que acontecer, que por muitos meses passados, sem esperar ou pedir por qualquer recompensa ou vantagem para si, você trabalhou e labutou com esforço, dia após dia, pelo bem da Sociedade e da humanidade como um todo com a única esperança de fazer o bem." (*ML*, 235)

E novamente:

> "O impulso que você deu pessoalmente à Causa que amamos não será detido; portanto seus frutos [...] não serão recusados quando seu balanço das causas e efeitos – seu *Karma* – for ajustado. Trabalhando para seu próximo com altruísmo e riscos pessoais, você trabalhou mais efetivamente para si mesmo. Um ano produziu uma grande mudança em seu coração." (Ib., 245)

O santo estado do discipulado é atingido através de tal entusiasmo e trabalho puro e desinteressado, pois como disse o Mestre K.H.:

> "[...] não somos ingratos [...]."(Ib.)

E

> "[...] o curso do *Karma* está sempre acompanhando [...] 'os verdadeiros trabalhadores'. (*CMS*, Primeira Série, Carta 19)

O Mestre M. escreveu ao Sr. Sinnett:

> "Você percebeu até agora nada mais que a luz de um novo dia – você pode, se tentar, ver com o auxílio de K.H. o sol do pleno meio-dia quando ele atinge seu meridiano. Mas você tem que trabalhar para isso, trabalhar para que a luz seja vertida sobre outras mentes através da sua." (*ML*, 254)

O Mestre Serapis deu o mesmo conselho ao Coronel Olcott. Ele escreveu:

> "É chegado o tempo de deixá-lo saber quem eu sou. Não sou um espírito desencarnado, Irmão, sou um homem vivo; dotado de tais poderes por nossa Loja como os que estão reservados para você algum dia. Não posso estar com você de outra maneira senão em espírito, pois milhares de milhas nos separam no momento. Seja paciente e longânime, trabalhador infatigável da sagrada Fraternidade! Continue trabalhando e labore também para si mesmo, pois autoconfiança é o mais poderoso fator de sucesso. Ajude seu irmão necessitado e você será auxiliado em virtude da Lei de Compensação que nunca falha e está sempre ativa." (*ODL*)

E em resposta ao pedido do Coronel se lhe seria permitido ir ao *Ashram* do Mestre, Ele replicou:

> "O único meio disponível e prático para você nos alcançar é através da Sociedade Teosófica", (*ODL*) a qual o Coronel Olcott diz que o Mestre intimou-o a consolidar, impelir adiante e construir, acrescentando que ele deve aprender a ser altruísta. Ele escreve:

> "Nenhum de nós vive para si mesmo, todos vivemos para a humanidade."(Ib.)

O Mestre K.H. escreve ao Sr. Sinnett:

> "Trabalhe pela causa; tente indagar e investigar e assim obter toda evidência que puder da existência dos Irmãos." (*ML*, 234)

E acrescenta que:

> "A prova de nossa existência [...] é uma questão de tempo e – *Karma*." (Ib., 301)

Não há um de nós que tente, de acordo com suas capacidades, auxiliar o Mestre em Seu trabalho, que Ele não lembre e abençoe. O Mestre K.H. Escreve:

> "Todavia, como meu irmão lembrou-lhe, nenhum daqueles que pelo menos tentaram auxiliar o trabalho da Sociedade, não importa quão imperfeitos e falhos seus caminhos e maneiras, tê-lo-á feito em vão." (*ML*, 241)

O verdadeiro zelo, a verdadeira lealdade, nunca farão com que nos sintamos envergonhados ou temerosos de nossa ligação com a Sociedade. Certa vez um membro disse 'Sou um *membro* da Sociedade Teosófica, mas de nenhuma maneira um *Teósofo*', (*ML*, 278) e esse comentário ficou registrado no *Ashram* do Mestre. É uma verdade eterna que não podemos servir com sinceridade a Deus e a Mammon [o espírito da cobiça], nem mesmo ter verdadeiro sucesso em alcançar o melhor em dois mundos ao mesmo tempo.

(v) Lealdade aos Dirigentes

O que foi dito anteriormente parece estabelecer um alto padrão para os dirigentes em nossa Sociedade e, exceto em casos raros, jamais é completamente atingido. Todavia, a menos que se busque aproximação disso, a vitalidade e utilidade das Lojas serão seriamente dificultadas. Visto que tão raramente podemos ter um Presidente ou Secretário perfeitos, apoiemos, de qualquer maneira, com lealdade e solidariedade, aqueles que a maioria da Loja escolheu como dirigente do ano em curso. É o maior ato de falta de fraternidade fazer como fizeram alguns membros, distanciando-se da Loja porque os dirigentes eleitos são, por acaso, aqueles que eles desaprovam, ou não estão incluídos no círculo de seus amigos pessoais mais próximos. O uso de influência é uma prática indefensável entre nós. Como citado acima, o Mestre encontra em nossas fileiras

> "[...] intrigas de grupos [...] muito dolorosas de testemunhar [...]."(*ML*, 403)

É a antítese do espírito tolerante, altruísta e cooperativo que deveria sempre animar um teósofo.

Uma vez que um dirigente foi eleito, deve ser generosamente apoiado e auxiliado de todas as maneiras. Lembremo-nos de que um dirigente da Sociedade, como um todo, e de uma Loja, em escala menor, é um representante para aquela Sociedade ou para aquela Loja dos Mestres que se colocam por trás de nós. O Mestre K.H. escreve ao Sr. Sinnett a respeito do Coronel Olcott:

> "Faça o que puder para dignificar a tarefa de Olcott; pois ele representa toda a Sociedade, e em razão da sua posição oficial, senão por nenhuma outra, mantém-se juntamente com Upasika, o mais próximo de nós na corrente do trabalho teosófico." (*ML*, 392)

E em outra ocasião Ele se refere a ele

> "[...] como o representante ao mesmo tempo de seu Mestre e dos melhores interesses da Sociedade." (*ML*, 402)

O Mestre K.H. escreveu à Srta. Arundale, quando ela foi eleita Tesoureira da Loja de Londres:

> "Você é uma dirigente da Loja de Londres, e como tal tem um dever e uma oportunidade especiais.
>
> Não é suficiente que possa dar o exemplo de uma vida pura e virtuosa e de um espírito tolerante; isso não é nada mais que bondade negativa – e para o discipulado nunca será o bastante." (*CMS*, Primeira Série, Carta 4)
>
> "Você deveria mesmo como simples membro – muito mais como dirigente – aprender que pode ensinar, adquirir conhecimento espiritual e força de tal forma que os fracos possam apoiar-se em você, e as tristes vítimas da ignorância aprender por seu intermédio a causa e o remédio de suas dores."(Ib.)

Essas belas palavras do Mestre certamente resumem a atitude do trabalho de todos nós! Como a Dra. Besant nos contou, o Mestre também quer *iniciativa* e *capacidade positiva* em nós. Mas o que podemos fazer se nossos dirigentes não nos parecem ser tão satisfatórios? Bem, nenhum de nós é perfeito, e na maioria dos casos o dirigente eleito está fazendo o melhor que pode. Lembremos as palavras do Mestre K.H., quando o Sr. Sinnett lhe assinalou as inconveniências e limitações de H.P.B.:

> "Admitindo que ela seja tudo isso que você descreve [...] ainda assim isso não justifica em você o menor abrandamento de esforço para salvar a situação e adiantar o trabalho [...] o mais rapidamente possível. Julgue-o como de fato é, uma vantagem positiva para o restante de vocês que ela devesse ter sido o que é, uma vez que isso fez descer sobre vocês um maior estímulo para realizar, a despeito das dificuldades que você acredita que ela criou." (*ML*, 361-2)

A mesma verdade aplica-se às Lojas e Seções Nacionais, bem como a nossas revistas, das quais o Mestre disse que deveriam ser

> "[...] feitas para suprir espaço para a expressão do pensamento de cada Ramo, por mais diametralmente opostos que esses possam ser." (Ib., 315)

O Mestre diz:

> "O sucesso neste empreendimento irá neutralizar os efeitos da crise cíclica." (Ib.)

É fácil encontrar falhas em nossos dirigentes, difícil entender suas dificuldades e obstáculos, até sermos nós mesmos colocados naquela posição. Quando o Sr. Sinnett criticou o Coronel Olcott, o Mestre M. escreveu:

> "É quase inútil dizer qualquer coisa mais sobre a excentricidade de Olcott e a inferioridade da América em relação à Inglaterra; tudo o que é *real* em seu argumento nós reconhecemos e o sabíamos de há muito tempo; mas você não sabe o quanto isso é mero preconceito superficial, que bri-

lha em seus olhos como o reflexo de uma pequena vela em águas profundas. Tome cuidado a fim de que algum dia não o peguemos pelo seu pensamento e coloquemos *você* no lugar de Olcott, depois de colocá-lo no nosso próprio, uma vez que ele tem desejado ardentemente, por vários anos, que fizéssemos isso. O martírio é agradável de se olhar e criticar, porém mais difícil é sofrer. Nunca houve uma mulher mais injustamente injuriada do que H.P.B. Veja as infames cartas ofensivas que lhe foram enviadas da Inglaterra para publicação contra ela, nós e a Sociedade. Você pode talvez achá-las indignas. Mas as '*Respostas aos Correspondentes*' no Suplemento são escritas por *mim mesmo*." (*ML*, 269)

Quando elegermos um dirigente cuidemos para que nosso único pensamento seja para com sua adequação e capacidade para o Trabalho. Não permitamos a nós mesmos ser influenciados por predileções ou preconceitos pessoais. Votemos, como diz o Mestre,

> "[...] sempre nos baseando na força do princípio da justiça imparcial" (*ML*, 400),

e após sincera e cuidadosa análise, pois novamente, em Suas palavras,

> "[...] deve-se tomar o maior cuidado na seleção de Presidentes."(Ib., 314)

Uma vez eleito, um dirigente deve receber nosso apoio fraternal, mas – uma palavra aos ouvidos de alguns presidentes – haverá problemas, e só problemas, se acontecer de sermos pessoas com uma

> "[...] paixão pelo domínio de tudo e de todos", (Ib., 312)

que esquecem as sábias palavras de H.P.B.: "Não há *superiores* e *subordinados* em nossas Sociedade; apenas *irmãos* e *membros companheiros*"

E para os dirigentes e membros, em todos os assuntos que surgem para discussão, há estas sábias palavras do Mestre K.H.:

> "[...] veja sua aplicabilidade geral, não pessoal."(Ib., 206)

(vi) O Trabalho de uma Loja com seus Membros

Nossas Lojas, na maioria dos lugares, estão fazendo um trabalho excelente em matéria de propaganda pública. A dificuldade surge quando membros filiam-se a uma Loja. O entusiasmo e interesse dos novos membros não são sempre mantidos. Em algumas Lojas há pouca ou nenhuma vida perceptível, e o ensinamento e inspiração dos irmãos não são considerados tão cuidadosa e solidariamente quanto deveriam ser. Que essa questão estava também em evidência nos tempos iniciais, fica claro a partir do seguinte trecho de uma carta do Mestre K.H.:

> "Voltando à reforma dos Ramos, [i.e., Lojas. C.M.C.] essa questão terá, é claro, que ser seriamente considerada e ponderada antes que seja por fim estabelecida. Não deve mais haver decepção nos membros uma vez que se tenham filiado. Cada Ramo deve escolher sua missão bem definida para trabalhar, e o maior cuidado deveria ser tomado na seleção de Presidentes." (*ML*, 314)

O Mestre parece considerar que cada Loja deveria ter seu "caráter" próprio e, se desejar, seu próprio campo de trabalho especializado.

Ele diz:

> "Deve sempre existir solidariedade de pensamento e ação entre os corpos da Sede e dos Ramos dentro dos amplos contornos dos princípios gerais e principais da Sociedade; todavia deve ser permitida a cada um dos Ramos sua ação independente em tudo que não se choque com aqueles princípios. Assim, um Ramo composto de cristãos *amenos,* simpatizantes dos *objetivos* da Sociedade, deveria permanecer neutro no tocante a todas as outras religiões e totalmente indiferente e despreocupado com as crenças pessoais dos 'Fundadores', o *Theosophist* dando espaço, de boa vontade, tanto aos hinos sobre o Cordeiro quanto aos *slokas* sobre a sacralidade da vaca." (*ML*, 314)

Mas Ele também exorta, na carta à Srta. Arundale antes mencionada (uma carta que com relação ao trabalho de uma Loja tem a mesma importância da carta do *Maha Chohan* sobre o trabalho da Sociedade), o Conselho da Loja a dar-se o trabalho de organizar atividades de interesse e instrução dos membros.

> "Você deve sempre refletir com seus companheiros no Conselho sobre como tornar interessantes os encontros gerais da Loja.
>
> Os novos membros deveriam ser levados pelas mãos desde o início pelos mais antigos, especialmente selecionados e indicados para a tarefa em cada caso, e completamente instruídos naquilo que vocês já aprenderam, para que possam ser capazes de participar com inteligência nos procedimentos dos encontros regulares." (*CMS*, Primeira Série, Carta 4)

Ele diz que os recém-chegados deveriam ser atendidos por membros "especialmente selecionados e indicados para esta tarefa". A escolha deveria recair sobre a melhor pessoa para esta tarefa, pois é importante e valiosa. Não é procedente que um dos dirigentes seja sempre a pessoa correta. O que se requer aqui preeminentemente é simpatia, interesse altruísta, paciência, e uma infinita capacidade de esmerar-se, bem como conhecimento claro dos princípios da Teosofia. Isso é particularmente necessário, porque com muita freqüência pessoas estranhas entram para os nossos quadros, e pessoas em si desagradáveis para muitos. Mas o Mestre K.H. diz:

> "Do mesmo modo como é vista a luz no vale sombrio pelo alpinista que está no cume, todo pensamento brilhante em sua mente, meu Irmão, cintilará e atrairá a atenção de seu distante amigo e correspondente. Se assim descobrirmos nossos Aliados naturais no mundo-*Sombra* – seu mundo e o nosso, fora do precinto –, e é nossa lei aproximarmo-nos de cada um desses, mesmo se houver nada além do mais débil bruxulear da verdadeira luz do 'Tathagata' em seu interior, então quão muito mais fácil para você nos atrair. Entenda isso e a admissão na Sociedade de pessoas freqüentemente desagradáveis a você não mais lhe surpreenderá. 'Não são os que estão saudáveis que necessitam de médico, e sim aqueles que estão doentes' – é um axioma, seja quem for que o tenha dito." (*ML*, 264)

Sempre que um membro nos deixar insatisfeito, decepcionado, chocado, confuso, não o culpemos, mas observemos se de alguma maneira é nossa falha.

Todos que entram em nossas fileiras podem ser úteis ao trabalho do Mestre e vieram a nós porque a alma interior está tateando, mesmo que fracamente, em direção à Luz. Algumas vezes um membro que tem grandes potencialidades de utilidade futura, embora esteja repleto de preconceitos e equívocos no momento, é afastado por falta de paciência e simpatia, ou indiscrição aliada ao zelo fanático sobre algum ponto que não é fundamentalmente essencial, de parte de seus companheiros. Sobre alguém assim o Mestre escreveu certa vez:

> "Todavia para o bem da Sociedade, eu não o perderia." (*ML*, 283)

Posição e influência também são vantagens no trabalho da Sociedade. Sem sugerir o cultivo de qualquer tendência esnobe, ainda penso que algumas vezes não consideramos suficientemente os preconceitos e costumes das assim chamadas 'classes mais afortunadas'. É um auxílio em nosso trabalho quando pessoas cultas, de conhecimento e posição entram de corpo e alma para nossos quadros. Mas devemos esperar encontrar linhas de pensamento e costumes pessoais tão fixos, e a serem transcendidos tão paulatinamente, quanto em qualquer outra direção ou nível da sociedade humana. Como uma abastada senhora disse certa vez à escritora: 'Oh minha querida! *nós* também temos almas para serem salvas!' E é deveras um *Karma* favorável ser capaz de atrair o poder de um grande nome, ou de uma grande riqueza, para auxiliar no trabalho da Sociedade. O Mestre M. refere-se a isso (pois no início, quando a Sociedade era fraca, tinha ainda mais importância) em uma carta onde ele expressa Seu grande desejo e do Mestre K.H. de que o Sr. Sinnett deveria – ao contrário das inclinações deste – participar de uma Convenção da Sociedade na Índia. Pois, diz o Mestre, de outra forma:

> "[...] esta infeliz organização mais uma vez exibirá seus representantes sem um único europeu de posição e influência." (*ML*, 442)

Estudo e pesquisa verdadeiros devem ser desenvolvidos e empreendidos em nossas Lojas onde quer que seja possível. O Mestre K.H. escreve ao Sr. Sinnett:

> "Sim; você está certo sobre a Sociedade para Pesquisa Psíquica; o trabalho dessa sociedade é de um tipo que age sobre a opinião pública através de demonstrações experimentais das fases elementares da Ciência Oculta. H.S.Olcott tem tentado converter cada um dos Ramos indianos em uma escola de pesquisa desse tipo, mas a capacidade de manter tal estudo independente pelo bem do conhecimento está em falta, e deve ser desenvolvida." (*ML*, 336)

Ele também diz, em Sua carta para a Srta. Arundale que deveríamos organizar as coisas de tal forma que os novos membros, ao serem recebidos na Sociedade, possam ter uma impressão duradoura e profunda da natureza sagrada do trabalho da Sociedade.

> "Há uma forte disposição para desacreditar a cerimônia de iniciação de tal maneira a não produzir séria impressão sobre o candidato. O método da Sociedade Matriz na Índia [onde o Coronel Olcott escrevera uma pequena cerimônia de recepção e boas-vindas] pode ser inadequado aos preconceitos britânicos, todavia cair no extremo oposto da precipitação indigna é muito pior. [...] É algo sagrado para nós; porque deveria ser de outra maneira para vocês?" (*CMS*, Primeira Série, Carta 4)

Ele diz também que os membros deveriam esforçar-se para manter uma perspectiva ampla e não paroquial e sugere que a Loja deva corresponder-se com Lojas de países estrangeiros. Essa última sugestão tem sido ultimamente encampada por um bom número de Lojas e produz interesse bastante intensificado e ampliação dos laços da fraternidade prática.

> "O seu ramo deveria manter correspondência com todos os outros da Europa; a Alemanha pode ajudá-los – os outros necessitam seu auxílio. Lembre-se de que esse é um movimento para toda a Europa – não apenas para Londres." (Ib.)

"A visão paroquial" algumas vezes é estendida para a questão do pagamento da anuidade para uma Seção Nacional ou Internacional. Ouvi membros objetarem a ambos. Mas o Mestre K.H. diz ao Sr. Sinnett:

> "Estou bem certo de que você não simpatiza com o sentimento egoísta que incita a Loja de Londres a desejar reter mesmo sua pequena proporção de apoio pecuniário – chegando à importância de uns poucos guinéus anuais para a Sociedade Matriz. Qual dos membros pensaria sequer em recusar, ou tentaria negar o pagamento de taxas a qualquer outra Sociedade, Clube ou Associação Científica à qual possa por acaso pertencer?" (*ML*, 199)

Mas, ai de mim! este "paroquialismo" algumas vezes infecta também uma Seção Nacional! Não deveria haver "apenas nós próprios" entre nós. Com efeito, deveria ser do outro modo. Deveríamos estar ansiosos para auxiliar, apoiar, fortalecer um membro mais fraco, Loja ou Seção Nacional, financeira ou espiritualmente.

Quando esta escritora filiou-se à Sociedade, era incapaz de pagar as contribuições necessárias. Elas não prescreviam, mas um membro mais abastado as pagava para mim. Este membro [era uma Loja francesa] tornou-se responsável pelas contribuições de dois membros mais pobres do que ele próprio a cada ano. Não é este um plano excelente e a ser seguido em todas as partes? Quando eu estava trabalhando na Seção Inglesa há alguns anos, lembro-me de ter ficado atônita ao descobrir como era grande o número de nossos membros que pagavam meia taxa, um quarto ou nada. Merece todo o respeito uma Sociedade que não permite que dificuldades financeiras sejam um empecilho para se tornar membro. Mas, se o plano acima descrito pudesse ser amplamente adotado em nossas Lojas, nem as Lojas nem as Seções sofreriam financeiramente.

Nosso espírito é o espírito de dar e receber, de auxiliar, de repartir, todo o tempo. Se houver algo que não podemos fazer tão bem quanto um outro, busquemos seu auxílio e peçamos colaboração. O Mestre K.H. encoraja o Sr. Sinnett a elaborar um esquema de organização com as seguintes palavras:

> "Pois mesmo que você não pudesse obter sucesso total em conceber um plano que fosse conveniente às necessidades da Ásia e da Europa, você poderia chegar a algo que seria bom tanto para uma quanto para outra, e uma outra mão poderia então suprir a parte faltante." (*ML*, 243)

Quando um visitante interessante ou ilustre vem a nossa Loja, deveríamos reparti-lo com outros e proporcionar-lhe hospitalidade onde ele esteja mais bem situado para desempenhar seu trabalho e apto a ser do maior benefício aos outros. Com muita freqüência um membro que serviu à Loja como anfitrião aos visitantes por um longo período arroga-se um *direito* onde existe apenas serviço. Mesmo ao Sr. Sinnett o Mestre disse:

> "Não é uma boa política que H.S. Olcott seja exclusivamente seu hóspede durante toda sua estadia na Inglaterra; seu tempo deve ser dividido entre você e outros de opiniões diversas – caso eles desejem hospedá-lo por um curto período." (*ML*, 391)

E quando os teósofos de Londres egoisticamente quiseram lá manter Mohini, o discípulo do Mestre K.H., o Mestre M. escreveu:

> "Se vocês necessitam do auxílio de Mohini em Londres, os teósofos de Paris precisam ainda mais, uma vez que sua educação oculta é inferior à de vocês." (Ib., 344)

O ponto de vista do Mestre pode ser visto claramente aqui. O mais forte deve auxiliar o mais fraco. Portanto, que o membro bafejado pela sorte auxilie o irmão menos afortunado; a Loja mais forte a mais fraca, e uma Seção Nacional próspera, outra que seja mais fraca do que ela. Temo o advento do espírito comercial mesmo na organização externa de nosso trabalho. É tão belo dar e não contar com a compensação financeira; tão estimulante dizer, "Nós temos; deixe-nos oferecer-lhes, irmãos, o melhor do que possuímos". Não estou sugerindo nem por um momento que a falta de método, integridade e economia deveria reinar. Deveria ser um ponto de honra que assim seja entre nós! Mas deixemos que o *beau geste* de uma ampla generosidade governe mesmo os aspectos financeiros e organizacionais de nosso trabalho.

(vii) As Revistas e a Literatura da Sociedade

Mais algumas poucas questões relativas ao trabalho dos membros. O Mestre K.H. diz:

> "Se os membros na Europa querem o bem da Sociedade Matriz, devem ajudar a distribuir suas publicações e mandar

traduzi-las para outros idiomas, quando o merecerem." (*CMS*, Primeira Série, Carta 4)

Isso foi e tem sido feito em escala amplamente crescente desde que o Mestre escreveu essas palavras, mas há um ponto onde sinto que muito mais poderia ser feito. É em relação a *The Theosophist*. Observe, o Mestre diz que se desejarmos o bem de toda a S.T., devemos ajudar a distribuir suas publicações.

The Theosophist é o único periódico teosófico internacional que temos. Ele requer o apoio de todo membro devotado. Penso que deveríamos todos tentar o melhor de nós para fazer uma assinatura, ou se não tivermos recursos para isso, fazê-lo juntamente com um pequeno número de pessoas. Não apenas para apoiar a revista da sede, mas também porque desta maneira estaremos em estreito contato com acontecimentos que afetam a vida da Sociedade como um todo, e com o pensamento inspirado de nosso Presidente.

Deveríamos não apenas divulgar e apoiar os escritos de nossos líderes, mas penso que devemos tentar, onde for possível, enviar informações e artigos ou obtê-los se pudermos, artigos de valor literário de escritores competentes ou estudantes proeminentes. Poderíamos fazer como o Mestre desejou que o Sr. Sinnett fizesse, não publicar Suas Cartas –

> "*Protesto* veementemente. [...] Minhas cartas *não devem* ser publicadas da maneira que você sugere [...]."(*ML*, 351)

mas enviar cópias "ao Comitê Literário em Adyar". (*ML*, 351)

Ele disse ao Sr. Sinnett:

> "Se você encontrar tempo para escrever para *The Theosophist* e puder induzir mais alguém, como o Sr. Myers, por exemplo – obsequiar-me-á pessoalmente." (*ML*, 422)

E novamente:

> "Se você quisesse satisfazer seu amigo trans-himalaio, não deixe passar nenhum mês sem escrever um *Fragmento*, longo ou curto, para a revista, publicando-o depois sob a forma de panfleto." (*ML*, 112)

E em outra ocasião:

> "Pode ser conveniente para você utilizar algum tempo de suas férias numa ou outra forma de escritos teosóficos." (*ML*, 331)

O Sr. Sinnett tinha qualificações que eram úteis ao Mestre neste sentido. Como Ele o coloca:

> "Sua experiência, seu treinamento, seu intelecto, seu conhecimento do mundo exterior, em suma, tudo se ajusta para lhe ajudar na realização da tarefa que você tomou a si. Pois, colocam você em um nível infinitamente mais elevado do que a mim no que diz respeito à consideração de escrever um livro, de acordo com 'o próprio coração" de sua sociedade." (Ib., 31)

[O Mestre refere-se aqui à Sociedade mundana, não à S.T.]

Lembremo-nos todos, então, do pedido do Mestre ao Sr. Sinnett quando disse:

> "Então não negligencie, meu bom Irmão, a humilde e ridicularizada Revista de sua Sociedade." (Ib., 273)

Há outro ponto digno de consideração na carta do Mestre à Srta. Arundale. Ele diz:

> "Não somos escribas públicos ou funcionários com tempo para estar continuamente redigindo notas e respostas a correspondentes individuais sobre qualquer assunto pessoal insignificante que devam responder por si mesmos." (*CMS*, Primeira Série, Carta 4)

O que é verdadeiro neste caso para o Mestre é também verdadeiro com relação a Seus discípulos e trabalhadores. Descobrir por nós mesmos através do estudo, decidir por nós mesmos em questões de escolha e conduta, reforça tremendamente e ensina nossos eus interiores.

(viii) O Lar do Teósofo

Outra idéia maravilhosa é a ênfase que o Mestre coloca no lar de um teósofo.

> "Se você achar conveniente, pode tornar seu lar um dos centros de influência espiritual mais importantes em todo o mundo." (Ib.)

É claro que a Srta. Arundale abrigava então em seu lar a própria H.P.B., mas em grau menor isso é verdadeiro para cada membro que for um teósofo sério e devotado. Com muita freqüência pensamos sobre nosso trabalho na Loja ou fora dela sem lembrarmos o lugar onde devemos ser todo o tempo um canal para a paz e a luz do Mestre. Muitos corações fatigados e mentes cansadas podem encontrar seu caminho nesse centro, atraídos pelo magnetismo da necessidade; e nesses centros são estabelecidos e selados os laços de verdadeira fraternidade entre membros da Loja. Não acredito em fraternidade forçada, em união artificial alcançada por um momento em reuniões externas e encerrada de bom grado outra vez. É em nossos lares que aprendemos a conhecer um ao outro, na intimidade natural de duas ou três pessoas reunidas numa atmosfera de conforto e relaxamento. Talvez o Mestre tenha se referido a algo semelhante quando disse:

> "Você fará bem em encorajar visitas de seus companheiros e de pessoas questionadoras através da realização de encontros dos mais compatíveis para estudo e instrução. Você deve induzir outros de outros lugares a fazer o mesmo." (Ib.)

Eu gostaria de ver uma grande campanha do "lar" sendo realizada em toda a nossa Sociedade. Não há poder tão grande e verdadeiro quanto o que reside nas mãos da maternidade, da verdadeira feminilidade. Com o risco de ser considerada sentimental, citarei um pequeno verso trivial:

"Construa uma casinha cheia de aposentos e coloque cercas ao redor
Com quietude e felicidade para manter afastados os problemas.
Todas as paredes são gratidão, todas as tábuas são oração,
A fé e a confiança afastam a ferrugem que resulta do cuidado ansioso.
A esperança é o teto que lhe protege de todo vento do engano,

E a própria luz do Amor queima na lareira iluminando para aquecê-lo durante todo o dia."

II. Crises na Sociedade

Crises periódicas são inevitáveis na Sociedade Teosófica e, embora confusas e algumas vezes devastadoras para alguns membros, não causam perturbação quando sua natureza e as causas que as produzem são compreendidas. Ocorrem em intervalos bastante regulares e algumas vezes são precipitadas ou acarretadas pelos Mestres de Sabedoria para produzir algum efeito desejado ou resultado final que tenham em vista. Da mesma maneira que o Mestre K.H. falou ao Sr. Sinnett na questão do empreendimento do *Phoenix* de que

> "[...] apesar da oposição, e exatamente por causa dela, você irá aquecer até a ebulição os ânimos nacionais antes do que se possa esperar." (*ML*, 383)

O que fazem as crises? Do mesmo modo que as crises de febre no corpo físico, elas expelem substâncias venenosas que estiveram sendo acumuladas por algum tempo, as quais de outra maneira teriam bloqueado e impedido a atividade corpórea. Portanto, em tempos de crise é sábio para cada um de nós preservar um coração forte e pacífico, recusando juntar-se à agitação e excitação, deixando para mãos mais grandiosas do que as nossas a direção das forças que irão finalmente purificar e solidificar. Mas devemos cuidar para não sermos atraídos para o turbilhão das forças opostas. Se um número considerável de membros fizesse isso, a Sociedade estaria perdida, mas felizmente agora todo o perigo real de acontecer qualquer coisa semelhante já passou.

Lembre-se de que o Mestre pode usar forças maléficas para causar o bem, e fará sempre isso se não o atrapalharmos com excitação e pânico. Os Mestres não alteram as pessoas ou os acontecimentos, mas usam a ambos como são. Como o Mestre K.H. escreve a respeito de algumas traições e preconceitos que precipitaram uma pequena crise nos primeiro tempos:

> "Não nos preocupamos, *nem geralmente guiamos os acontecimentos*; todavia tome a série de nomes que ele cita

> e veja que cada um foi fator útil no sentido de produzir o resultado final. Hurrychund conduziu o grupo para Bombaim – ainda que estivessem preparados para ir para Madras, o que seria fatal naquela fase do movimento teosófico; Wimbridge e a Srta. Bates conferiram um caráter inglês ao grupo e fizeram um grande bem, desde o início, por terem gerado um amargo ataque jornalístico sobre os Fundadores, o qual provocou a reação; Dayanand caracterizou o movimento com a marca da nacionalidade ariana; e finalmente o Sr. Hume – que já é o inimigo secreto da causa e pode vir a sê-lo abertamente – auxiliou-a muito por sua influência e a promoverá ainda mais, a despeito de si mesmo, pelos resultados ulteriores de sua deserção. Em cada circunstância foi dada uma oportunidade ao traidor e inimigo, e salvo por sua desonestidade moral, poderia ter originado um bem incalculável para o seu *Karma* pessoal." (*ML*, 410)

Todas as pessoas acima mencionadas finalmente deixaram a S.T. No período acima referido eles já haviam se indisposto contra ela e os Fundadores por preconceito, orgulho ferido, e em um dos casos por fraude. Ainda assim eles não injuriaram a Causa contra a qual viraram-se.

Os membros que estudam a história passada da S.T. reconhecerão que após toda grande crise na Sociedade, mesmo quando centenas de nossos irmãos nos tenham deixado, profetizando a morte da Sociedade, seguiu-se um período de inaudita prosperidade e um influxo sem precedentes de novos membros. Meu símile da febre purificando o corpo é correto.

Alguns podem objetar minha classificação daqueles que nos deixaram como germes-venenosos expulsos pelo Corpo da Sociedade. Não estou me referindo a qualquer irmão em particular como tal, mas aos germes-venenosos da dúvida, suspeita, preconceito e ódio, que temporariamente os infectaram e os tornaram estéreis como membros ativos.

Fazemos bem em lembrar que nós próprios podemos nos infectar com tais germes. Apenas uma mente humilde e sincera, um coração totalmente puro e leal, é à prova de tal infecção. Quem de nós tem certeza de que possui essas salvaguardas?

E sempre alguns são chamados pelo *Karma* passado ou fraqueza presente para realizar a parte dos Asuras em nosso trabalho. Que a nós pareça que para eles pessoalmente seja tremendamente lamentável não é pertinente à presente consideração dos fatos. Sempre, em todos os lugares 'é necessário que sucedam escândalos' (Mateus, XVIII, 7); eles devem vir por intermédio da ação humana, da mesma forma que o bem. Com efeito! Quanto a esses pessoalmente devemos lembrar as palavras: 'Mas ai daquele homem através de quem vem a ofensa!'

Tentemos entender como isso acontece.

(i) Forças Alternativas na Natureza

As Escrituras indianas dizem que o universo é tecido entre os pólos dos pares de opostos. Nada há no mundo que não tenha sua exata antítese em alguma parte. Como o Mestre K.H. o expressou:

> "A Natureza tem um antídoto para cada veneno, e suas leis uma recompensa para cada sofrimento." (*ML*, 56)

As forças do bem, i.e., aquelas que promovem a evolução, têm o seu foco mais elevado voltado para a grande "Fraternidade da Vida Eterna", da qual nossos Mestres formam parte. Essa Fraternidade de Adeptos Brancos é, nas palavras do Bispo Leadbeater, "a grande força emergente e diretriz na Evolução". Seu trabalho é neutralizado, modificado, em alguns pormenores destruído, pela atividade daqueles que concentram o poder retardatário na evolução, os "Irmãos da Sombra", os magos negros ou Adeptos do caminho da esquerda.

Quem são esses Adeptos, e quais são suas naturezas e poderes? São aqueles que tão completamente quanto nossos Mestres, e com exatamente a mesma abnegação e controle das forças elementais em seus próprios corpos mental e astral, adquiriram o conhecimento e o controle de todo o plano astral e mental que envolve nosso globo. Mas para o exercício desse controle eles não requisitaram a participação do Eu Superior. Daí, obtiveram um tremendo e poderoso desenvolvimento do eu inferior, cujo centro diretor reside em *manas*, a sede da separação, da consciência do "eu". O motivo predominante é, portanto, intensamente egoísta, autocentrado, personalístico, separatista. Eles concentram as forças da desarmonia, separatividade, frieza e crueldade.

Mas essas forças não conseguem encontrar expressão nos planos espirituais da natureza humana e no seu eu espiritual. Portanto as atividades do Adepto negro estão limitadas aos planos mental, astral, físico e subfísico, e seu desenvolvimento não pode ir além do plano mental.

Algumas vezes obstinação e egoísmo intensos dos veículos inferiores causam uma contração correspondente no corpo causal, e é essa a 'blasfêmia contra o Espírito Santo' (sendo o plano mental superior o plano específico da manifestação de *Mahat* ou Terceiro Logos) 'o qual jamais tem perdão, mas está em perigo de eterna [i.e. eônica] danação'.

Para o mago negro que tenha atingido essa apoteose de perversidade, não há retorno possível, e ainda que ele possa existir por meio de seu próprio conhecimento por um *manvantara,* ao final daquele tempo ele deve inevitavelmente ser eclipsado. Sem isso um Irmão da Sombra pode retornar, se algum resquício de bem nele o faça ver o final do caminho que seus pés estão trilhando, e ele deve retornar executando o papel de Asura, sabendo que toda derrota significa vitória em direção à sua própria salvação, a verdade que jaz por trás da idéia no livro da Srta. Marie Corelli, *The Sorrows of Satan* (*As Tristezas de Satan*).

Como H.P.B. afirma: 'Aqueles que são colaboradores da Natureza para a destruição são homens totalmente perversos e depravados, mas ainda assim tão altamente intelectuais e agudamente *espirituais* para o mal, quanto aqueles que são espirituais para o bem. Os Egos [inferiores] destes podem livrar-se da lei da destruição final ou aniquilação nas eras vindouras'.*

Todavia, já que a natureza das forças de oposição na evolução é destrutiva e separatista, ao lado de cada vez mais desintegração, e da exaltação da parte, não do todo; não há organização e cooperação sólida entre os Irmãos da Sombra, exceto quando se combinam para um ataque maciço e em grande escala, tal como o que precipitou as recentes guerras mundiais.

Aqui e ali tem sido sugerido que muitas das crises da S.T. vão parar às portas dos Irmãos da Sombra. A prática insensata (tal como a que ocorre ocasionalmente entre membros) de acreditar que há participação desses irmãos da sombra em toda desventura pessoal deve ser totalmente desaprovada; fica claro a partir das cartas de nossos Mestres que sua existência é um fato, a sutileza e insídia de suas atividades outro fato, e que isso acontece dentro das fileiras da nossa S.T. é outro fato evidente.

Os Irmãos da Sombra são os inimigos mais cruéis e terríveis do trabalho de nossos Mestres em existência. Nenhum ser humano comum pode prejudicar o trabalho dos Adeptos como eles, embora algum homem possa tornar-se, e com muita freqüência se torna, o agente inconsciente de seus planos destrutivos, mas disso falaremos mais tarde.

---

* BLAVATSKY, H. P. *A Doutrina Secreta.* São Paulo, Ed. Pensamento-Cultrix, 1973.Vol. III. (N. ed. bras.)

Observou-se uma grande ação coletiva de parte desses seres pelo poder do mundo nas últimas grandes guerras. Tal como com os indivíduos, assim também com nações e grupos, o egoísmo e o orgulho autocentrados tornam grandes nações abertas à sua dominação. Não se presenciou um esforço tão grande de sua parte no mundo desde os dias da Atlântida, quando os Poderes Negros obtiveram sucesso e afundaram o mundo em um abismo de pecado e horror do qual apenas a destruição de nações e continentes em larga escala o libertou parcialmente – a origem das histórias do Dilúvio em toda religião.

Tivessem eles desta vez vencido novamente, uma outra era de trevas como aquela teria inevitavelmente alcançado o mundo. A intuição em muitos corações jovens de que essa batalha era a favor da Luz e para a segurança da humanidade no futuro era profundamente verdadeira. O perigo passou, mas foi de um tipo que a Hierarquia Oculta teve que combater corpo-a-corpo, que Eles evidentemente previram, mesmo ao fundar a Sociedade Teosófica. Escrevendo ao Sr. Sinnett, o Mestre K.H. diz:

> "Sentimos que o tempo se aproxima, e que somos obrigados a escolher entre o triunfo da Verdade ou o Reino do Erro e do – Terror. Temos que admitir alguns poucos escolhidos no grande segredo, ou – deixar aos infames *Shammars* conduzir as melhores mentes da Europa para dentro da mais insana e fatal das superstições – o espiritismo*; e *de fato* sentimos como se estivéssemos entregando toda uma carga de dinamite nas mãos daqueles que estamos ansiosos para ver defendendo-se

---

* O Mestre refere-se ao espiritismo fenomênico norte-americano daquela época, demasiadamente voltado para os fenômenos e poderes psíquicos, que, segundo o Mestre, poderiam perigosamente afastar a pessoa do verdadeiro caminho espiritual. Veja-se o que o mesmo Mestre instruiu ao jovem Krishnamurti: 'Não desejes os poderes psíquicos; eles virão quando o Mestre entender ser melhor para ti possuí-los. Forçá-los muito cedo traz em seu treinamento, freqüentemente, muitas perturbações; e seu possuidor muitas vezes é desorientado por enganosos espíritos da Natureza, ou torna-se vaidoso e julga-se isento de cometer erros; em qualquer caso, o tempo e a energia despendidos em adquiri-los poderiam ser utilizadas em trabalho para os outros. Eles virão no decurso do teu desenvolvimento – eles têm de vir; e se o Mestre entender que seria útil para ti possuí-los mais cedo, Ele te ensinará como desenvolvê-los com segurança. Até então, estarás melhor sem eles.' [*Aos Pés do Mestre*. Brasília, Ed. Teosófica, 1999. p. 46-7] Recomenda-se também sobre este tema o livro *O Que Há Além da Morte* de C. W. Leadbeater. (Ed. Pensamento) (N. ed. bras.)

contra os Irmãos da Sombra de Barrete Vermelho. [...] Tendo, então, que liberar com uma mão a muito necessitada, ainda que perigosa, arma ao mundo, e com a outra afastar os *Shammars* (sendo já imenso o dano causado por eles), você não pensa que temos o direito de hesitar, de fazer uma pausa e sentir a necessidade de prudência, como nunca fizemos antes?" (*ML*, 280)

Os Irmãos da Sombra estavam por trás das superstições do espiritismo. Essa foi uma das razões porque os Mestres deram ensinamentos ocultos ao mundo através de nossa Sociedade. Mas os Poderes das Trevas estão por trás de tudo que possam usar para retardar e destruir a evolução. Trabalham também no campo político, por exemplo, na Índia. Por quê? É muito fácil de ver. Porque seu sucesso teria significado a retirada da Índia da Comunidade Britânica e a frustração do plano do Manu Vaivásvata, que tem como propósito conduzir Sua Raça ao seu zênite de glória e poder através do desenvolvimento combinado na associação da Grã-Bretanha e da Índia.

Há um certo timbre ou qualidade sobre sua influência que pode ser detectado se observado. Intelecto brilhante, grande autocontrole, maneiras corteses, são atributos de um irmão da sombra; mas sempre haverá nele certa dureza metálica, certa crueldade e ausência de piedade e compaixão. Sempre que esse espírito for detectado, podemos suspeitar de sua influência.

Uma vez que a Sociedade foi fundada, em grande medida para combater a influência desses seres pela difusão da verdadeira luz e iluminação no mundo, ela é continuamente o objeto de seus mais insidiosos ataques. E devemos lembrar que esses ataques são magistrais, planejados com sutileza e precisão fora do alcance humano comum. À primeira vista podem parecer ao incauto exatamente o contrário de sua real natureza, pois Satã sempre se reveste com a aparência de um anjo de luz.

Nos primeiros tempos da Sociedade as forças principais usadas contra a S.T. pelos Poderes das Trevas eram o preconceito obstinado da Anglo-Índia oficial e as obscuras trapaças do corpo de Jesuítas. Como o Mestre K.H. coloca para o Sr. Sinnett:

> "A Inglaterra eclesiástica e a Anglo-Índia oficial deram-se secretamente as mãos para ter suas piores suspeitas *confirmadas* para, se possível e ao primeiro pretexto plausível,

esmagar o movimento. Todo infame estratagema deve ser empregado no futuro, como tem sido no presente, para *nos* desacreditar como promotores e a vocês como partidários. Pois a oposição representa enormes interesses velados, e eles têm o entusiástico auxílio dos *Dugpas* no Butão e no Vaticano!

Você figura entre as 'marcas brilhantes' que os conspiradores têm como alvo. Serão tomados cuidados dez vezes maiores do que até aqui para cobri-lo de ridículo por sua *credulidade*, sua crença em mim – especialmente, e para refutar seus argumentos em apoio aos ensinamentos esotéricos. Eles devem tentar, mais do que já tentaram, abalar sua confiança com falsas cartas pretensamente vindas do laboratório de H.P.B., e outros, ou com documentos forjados mostrando e confessando fraudes e planejando repeti-las. Isso tem sido sempre assim. Aqueles que têm observado a humanidade através dos séculos deste ciclo têm constantemente visto repetirem-se os detalhes desta luta mortal entre a Verdade e o Erro. Alguns de vocês teósofos estão agora apenas atingidos em sua 'honra' ou seus bolsos, mas aqueles que empunharam a tocha em gerações precedentes pagaram a penalidade com suas vidas por seu conhecimento." (*ML*, 317)

Certas mentes rebelar-se-ão contra a afirmação de que algumas vezes os Poderes das Trevas usam a corporação dos Jesuítas, mas, como dito anteriormente, não é o lado verdadeiramente espiritual da grande Igreja Católica Romana que eles podem usar, mas a mundana, a intriga política que existe em seu meio. O Mestre K.H. escreve:

"E se esta carta estiver destinada a ser a última, suplico-lhe que se lembre – para o seu bem, não o meu – da mensagem que enviei de Simla para você e o Sr. Hume através de H.P.B. – 'Lorde Ripon não é um agente livre; o verdadeiro Vice-Rei e dirigente da Índia não está em Simla, mas em Roma; e a arma efetiva usada por esse último é – o confessor do Vice-Rei'". (*ML*, 386)

Que dentro da grande Igreja existem influências inimigas ao progresso e à iluminação humanos (e no que tange à incorporação destas forças, à

Sociedade Teosófica e à Comunidade Britânica), a escritora tomou conhecimento em mais de uma ocasião. Isso não altera o fato de que milhões de sacerdotes e pessoas simples, piedosas e espirituais, fazem o verdadeiro trabalho da Igreja.

Que o outro lado e seus métodos e efeitos eram bem conhecidos pelo Mestre fica claro. Ele descreve um jovem chela do Mestre M. que foi criado pela Ordem Jesuíta nestas palavras:

> "Fern era um psíquico extraordinário, naturalmente – deveras muito inclinado à espiritualidade, mas corrompido pelos mestres Jesuítas, e com seus sexto e sétimo Princípios completamente adormecidos e paralisados dentro de si." (*ML*, 325)

O Mestre até tentou ajudar a lançar luz sobre este canto escuro dos assuntos humanos. Ele escreve:

> "A sugestão para traduzir *The Grand Inquisitor* [*O Grande Inquisidor*] é minha; pois o seu autor, sobre quem a mão da Morte já estava pressionando quando o escrevia, ofereceu a descrição mais convincente e verdadeira da Sociedade de Jesus jamais feita anteriormente. Nele há uma poderosa lição contida para muitos e mesmo você (A.P.S.) pode lucrar com ela." (*ML*, 205)

A influência dos Irmãos da Sombra também é vista em outras esferas do pensamento, os campos do "Novo Pensamento", por exemplo, e todas as pseudo-escolas ocultas que agora proliferam em grande número, onde ensinam o uso dos poderes superiores da mente para a obtenção de conforto e prosperidade; a imposição da uma vontade treinada sobre uma outra, mesmo nos interesses de "boas relações comerciais" ou de outro modo; e na curiosa deificação e emprego dos impulsos sexuais físicos em conexão com quaisquer espécies de desenvolvimento oculto. O Mestre aconselha o Sr. Sinnett sobre isso. Ele escreve:

> "Apenas observe atentamente: os *Dugpas* e os *Gelupkas* não estão lutando apenas no Tibete, veja seu vil trabalho na Inglaterra entre os 'Ocultistas e *videntes*'! Ouça – seu conhecido Wallace pregando como um verdadeiro 'Hierofante' da 'mão esquerda' o casamento da 'alma com o espírito' e tor-

nando a verdadeira definição de pernas para o ar, buscando provar que todo *Hierofante prático* deve pelo menos ser casado *espiritualmente* – se por alguma razão não puder sê-lo *fisicamente*, de outro modo haveria grande perigo de Adulteração de Deus e do Diabo! Digo-lhe que os *Shammars* já estão lá e seu pernicioso trabalho está em toda parte em nosso caminho. Não considere isso como uma metáfora, mas como um fato real, que pode ser demonstrado para você algum dia." (*ML*, 268-9)

Observemos as últimas palavras do Mestre, para não considerar isso como uma metáfora mas como um fato real.

Os Mestres não têm ilusões quanto à natureza do verdadeiro inimigo com o qual têm que combater em toda parte, e o Mestre K.H. diz com bastante franqueza que os Poderes das Trevas são seus inimigos mais poderosos. Falando sobre o Sr. Stainton Moses, Ele diz:

> "Ele nada sabia dos Irmãos da Sombra – nossos maiores, mais cruéis, e – por que não confessar – nossos mais poderosos Inimigos." (*ML*, 42)

Certos lugares no mundo são centros mais fáceis para suas influências do que outros. O Mestre K.H. escreve sobre H.P.B.:

> "Ela não está em segurança no Sikkim. A oposição dos *Dugpas* é tremenda [...]."(*ML*, 438)

Por causa de certos centros da antiga magia atlante que ainda lá permanecem, a América é novamente um país onde eles possuem um certo maior espaço do que em muitos outros países.

(ii) Principais Características Humanas Usadas pelos Poderes das Trevas

Mas agora voltemo-nos à consideração de seu trabalho dentro dos quadros da S.T., os métodos empregados e os meios através dos quais podem obter o controle sobre certos membros, que podem ser pessoas honradas e que levam uma vida virtuosa, e usá-las para objetivos nefastos, na maior parte inconscientes para a própria vítima. Penso que o primeiro passo na abordagem para a compreensão desse assunto é darmo-nos conta de que temos, cada um de nós, um Irmão da Sombra em miniatura dentro de nós, exatamente como também temos, graças a Deus, um embrião de um Adepto Branco ou Divindade imortal.

O embrião do Irmão da Sombra dentro de nós reside no princípio *Kama-Manásico*, uma combinação de *Manas* Inferior e *Kama Rupa*; sendo esse último 'a sede das sensações animais, unido, e servindo de veículo à Alma Animal ou *Manas* Inferior' (*A Doutrina Secreta*, Vol. III), novamente descrito por H.P.B. como 'os animais monstruosos verdes [*Manas* Inferior] e vermelhos [*Kama*] em nós'. Ela também descreve o *Manas* Inferior como 'o reflexo ou sombra de *Buddhi-Manas*, tendo as potencialidades de ambos, mas conquistado geralmente por sua associação com elementos de *Kama*'.

A matéria *manásica* purificada, utilizada pelo pensamento aspirante purificado, é a ponte de comunicação, ou *Antahkarana*, entre os eus superior e inferior. No Adepto do caminho da esquerda, a ponte entre os eus superior e inferior é destruído, e ocorre enorme acentuação e desenvolvimento do eu inferior, não iluminado pela luz do superior. A verdadeira raiz do mal não está tanto no corpo astral com seus desejos carnais, quanto no invólucro mental inferior separado da orientação do superior. É lá que devemos identificar o incipiente Irmão da Sombra em nós, é lá onde o controle e a influência de alguém fora de nós se insere da forma mais insidiosa.

Vejamos porque isso é assim. O corpo mental é a sede de *Ahankara* – a faculdade de gerar o "eu". Sua natureza é fria, separatista, a parte contra o todo. O "pecado" do corpo mental inferior é o *Ego-tismo*, a vontade do pequeno eu egoísta, ao invés dos interesses do todo, aquele "espírito unido da vida que é nosso único eu verdadeiro." (*Luz no Caminho*). O Mestre K.H. descreve-o assim:

> "Teu corpo mental deseja pensar em si mesmo orgulhosamente separado, pensar muito em si mesmo e pouco nos outros. Mesmo quando tu o tiveres desviado das coisas mundanas, ainda tentará especular para si, fazer-te pensar em teu próprio progresso, em vez de pensar sobre a obra do Mestre e em auxiliar os outros." (*APM, p. 25*)

Daí a fraqueza nos revestimentos *kama-manásicos* poder ser especialmente utilizada e temporariamente ampliada pelos Poderes das Trevas que desejem fazer uso de qualquer um de nós como agente em seu trabalho. Isto é realizado sem o conhecimento consciente da pessoa assim utilizada. Ele será menos sujeito ao contágio se estiver consciente de suas falhas, mas as fraquezas mais profundamente arraigadas em nossa constituição geralmente são aquelas das quais menos temos consciência. Se elas nos são sugeridas, as revestimos como anjos de luz e as chamamos por outros nomes. Os preconceitos de um homem tornar-se-ão seus princípios, e sua mais arraigada antipatia pessoal por outra pessoa, um justo desejo de colocar as coisas no devido lugar. E podemos ter certeza de que os Irmãos da Sombra auxiliarão na ilusão.

E a parte triste de tudo isso é que uma vez que tenhamos aberto uma brecha em nossos trabalhos de rotina permitindo ao inimigo uma influência, nos tornamos incapazes de ver o que está acontecendo conosco. Como o Mestre K.H. previne o Sr. Hume:

> "Sua consciência JAMAIS lhe mostrará se o mesmerisador é um verdadeiro Adepto ou um prestidigitador muito esperto, uma vez que ele tenha ultrapassado seu limiar e obtido o controle da aura que envolve sua pessoa." (*ML*, 214)

Uma vez que tenhamos aberto nossas mentes e corações ao veneno da dúvida e da suspeita, estamos sujeitos ao ataque dos inimigos invisíveis do Trabalho, e sua influência significará a cessação temporária da evolução de nossos veículos superiores. Como o Mestre K.H. descreveu certa vez, o estado de um membro anteriormente proeminente e promissor cujo caráter um tanto frágil tornou-o presa fácil da suspeita e da dúvida:

> "Sua mente está nublada com a dúvida negra, e seu estado psicológico é lastimável. Todas as mais brilhantes intenções estão sendo sufocadas, sua evolução *Buddhica* (não Budística) bloqueada. Cuide dele, já que ele não cuida – de si mesmo!" (*ML*, 398)

Não se pode brincar com Ocultismo. Uma vez que um desejo sincero por conhecimento mais profundo e por orientação se tenha imposto, e o homem se tenha colocado definitivamente em marcha sobre este caminho, ele deve confiar nos grandes Mestres e em seus representantes indicados. A grande salvaguarda é a sinceridade absoluta e a ausência da faculdade de prontamente atribuir maus motivos àquilo que não entendemos de imediato. O Mestre disse ao Sr. Sinnett:

"Uma vez que se tenha de algum modo posto os pés no caminho que leva ao grande Conhecimento, duvidar é arriscar-se à insanidade; parar repentinamente é cair; retroceder é tombar para trás, de cabeça no abismo. Não tema – se você for sincero, e isso você está sendo – agora. Você está tão seguro de si, quanto ao *futuro*?" (*ML*, 31)

Não é sempre a dúvida e a suspeita que conduz o homem à ruína, mas algumas vezes o egoísmo e o orgulho. O Mestre adverte o Sr. Sinnett dessa possibilidade:

"Amigo, acautele-se do Orgulho e do Egoísmo, duas das piores armadilhas para os pés daquele que aspira galgar os elevados caminhos do Conhecimento e da Espiritualidade. Você abriu uma brecha em sua armadura para os *Dugpas* – não se queixe se eles a descobriram e lhe feriram ali." (*ML*, 363)

Através de algumas fragilidades ou desonestidades ocultas no caráter, um homem pode finalmente vir a ficar sob a influência total dos inimigos da evolução. Assim, o Mestre K.H. fala a respeito de uma pessoa que fracassou devido a um orgulho excessivo como:

"[...] nosso ex-amigo (agora inteiramente nas mãos dos Irmãos da Sombra)." (*ML*, 332)

Espero que o que escrevi não irá atemorizar alguns de nossos membros mais jovens e inexperientes. Caso isso possa ocorrer, deixe-me dizer desde logo que é pouco provável que as forças ativas no trabalho contra a evolução prestem qualquer atenção a trabalhadores comparativamente não influentes e inexperientes. É quando um homem se está elevando acima do nível geral em evolução e influência que se torna um objeto de ataque nesses sentidos, especialmente quando está se aproximando do portal da grande Senda do Adeptado, ou o tenha ultrapassado. Então ele encontra, como afirma o Mestre K.H.:

"[...] a hostilidade direta dos Irmãos da Sombra sempre a postos para confundir e turvar o cérebro do neófito." (*ML*, 49)

No que diz respeito a nós, membros que estamos em condição de ser utilizados em ataques massivos contra nosso trabalho, tal como ocorre a certos intervalos em "crises" regulares, seremos temporariamente influenciados, e os efeitos posteriores de tal influência algumas vezes atuam fisicamente na perda da saúde ou graves prostrações nervosas. Somente podemos ser usados desta maneira se tivermos as sementes do desvio moral dentro de nós. Como diz o Mestre sobre uma pessoa assim:

> "Ele é impelido e quase enlouquecido pelos poderes do mal, os quais atraiu a si mesmo e sob cujo domínio caiu através de sua turbulência moral inata." (*ML*, 320-1)

Vejamos com clareza quais são as características humanas que estão sujeitas a serem usadas, distorcidas e ampliadas, em ataques pelos Poderes das Trevas sobre o nosso trabalho. Mais tarde tentaremos também traçar o curso usual de tais ataques levados a cabo no plano físico e os métodos geralmente empregados.

Como dito anteriormente, o ponto de perigo reside sobretudo no corpo mental inferior, o embrião de Satã – se não estiver iluminado e guiado pelas intuições espirituais do Superior – no homem. E os "pecados" peculiares do corpo mental são, portanto, as fraquezas mais sujeitas de serem dominadas e usadas. Estes são três em número: preconceito, egoísmo, orgulho e vaidade, sendo a vaidade uma forma de orgulho mais fraca e ignóbil. A partir dessas três seguem a dúvida, a suspeita e a desconfiança e, da ofensa das três primeiras, a injustiça, o ódio, a perda de equilíbrio e o senso de proporção.

1. *O Preconceito* é algo muito difícil de ser combatido. Significa que no ponto particular onde existe um preconceito a mente está fechada. A firmeza com que outras idéias são automaticamente excluídas, a absoluta interrupção da circulação vital naquela parte do revestimento mental são freqüentemente confundidas, neste plano, com a existência de firmes princípios. Algumas vezes tal preconceito, profundamente arraigado, permanecerá dormente por muitos anos, para finalmente vir a perturbar seu infeliz possuidor.

Para dar um ou dois exemplos não muito sutis – um número bastante grande de pessoas nascidas e educadas estritamente em países cristãos têm um preconceito profundamente arraigado relativo ao lugar na Natureza do grande fundador da Fé Cristã. Nada os persuadirá, mesmo onde os ensinamentos da Teosofia agradam totalmente a eles em todos os demais aspectos, de que não subestimamos o Senhor Cristo e O colocamos em nossos ensinamentos numa posição inferior àquela que Ele merece. Os fatos do caso, muito mais belos e confortantes do que as tradições da ortodoxia, não os tocam. O preconceito dessas pessoas não lhes permitirá reconhecer de bom grado a irmandade do Cristianismo com as outras grandes crenças mundiais. Com isso, diz o Mestre, é tão difícil lidar porque é quase impossível neutralizar

> "[...] o magnetismo e os resultados invisíveis procedentes de crenças errôneas e sinceras." (*ML*, 455)

Felizes das crianças cujos pais e professores não criaram áreas estagnadas em seus plásticos corpos mentais!

Certa vez mesmo um discípulo de um dos grande Mestres possuía um preconceito muito forte relativo às habilidades da mulher e ao seu lugar na Natureza. Um Ser tão elevado quanto o próprio Senhor Maitreya demonstrou um dia a um grupo de seus trabalhadores como esse preconceito obstaculiza, pelo menos nesse respeito, a inspiração vinda de cima. Ele enviou uma forma-pensamento na direção dos corpos internos do discípulo. Ela de imediato foi automaticamente repelida!

Com freqüência existem preconceitos sobre as coisas mais triviais, e esses têm uma tendência de cegar os olhos do homem aos fatos essenciais e a deformar sua visão das realidades internas, que é só o que importa no mundo dos Mestres e da alma. Uma das grandes atividades de H.P.B. foi tentar destruir esses preconceitos em seus pupilos, assim como ela os destruíra em si mesma, a custo de grande sofrimento para uma natureza refinada e sensível. Tenho ouvido daqueles que a conheceram muitos relatos sobre seus métodos a esse respeito. O Mestre adverte o Sr. Sinnett de seus preconceitos contra pele escura e hábitos não convencionais. Um homem pode possuir ambos e ainda ser, na realidade, o próprio Bayard em termos de honra, altruísmo e pureza. Escrevendo sobre uma jovem mulher na qual estava interessado, mas que estava muito perturbada por algumas ações de H.P.B., o Mestre diz:

> "Com a sua personalidade interferindo tanto em suas idéias da conveniência das coisas, ela certamente não pode compreender nossas ações em nosso plano de vida. Diga a ela com toda a delicadeza que se H.P.B. (como um exemplo)

estava errada na noite anterior – como sempre está, do ponto de vista do Ocidente, – em seus intermináveis impulsos naturais, aparentemente tão rudes e indelicados – ela o fez antes de tudo sob a ordem direta de seu Mestre. Ela nunca pára um momento sequer para considerar a propriedade das coisas quando se trata de levar a cabo tais ordens. Aos seus olhos, a porção civilizada e culta da humanidade, é um pecado imperdoável; aos nossos olhos – i.e., asiáticos incultos – é a maior das virtudes; pois antes que se tornasse um hábito nela, costumava sofrer em *sua* natureza ocidental e realizava tais coisas como um auto-sacrifício de sua reputação pessoal." (*CMS,* Primeira Série, Carta 20)

Preconceitos fomentados e alimentados nos impedirão de tentar fazer como os Mestres instruem na carta acima citada, isto é de:

> "[...] aprender a olhar os homens abaixo da superfície, e não condenar nem confiar nas aparências." (*CMS,* Primeira Série, Carta 20)

2. *Egotismo,* a palavra é derivada do Latim *ego,* "eu"; e é descrita no dicionário como – "a prática de usar a palavra *eu* com muita freqüência; um exagerado amor de si mesmo, levando a pessoa a referir todas as coisas a si mesma e a julgar tudo pela relação que tenha com seus interesses ou importância; auto-exaltação; auto-elogio; presunção."

Pode-se afirmar desde logo que a vasta maioria de nós tem uma boa parte de egotismo em nossa composição, que não necessita ser censurada se não for excessiva. Como o Mestre K.H. disse de um jovem chela:

> "Ele é orgulhoso – mas quem não é?"(*ML,* 234)

Isso deve ser necessariamente mais ou menos assim, com todos nós, até que tenhamos transcendido o corpo causal e rompido a concha da individualidade circundante.

Dentro da periferia do corpo causal, vida após vida, temos estado a estabelecer uma série separada e individual de experiências, criando ali um centro que deverá crescer forte e resistente até quando a seu tempo, a parede protetora for destruída. A mesma coisa tem acontecido nos corpos interiores refletidos, mental, astral e físico. Cada um deles, tanto quanto resistam, são um "círculo de não passagem" ao homem comum. O ego no corpo causal é a sede do princípio da Individualidade.

Na entrada da Senda, na primeira das grandes Iniciações, a consciência do Iniciado é abarcada pelo poder do Mestre e elevada ao plano *Búdico*, o mundo de vida una consciente. O corpo causal no qual ele viveu através de toda a longa série de vidas desaparece então, embora, tão logo sua consciência volte a funcionar nos planos inferiores, um novo ego se forma, igual ao anterior em todos os aspectos. Mas o passado do homem está agora sublimado e armazenado no revestimento *Búdico* em desenvolvimento. Ele transcendeu sua personalidade separada e se tornou 'uno com Deus' e com tudo o que vive. Nas extraordinárias palavras poéticas do Credo de Atanásio, ele se tornou 'Uno; não pela conversão da Divindade em carne; mas pela elevação da Humanidade até Deus.'

Nesse nível, o egoísmo e o autocentrismo não são mais possíveis. Esta é a verdadeira "salvação", a libertação da prisão do pequeno eu e a entrada na corrente que nos levará por fim à realização consciente e plena do grande Eu Universal.

Ora, é da natureza dos três corpos, mental, astral e físico, refletir o sentido do "eu" de forma separatista e pessoalmente possessiva. A forma mais insidiosa dessa tendência ocorre no mais profundo, mais sutil dos três, o corpo mental inferior, e esse é o ponto onde o homem talentoso, que está se elevando acima de seus companheiros em capacidade, provavelmente será testado.

No corpo físico mostra-se como um amor por ver-se cercado de confortos e posses físicas; no corpo astral, como o ardente desejo, sem levar em conta os direitos e as inclinações dos outros, de satisfação passional e emocional. No corpo mental torna-se a óbvia, ou profundamente oculta, tendência à expectativa e apropriação, respeito, adulação e prestígio; para estar totalmente seguro de que seus poderes e capacidades são extraordinários, únicos e indispensáveis e, por conseqüência, ressentir-se vigorosamente contra qualquer aparente falta de apreciação de parte de outros.

Talvez eu tenha colocado a questão de maneira um tanto dura já que em geral, na maioria de nós, no ponto em que nos encontramos agora, esse vício assume formas variadas, como um Proteu, de uma ordem refinada e ilusória. É a 'personalidade' que deve ser sacrificada se a vida superior, de mais ampla utilidade para nós, tiver de ser vivida. Nela floresce 'a gigantesca erva daninha' do egotismo. Como nos ensina *Luz no Caminho*:

> "Procura em teu coração a raiz do mal e arranca-a. Ela vive e medra no coração do discípulo fervoroso, tanto quanto no coração do homem de desejos. Somente o forte pode destruí-la. [...] Aquele que quiser entrar na senda do poder deve arrancá-la do seu coração. [...] Não viva no presente nem no futuro, mas no eterno. Ali não pode florescer esta erva daninha gigantesca; esta mancha sobre a existência é apagada pela própria atmosfera do pensamento eterno".

Os planos do Ego divino no homem não podem sustentar o pensamento separatista, egoísta. A atmosfera de tais planos extermina-o. Como nos ensinou certa vez um grande instrutor, testamos o crescimento da impessoalidade em nosso trabalho observando se a crítica nos irrita, se o ignorar nos fere, se o elogio provoca exaltação, se interrupções provocam aborrecimento, se a maior utilidade de outro nos atormenta.

O sentido da separação, uma enorme exaltação da personalidade, aliado ao total desenvolvimento dos corpos mental, astral e físico, constitui o Mago Negro, o Irmão da Sombra. Faremos bem em implorar e nos esforçar nos estágios iniciais de desenvolvimento para matar a gigantesca erva daninha dentro de nossos corações. 'Comece agora mesmo a praticar isso, e mil serpentes deixarão de cruzar seu caminho'. A humildade é a doce flor da caridade, não é de admirar-se que os Santos cristãos fizessem esforços sem precedentes para alcançá-la. Mas deve-se lutar, orar e sofrer para obtê-la. Pois seu inimigo, o egotismo, pode, e com freqüência o faz, vestir externamente sua roupagem. Como o Dr. J.A. Hadfiels certa vez sabiamente disse: 'A verdadeira humildade consiste não em pensar pouco em si mesmo, mas em não pensar de forma alguma em si mesmo'.

Pela simplicidade, sinceridade e humildade seremos sempre protegidos do mal. O Mestre K.H. escreveu:

> "O mundo move-se e vive sob a mortífera e venenosa *árvore upas* do mal; todavia seu gotejamento é perigoso e pode alcançar apenas aqueles cujas naturezas superior e média sejam tão suscetíveis de contágio quanto a inferior. Suas sementes venenosas podem germinar apenas em solo propício e bem preparado." (*ML*, 353-4)

3. O *orgulho* e a *vaidade* de fato são a conseqüência do egotismo, sendo a vaidade em seu sentido mais deprecatório uma forma de orgulho

menor e mais infantil. Um intelecto realmente grandioso não pode ser vaidoso, mas com freqüência sofre do vício mais arraigado do orgulho. O Mestre K.H. diz sobre uma pessoa assim:

> "Ele é um homem muito justo e superior para ser culpado de pequenas vaidades; mas seu orgulho ascende como o do mítico Lúcifer." (Ib., 20)

Os inimigos do trabalho do Mestre não raro tocam nesta corda da natureza humana. Assim, o Mestre K.H. diz ao Sr. Sinnett em relação a um colaborador:

> "Ele [...] está sob uma influência perniciosa e pode tornar-se seu inimigo. Você faz bem em tentar salvá-lo desta influência, pois ela pressagia infortúnio para ele, você e a Sociedade. Sua grande mente, encantada pela vaidade e incensada pela música de alguém mais fraco, porém mais astuto, está por agora sob o feitiço da fascinação. Você descobrirá facilmente o *poder maligno* que paira por detrás de *ambos* e *os usa como instrumentos* para a execução de seus próprios planos nefastos." (*ML*, 264)

Continuando, o Mestre lhe fala:

> "A planejada catástrofe pode ser evitada através de vigilância redobrada e maior fervor da vontade pura por parte dos amigos de S.B.L." (*ML*, 264)

Mas Ele também previne o Sr. Sinnett de que se o golpe for dado, ainda que a causa sobreviva, o Sr. Sinnett pode não sobreviver.

> "Trabalhe então, se ainda desejar, para evitar o golpe; pois se desferido você não escapará sem ferimentos, por maiores que sejam os esforços do meu Irmão. A causa jamais será destruída ainda que a rocha de Sísifo possa esmagar muitos pés." (Ib., 264)

O Mestre sempre aconselhou paciência e sabedoria ao tratar com membros que sofriam de orgulho ferido, sabendo da devastação que pode ser gerada por causa disso. Assim, Ele diz de uma tal pessoa:

> "[...] enquanto seu próprio adeptado, auto-intitulado, é inteiramente imaginário, apesar de tudo, através da prática insensata de *pranayama* [práticas respiratórias da *Yoga*, C.M.C.] ele desenvolveu a mediunidade até certo ponto – e com isso está marcado por toda a vida. Ele escancarou a porta às influências do lado errado, e encontra-se, daqui por diante, quase impenetrável às do lado certo. Portanto, ele não deve ser julgado impetuosamente como alguém que tenha pecado com total e completa deliberação. Evite-o, mas não o enlouqueça ainda mais, pois ele está mais do que perigoso agora para alguém que é incapaz, como você, de lutar com ele em igualdade de condições. [...] Ele agora está em seus dias de maior vaidade e combatividade – que se estenderão por semanas e talvez meses – durante os quais é capaz de fazer as coisas mais desesperadas [...].
>
> Em relação à sua ligação com os assuntos teosóficos, ele é em grande medida seu *chela*, prisioneiro de sua lança e do seu arco; [...]. Custou-lhe não pouco trabalho atraí-lo e agora você deve tomar cuidado sobre como expurgá-lo antes da hora. Pois você viu, pela correspondência dele, de que malícia ele é capaz e quão diligentemente pode trabalhar para provocar suspeita e descontentamento de forma a centrar interesse e deslealdade sobre si mesmo. A S.T. recentemente atravessou com segurança uma tempestade desencadeada por outro descontente fútil e ambicioso – Dayanand S. –, e se a questão tem sido favorável é porque DS tem memória curta e foi *levado* a esquecer tudo sobre os documentos que publicou. É prudente, portanto, esperar, vigiar, e preparar o material para a defesa futura, quando este novo iconoclasta poderá 'investir contra suas trincheiras'; – se ele algum dia o fizer, o que não está definido até o momento, mas que será praticamente inevitável se ele subitamente fosse denunciado por você. [...] Nenhum de nós deve pôr em risco uma causa cuja promoção é um dever supremo e mais importante do que as preocupações com o eu." (*ML*, 321-2)

Há vários pontos sobre os quais vale a pena refletir na citação acima.

(i) A imaginária posição oculta induzida por certa quantidade de desenvolvimento psíquico.

(ii) O efeito fatal do uso de práticas da *Yoga* sem orientação, particularmente aquelas relacionadas à respiração, as quais podem produzir resultados desastrosos e incuráveis em um estudante não purificado e inexperiente.

(iii) Que estas práticas perigosas são geralmente acolhidas com entusiasmo pela alma movida por ambição espiritual e falta de humildade e paciência.

(iv) Uma vez que tenha sido aberta em nós a porta para influências indesejáveis, tornamo-nos quase impenetráveis às da direção correta.

(v) A raiz do orgulho assume então uma extraordinária combatividade, durante a qual um homem fará coisas das quais seu eu normal seria incapaz.

(vi) Trazer qualquer pessoa para a Sociedade, mais ainda para o conhecimento do Mestre, é tornar-se parcialmente responsável pelo *Karma* de suas ações com relação à S.T. Nesse caso, o Mestre, em palavras omitidas acima, toma isso sob seus próprios ombros uma vez que o Sr. Sinnett agiu sob Suas instruções.

(vii) O membro descontente que lidera a precipitação de crises centraliza o interesse e a deslealdade sobre si mesmo, mitigando assim, ainda que inconscientemente, seu orgulho ferido.

(viii) Um descontente foi levado a esquecer certas coisas. Voltarei novamente a esse fato mais adiante.

(ix) O efeito reacionário de uma súbita denúncia ou expulsão. Isso – observemos – foi antes que o homem se tivesse tornado um inimigo aberto e ativo do trabalho. Não se refere a alguém cuja hostilidade visível e ação maligna são claramente comprovadas.

(x) Nenhuma quantidade de injustiça maliciosa feita a nós deveria nos fazer pôr em risco a Causa, a qual é maior do que qualquer consideração de personalidades, as nossas próprias menos ainda.

A lástima disso é que aqueles que atacam nossos líderes e a S.T. estão freqüentemente convencidos de que têm uma missão especial regeneradora. Eles devem salvar-nos de nós mesmos, conduzir a Sociedade para o caminho correto, purificá-la da escória acumulada. Alguns deles acreditam honestamente que nossos líderes sofrem de auto-decepção e degeneração, que o "Espírito do Senhor" os abandonou, e entrou, talvez, neles próprios. Assim, o Mestre diz do mesmo homem, mais tarde:

"Suas visões cerebrais lhe têm sempre apontado a imagem de um novo Regenerador da Humanidade no lugar dos 'Irmãos', que ele descobriu serem ignorantes e estarem envolvidos com magia negra. [...] E assim o Demônio – a Vaidade – que o arruinou, está arruinando nosso amigo de outrora e preparando-o para desferir ataques contra nós e a S.T. muito mais selvagens do que os dos Swamis." (*ML*, 326)

E por último, ainda mais tarde:

"Nosso ex-amigo – agora inteiramente nas mãos dos Irmãos da Sombra." (*ML*, 332)

Talvez, neste ponto, antes de prosseguirmos para considerar a forma como os vícios acima mencionados fazem procriar, nas mentes de seus possuidores e de outros, as atmosferas de dúvida, suspeita e desconfiança paralisantes, será pertinente analisar os métodos usuais empregados pelos Irmãos da Sombra no sentido de usar o preconceito, o egotismo e a vaidade dos homens para realizar seus fins abomináveis, especialmente dentro dos quadros de nossa S.T.

(iii) Os Métodos de Ataque dos Poderes das Trevas

Esses ataques, é claro, dão-se sempre através dos indivíduos a quem eles podem influenciar e, como mostrado acima, principalmente através do lado egoísta dessas pessoas. Com a evolução especial do corpo mental no Ocidente neste momento, esse é um ponto particularmente vulnerável ao ataque. Assim, o Mestre K.H. diz:

"Oh! século de vaidade e obscuridade mental!" (Ib., 277)

Seu método comum de ataque é, portanto, apoderar-se desta fraqueza em um membro proeminente e influente. Tentarão, acima de tudo, se possível, atacar um membro da Fraternidade, ou um discípulo que está se aproximando da Iniciação, pois o efeito maléfico da queda de tal pessoa é muitíssimo maior do que a de um membro comum.

Algumas pessoas que perguntarão como é possível que tais homens caiam sob a influência dos poderes das trevas, mas devemos lembrar que o discípulo, e mesmo o iniciado, não são ainda perfeitos e podem ser desviados se não mantiverem atenção firme em seus pontos fracos.

O discipulado não é brincadeira de criança. É uma tremenda e rigorosa realidade, que não deve ser invocada ou iniciada levianamente, sequer na região do intenso desejo por ele. Na medida em que cresce em capacidade e poder, o discípulo torna-se cada vez mais objeto de ataque insidioso; mas, ao mesmo tempo, ele tem o poder do Mestre por trás de si se nele se concentrar e se mantiver vigilância constante e firme sobre seu eu inferior. Assim, o Mestre K.H. diz:

> "Não anseie pelo discipulado; não o persiga, os perigos e as adversidades dele lhe são desconhecidos. [...] O discipulado desvela o homem interno e faz vir à tona tanto as virtudes como os vícios adormecidos. O vício latente gera pecados ativos e é seguido freqüentemente pela insanidade. [...] Seja puro, virtuoso e tenha uma vida santa e você será protegido. Mas lembre-se, aquele que não é puro como uma criancinha fará melhor em deixar em paz o discipulado." (*CMS*, Primeira Série, Carta 9)

Em geral, é após a Segunda Iniciação que ocorre o ponto de perigo sobre a própria senda, pois depois disso há um grande estímulo e expansão do corpo mental, e nem mesmo o Mestre pode estar completamente seguro sobre a maneira como as forças e faculdades latentes irão desenvolver-se quando despertadas. É raro que alguém assim possa cair, mas isso de fato ocorre ocasionalmente. Alguns podem perguntar-se por que o seu Mestre não evita a queda, mas nunca é esse o método do discipulado. Como assinalado anteriormente, o Mestre estimula, auxilia, encoraja, nutre Seu discípulo, mas não o protege das conseqüências de seus próprios erros e tolices.

Podemos entender um pouco os resultados desastrosos dos Poderes Negros quando obtém a queda de um Iniciado se nos lembrarmos de que tal pessoa é parte de uma grande Alma-grupo. Seus pensamentos, desejos e ações são compartilhados por cada membro da Fraternidade e ele pode ser usado no trabalho por qualquer Irmão superior em grau, para fazer avançar qualquer departamento de Seu trabalho.

A queda de um Iniciado, portanto, significa que uma sensação de sofrimento atravessa toda a consciência una da Fraternidade, e ainda que os princípios superiores desse que caiu sejam sempre parte daquela Fraternidade, os princípios inferiores são rompidos para o restante da encarnação.

Com essa ruptura virá a perda de toda a memória das experiências superiores, e tal personalidade será de fato, daí em diante, alguém de quem o Espírito do Senhor desligou-se.

O mesmo processo será seguido pelo inimigo tanto com o menos evoluído quanto com o mais altamente desenvolvido. Um pouco de orgulho ferido, um pouco de vaidade não reconhecida, um pouco de intolerância pessoal ilusória e, portanto, desejo impuro: um preconceito arraigado, alimentado e apegado, paulatinamente esses podem tornar-se o poder que abate o homem e destrói sua real utilidade.

Uma vez que se estabeleça a apropriação de um ponto fraco de um indivíduo, inicia o processo do desvio, desvirtuamento e falso engrandecimento. Por fim é perdido todo o senso de proporção, equilíbrio, decência e justiça.

O poder de 'fascinação' que os Poderes Negros possuem é pouco compreendido ou considerado por nós. Suas vítimas geralmente estão persuadidas de que foram chamadas a uma missão especial de reforma. (Naturalmente não pararam para considerar se são de fato pessoas grandes o suficiente para serem confiadas a tais objetivos.) Seja pela sua própria sugestão, ou através da hábil sugestão de outros, tornam-se convencidos de que são pessoas especiais, tidas, por muitas outras, como líderes.

Algumas vezes a deslealdade e a desarmonia resultam da pura vaidade humana de um indivíduo. E quando isso ocorre com um membro muito dotado e influente, especialmente se ele for psíquico e tiver plena certeza de que está certo, de que seu próprio julgamento é infalível; se for ainda assim sincero e bem intencionado, mesmo que dentro de limites estreitos, e talvez mais ansioso de ser bom e inspirar a outros do que ser inspirado e alcançado, então certamente podem ser esperados problemas para essa pessoa e em volta dela. Tal pessoa, muito promissora e plena de possibilidades, que nunca alcançou as esperanças que outros anteriormente depositaram nela, é descrita pelo Mestre K.H.:

> "Sua clarividência é um fato, sua escolha e discipulado, outro. Mesmo que psíquica e fisiologicamente apropriada para corresponder a tal escolha, a menos que possua um altruísmo espiritual, bem como físico, um chela, seja escolhido ou não, deve perecer como chela com o passar do tempo. [...] Mas há pessoas que, sem nunca terem demonstrado qualquer sinal de egoísmo, são intensamente egoístas em suas aspirações espirituais interiores. Estas seguirão o caminho uma vez escolhido

> por elas, com os olhos fechados aos interesses de todos, menos os seus, e nada verão fora do estreito caminho preenchido com sua própria personalidade. Estão tão intensamente absorvidas na contemplação de sua própria suposta "integridade" que nada pode parecer correto a elas fora do foco de sua própria visão distorcida por sua contemplação autocomplacente e seu julgamento do certo e do errado. [...] Ela também se tornaria um chela – primeiro e acima de tudo, para escrever livros, eclipsando assim seu rival "leigo", ou perturbando toda a impostura com a qual não se preocupa. [...] Apenas ela é boa e pura. Todos os outros devem e deveriam ser suspeitos." (*ML*, 353-5)

Mais freqüentemente outros tiram proveito e promovem a fraqueza original, reforçada pelas forças obscuras por detrás. Assim, mesmo no caso do Sr. Sinnett, o Mestre diz de uma de suas cartas que ela:

> "[...] nunca foi escrita por você. Realmente foi escrita por alguém, naquele tempo, inteiramente sob a influência de Attavada –
>
> O pecado do Eu, que no Universo,
> Assim como em um espelho, vê sua querida face refletida
>
> – *e somente ela*; em cuja cada palavra implicitamente confiava então." (*ML*, 352)

EsSa carta, diz o Mestre, era

> "[...] baseada inteiramente nas hábeis insinuações de sua futura sibila." (*ML*, 353)

Que deveríamos estar prevenidos disso está claro. O Mestre diz de alguém:

> "[...] sua mente estava sendo rapidamente desordenada e tornada inútil como um instrumento oculto. Falsos instrutores estavam tomando-a sob seu poder e falsas revelações enganando-a e àqueles que a consultavam." (Ib., 318)

Sabemos muitas coisas sobre os pretensos instrutores e suas revelações, pois são muitos e variados. O que alguns de nós não entenderam é que a maior ilusão de todas vem de um Irmão da Sombra posando de Irmão da Luz, para enganar, se puder, até mesmo "o escolhido", e, portanto, ser capaz de distingui-lo da Realidade sublime é um dos "testes" preliminares para o candidato à Iniciação.

Os ataques ocorrem sobre linhas bem reconhecidas.

(a) Ataques sobre o caráter dos líderes, sua *bona fide* ou sua moral, no sentido de lançar descrédito sobre o movimento e enfraquecer a confiança e a lealdade dos membros.

(b) Mal-entendidos públicos e ataques a partir de fontes religiosas e políticas.

(c) O crescimento de movimentos insidiosos e separatistas dentro da Sociedade, geralmente centrando-se em torno de uma personalidade eminente.

Consideremos cada um a sua vez. Com relação ao primeiro ponto mencionado, é bom lembrarmo-nos de que sempre foi, desde tempos imemoriais, a principal arma de ataque contra o Instrutor-do-Mundo. Durante Sua última missão pública sobre a terra, Ele foi acusado de ser um glutão, um beberrão de vinho, um companheiro de taberneiros e prostitutas, um agitador político, um subversivo da lei e da ordem estabelecida, um colaborador dos Poderes Negros.

Na história de nossa Sociedade ninguém foi tão difamado, malcompreendido, desfigurado, ofendido, e atraiçoado em sua vida, quanto os dois Fundadores originais da Sociedade, especialmente H.P. Blavatsky. Pense nas evidências forjadas, falsas e covardes preparadas para instigar, e nos subornos dos missionários cristãos contra ela, por alguém a quem ela havia amparado e salvado da penúria total. Pense nos muitos que de amigos tornaram-se amargos inimigos. Pense nas difamações de seu bom nome, que em determinado período chegou a tal ponto que o Coronel Olcott persuadiu-a a obter um atestado médico para certificar que ela nunca gerou um filho.

Por que foi lançada tanta imundice sobre sua alma corajosa e pura? Porque ela era um membro da Fraternidade, uma discípula sobre a Senda, a Senda da extraordinária tristeza, mas também da extraordinária alegria.

> "Lembre-se de que o primeiro requisito, mesmo para um simples faquir" – escreveu o Mestre K.H. –, "é que ele deveria ter treinado a si mesmo para permanecer tão indiferente à dor moral quanto ao sofrimento físico." (*ML*, 221)

E ela nunca contestou. Nem nunca qualquer discípulo contestará. Porque é uma lei do mundo ao qual eles pertencem, que não devem nunca defender-se, nem usar qualquer poder que possam possuir para auxiliar ou salvar a si mesmos. Isso, mais uma vez, é nitidamente aparente na vida de Cristo. Quando Ele foi acusado, não 'abriu Sua boca'. E Ele, que produziu milagres para auxiliar e curar, foi alvo do escárnio do povo ignorante, na cruz com as palavras, 'Ele salvou outros; a Si mesmo não pode salvar.'

Portanto o Mestre M. escreve:

> "Meus votos de Arhat foram pronunciados, e eu nem posso buscar por revanche nem auxiliar outros a obtê-la. [...] Mas nós temos defesa e ela (H.P.B.) tem direito a isso. Ela deve ser defendida e totalmente vindicada." (*ML*, 249)

Isto é, outro pode e deveria defendê-la. Mas o discípulo, se for necessário, deve renunciar de bom grado a tal ajuda. O Mestre K.H. cita as palavras do Senhor Buda:

> "Oh! Bikkus e Arhats - Sede amistosos para com a raça dos homens – nossos irmãos! Sabei todos, que aquele que não sacrifica sua única vida para salvar a vida de seus companheiros; e aquele que hesita em oferecer mais do que a vida – seu nome justo e honrado para salvar o nome justo e honrado dos muitos, é indigno do destruidor de pecados, imortal e transcendente Nirvana." (Ib., 381)

Não é a ofensa pessoal, mas o efeito sobre o trabalho para o qual suas vidas e corações foram doados que mais fere. Isto alquebrou o grande coração de H.P.B. e causou-lhe a morte prematura. Pois uma campanha virulenta contra o caráter de nossos líderes não pode ser levada adiante sem injuriar o trabalho. O Mestre observou isto no caso de H.P.B., como está claro a partir de suas palavras:

> "Digo então que é a difamação e a ofensa aos fundadores, a má compreensão geral das metas e dos objetivos da Sociedade, que paralizam seu progresso – nada mais." (*ML*, 248)

Noutra ocasião, Ele diz que agora não é possível comunicação regular entre Ele e o Sr. Sinnett, devido a muitos impedimentos:

"[...] o maior sendo a má interpretação pública sobre os Fundadores." (Ib., 253)

Não é de se admirar que as vezes, no sentido de que o trabalho não seja temporariamente impedido, um grande trabalhador que tenha sido atacado retire-se por algum tempo. Nos primeiros tempos os Próprios Mestres Sagrados foram cobertos de ofensa ignorante. Assim, o Mestre K.H. escreveu:

> "Você tem minha explicação. Ao solicitar-lhe para guardar segredo tinha em mente apenas a recusa de certos detalhes que, em sua ignorância do processo científico, você e meus opositores objetariam, fazendo deles um protesto para ridicularizar as ciências ocultas e finalmente acusar a mim com toscas mentiras e a você, de credulidade ou 'culto-de-herói' [...] Mas se você está preparado para suportar o fogo da negação furiosa e da crítica adversa, faça de minhas cartas e explicações o melhor que puder... Eu não tornaria 'a propagação da teosofia' impedida por minha causa e para salvar meu nome de alguns golpes extras." (*ML*, 422-3)

Mais tarde, durante um certo período, os Adeptos retiraram-se de todo o contato externo e público com a Sociedade. Como se viu, felizmente esse foi restabelecido. E, por fim, os Mestres restringiram a atividade de H.P.B. a esse respeito. O Mestre K.H. escreve:

> "É-lhe (H.P.B.) permitido que se retire por três razões (1) desconectar a S.T. de seus fenômenos que agora tentam apresentar como fraudulentos; (2) auxiliá-la (a Sociedade) através da remoção da causa principal do ódio contra ela; (3) tentar restaurar a saúde do corpo, de forma que possa ser usado por mais alguns anos." (*ML*, 320)

A segunda cláusula leva-me à consideração do efeito mais sinistro e doloroso dos métodos de ataque por aqueles influenciados pelas forças obscuras; i.e., a malignidade extraordinária e sem precedentes freqüentemente demonstrada. Essa é uma evidência em si mesma da natureza da influência oculta por detrás. O Mestre K.H. diz ao Coronel Olcott:

"A malignidade diabólica que transpira em sua carta vem diretamente dos Dugpas os quais provocam sua vaidade e cegam sua razão." (*ML*, 365)

(iv) A Rotina Comumente Seguida

Esta disposição de espírito tem sempre seguido uma rotina de procedimento monotonamente familiar para os mais antigos de nós na sociedade. São os seguintes os pontos do curso que seguem:

1. Enviando circulares persistentemente para as Lojas e os indivíduos. Tivemos grande campanhas deste tipo nos últimos anos as quais devem ter custado a algum indivíduo ou indivíduos centenas de libras. Pudessem eles ter usado este dinheiro em uma causa melhor! Mas podemos ser filosóficos sobre isso, quando lembramos que já em 1883 o Mestre K.H. escreveu sobre alguém:

> "que agora passa seu tempo escrevendo cartas para os teósofos de Londres e aos candidatos à filiação – com o objetivo determinado de lançar cada místico no Ocidente contra a Fraternidade de 'ateístas, hipócritas e feiticeiros'." (*ML*, 326)

A história repete-se a si mesma, mesmo conosco!

2. Pretensamente salvar a Sociedade do desastre. Este é um engano muito comum – e em alguns casos honesto – daqueles que tentam destruir nosso trabalho.

O Mestre M. escreveu sobre alguém:

> "Permitimos que ele, sob o bom pretexto de salvar a situação com os teósofos ingleses, discutisse sua animosidade contra nós no órgão de nossa Sociedade e desenhasse nossa imagem com o pincel molhado na bílis da insolência." (Ib., 266)

3. Principalmente no interesse da moralidade.

Aqui gostaria de parafrasear a conhecida exclamação de Madame Roland em seu caminho para a guilhotina. 'Oh! moralidade! Que ações são cometidas em teu nome!'

Com tais mentalidades deturpadas, é de se surpreender que suas noções de 'honra' fossem igualmente degeneradas? Que uma promessa e uma palavra solene seriam de bom grado quebradas e o fato glorificado? Mas tudo isso aconteceu antes. Como o Mestre escreveu:

> "E este é o homem que empenhou outro dia sua palavra de honra de que nunca iria ferir a Sociedade, seja qual fosse sua opinião sobre nós pessoalmente!" (*ML*, 375)

Não é de se admirar que o Mestre K.H. exclame mais tarde:

> "Honra! Que noções curiosas, tão curiosas, vocês parecem ter sobre esta idéia sagrada!" (Ib., 441)

E novamente:

> "Oh! vós, ocidentais, que se orgulham de vossa moralidade!" (Ib., 266)

4. Algumas vezes reforçando assuntos com 'confissões', reais ou espúrias.

O Mestre escreveu sobre alguém que tinha tido grandes privilégios e virou-se contra Eles:

> "Nenhum asiático jamais parece ser afetado pelas investidas egoísticas do Sr. [...] contra nós, mas essas investidas e críticas que os leitores europeus aceitarão como uma revelação e uma confissão, sem nunca suspeitar de onde vieram e que sentimento profundamente egoístico o tenha gerado – essas investidas são calculadas para causar um grande dano – em uma direção que você até agora sequer sonhou." (*ML*, 240)

Uma carta recente, dessa natureza, causou imenso dano entre aqueles que não possuem a intuição de perceber sua origem. Aquele que a escreveu estava inteiramente sob influência sinistra, daí sua aparente sinceridade, pois, como o Mestre K.H. escreveu, no que diz respeito a uma carta similar anos atrás, que enganou muitos bons trabalhadores porque falou 'da S.T. e dos Adeptos com, aparentemente, tão genuína devoção etc., etc.,':

> "Um falsificador 'oculto', um *dugpa*, teria forjado a carta precisamente neste tom ele nunca seria culpado de deixar-se levar por seu ressentimento pessoal, de forma a destituir sua carta de sua característica mais brilhante. A S.T. não seria mostrada por ele 'como uma superestrutura baseada em fraude' e dar 'a impressão exatamente contrária' é que *é* sua meta." (Ib., 412)

Mesmo para Seu amigo, o Sr. Sinnett, o Mestre dá uma palavra de advertência aqui, pois Ele lhe diz:

> "[...] você [...] meu amigo, influenciado por ele nisso mais do que sabe ou suspeita [...]."(*ML*, 240)

5. Ou afirmando que os Mestres de Sabedoria desejam que eles façam este trabalho.

Se psíquico ou sob a influência de um psíquico, esta pode ser uma crença genuína, pois é um fato conhecido que os inimigos do progresso humano personificam nossos Mestres no plano psíquico. Algumas vezes a convicção surge dentro da própria consciência do homem, outras vezes ele próprio não está tão convencido, mas faz a afirmação para reforçar sua influência. Portanto, o Mestre K.H. escreveu sobre duas pessoas desse tipo que nos deixaram e trabalharam contra nós:

> "Que Sociedade poderia resistir em sua integrabilidade os efeitos de duas línguas tais como aquelas de Messrs H. e de L.F.! Enquanto o primeiro toma sob sua confiança todo o teósofo notável, assegurando-lhe que desde o início da Sociedade nenhuma das cartas alegadas de terem vindo dos Mestres era genuína, o Sr. L. Fox segue pregando que está apenas realizando os desejos do Mestre (M.) ao informar os teósofos de todos os defeitos da S.T. e dos erros de seus Fundadores cujo *Karma* é o de trair a sagrada confiança que receberam de seus Gurus." (*ML*, 356-7)

Mas o que o Mestre pensa sobre tal uso impróprio de Seu nome evidencia-se no que segue:

> "[...] a maldade causada por seu amigo e nosso simpatizante, o qual, enquanto denuncia meu Irmão, meu mais que

> amigo (o Mestre M.), como ladrão, covarde, mentiroso e a encarnação da baixeza, insulta-me com palavras de louvor compadecido, as quais pensa que sou traidor o suficiente para aceitar o imbecil o bastante para não pesar seu valor." (*ML*, 326)

Não podemos aceitar o Mestre e recusar Seu discípulo, ou Seu Irmão, pois, Ele diz:

> "A ingratidão não está entre nossos vícios." (*ML*, 9)

6. Em alguns casos realmente forjando tais documentos, confissões ou ordens.

Isso foi muito usado em ataques à H.P.B. e mais tarde à Dra. Annie Besant. Tem sido um método imemorial do inimigo por séculos. Como o Mestre K.H. adverte o Sr. Sinnett:

> "Eles podem tentar abalar sua confiança ainda mais do que já o fizeram com pretensas cartas alegadas de terem vindo do laboratório de H.P.B., e outros, ou com documentos forjados mostrando e confessando fraude e planejando repeti-lo. Isso tem sido sempre assim. Aqueles que têm observado a humanidade através dos séculos deste ciclo têm visto repetir-se constantemente os detalhes da luta mortal entre a Verdade e o Erro. Alguns de vocês, teósofos, estão agora apenas feridos em sua "honra" ou seus bolsos, mas aqueles que empunharam a tocha nas gerações precedentes pagaram a penalidade com suas vidas por seu conhecimento." (*ML*, 317-18)

E isso não acontece apenas dentro dos quadros da S.T., mas no mundo como um todo, e foi feito muito amplamente nos primeiros dias da Igreja cristã.

7. Deturpação pública e ataque a partir de fontes religiosas e políticas.

Deve-se compreender aqui que a genuína espiritualidade da igreja ou integridade de um movimento político não pode ser usada dessa maneira, mas todos sabemos que em ambos, tanto na Igreja quanto na política, há muitos com caráter impuro e tendências que não pertencem a seus lados superiores. No início a Igreja foi uma inimiga mais amarga da Sociedade do que o é agora. Muitos dos sacerdotes e membros da Igreja mais caridosos e de mentes mais abertas vieram a respeitar e algumas vezes a aprovar os ensinamentos e as atividades teosóficas. Mas nos primeiros tempos não era assim. No tempo dos problemas dos Coulomb, no final do Séc. XIX, foram os círculos da Missão cristã, auxiliados pela imprensa, que quase destruíram a S.T., e, deve-se acrescentar, através de meios bastante abomináveis tais como o suborno e a confecção de evidências falsas, de forma que mesmo o comissário da Sociedade para Pesquisas Psíquicas, Sr. Hodgson, como diz o Mestre:

> "[...] caiu muito facilmente como vítima da falsa evidência." (*ML*, 356)

Ele escreve ao Sr. Sinnett:

> "A estas alturas você já deve ter entendido, meu amigo, que a tentativa centenária feita por nós para abrir os olhos do mundo cego – praticamente fracassou: na Índia – parcialmente na Europa – com poucas exceções – em absoluto. Há apenas uma chance de salvação para aqueles que ainda acreditam: unirem-se e enfrentarem a tempestade com coragem. Que os olhos dos mais intelectualizados entre o público estejam abertos para a abominável conspiração contra a Teosofia que está sendo realizada nos círculos missionários e em um ano você terá ganho sua recompensa. Na Índia é assim: 'ou Cristo ou os Fundadores(!!) Vamos apedrejá-los até a morte!'." (*ML*, 356)

Creio que posso entender os pontos de exclamação do Mestre, pois o Fundador da Fé Cristã é um grande Adepto com o qual o Mestre K.H. está em constante comunicação e ao qual Ele dedica imensa reverência e amor. A tempestade foi tão maléfica à S.T. que o clima de então pode ser observado em outra passagem de uma carta do Mestre M.:

> "Para sua primeira questão – há pouco a responder: 'você pode fazer alguma coisa para auxiliar a Sociedade?' Quer que fale francamente? Bem, eu digo Não: nem você nem o próprio Senhor Sang-yias poderiam ajudá-la – enquanto não se

provar perfeita e inegavelmente que a posição duvidosa dos Fundadores é devida à diabólica malignidade e à intriga sistemática. Esta é a situação tal, como a encontrei, como ordenada pelos chefes. Leia os jornais – todos exceto em dois ou três; a 'querida velha senhora' é ridicularizada quando não positivamente difamada, Olcott é atacado por todos os cães infernais da imprensa e das missões. Um panfleto entitulado 'Teosofia' impresso e distribuído pelos cristãos em Tinnevelly em 23 de outubro no dia da chegada de O. (Olcott) lá com os delegados budistas – um panfleto contendo o artigo da *Saturday Review* e outro sórdido – pesado ataque por um jornal Americano. O C. e o M. de Lahore raramente perdendo um dia sem fazer algum ataque e outros jornais reimprimindo-os, etc., etc. Vocês ingleses têm suas opiniões – nós as nossas próprias sobre o assunto." (*ML*, 251)

As mesmas forças causaram mal-entendidos em relação ao trabalho político da Dra. Annie Besant na Índia e promoveram seu afastamento.

(v) O Crescimento de Movimentos Insidiosos e Separatistas dentro da Sociedade

Sempre será verdadeiro que o mundo exterior ignorante nunca poderá ferir-nos tanto quanto nós podemos ferir a nós mesmos. Deslealdade, desunião, 'facções', dentro de nossos próprios quadros são infinitamente mais perniciosos. Posso ser acusada de 'caçadora de heresias'. Que seja. Para mim há uma grande diferença entre discordâncias amistosas, honestas, sinceras, e a formação de grupos hostis, geralmente centrados em torno de uma forte personalidade, que perseguem seu próprio caminho de desenvolvimento ou política com pouco ou nenhum reconhecimento de nossos líderes autorizados.

É uma coisa desprezível dizer que a Sociedade é deficiente nisso ou naquilo e formar escolas e editoras próprias. Por que não dar nossa cota sinceramente e de boa vontade para a Sociedade que nos trouxe a Luz? Fizemos realmente tudo o que pudemos em prol daquelas escolas e instituições que nossos líderes já iniciaram? Tais aventuras privadas invariavelmente causam divisão e por fim separação.

A única coisa justa e correta a fazer quando qualquer um de nós descobrir que não pode mais confiar na Sociedade é deixá-la, silenciosamente e de bom grado. Tal curso é o único honrado e que pode ser respeitado e compreendido. Permanecer e semear a desarmonia, a desunião e a desconfiança através de meios abertos ou encobertos, é agir como o mais medíocre dos homens.

(vi) As Sementes Paralizantes Semeadas

Cheguei agora às três sementes paralizantes que tal ação, acima descrita, introduz naqueles membros que são tão inexperientes ou cuja intuição é nublada, isto é, repleta de dúvida seguida pela suspeita e pela desconfiança.

A dúvida realmente significa a hesitação entre duas submissões. Vem de uma raiz que significa 'dois' e sabemos que 'nenhum homem pode servir a dois senhores', ou tentar servir e ser feliz, saudável e santo, o que significa 'completo', unidirecionado ou sincero.

Alcançamos afinal a realização de Deus através do unidirecionamento e da sinceridade, de forma que nosso olho interior seja 'simples', todo nosso corpo tornando-se 'pleno de luz'. 'O homem dividido mentalmente é instável em tudo que faz'.

Daí por que, em Ocultismo acima de tudo, uma submissão sincera ao instrutor, 'uma vez que tenhamos depositado nossa confiança nele e acreditamos que possua a Verdade' (para nós, sobretudo), é uma condição indispensável para o progresso. Assim, o Mestre K.H. diz:

> "Não duvide, pois a dúvida pela sua própria natureza enerva e atrasa o progresso pessoal." (*ML*, 264)

Em *A Voz do Silêncio* é dito: 'Acautela-te contra a inconstância! Porque a inconstância é tua grande inimiga. Essa inconstância lutará contigo, afastar-te-á, atirar-te-á para fora do caminho que trilhas, para dentro de pântanos viscosos de dúvida.' O Mestre K.H. certa vez escreveu a alguém hesitante:

> "Tome cuidado [...]. A dúvida é um câncer perigoso. Começa-se por duvidar de um *pavão* e termina-se duvidando de – Koot Hoomi." (*CMS,* Primeira Série, Carta 15)

Quanto desserviço prestamos, portanto, quando lançamos o germe venenoso da dúvida em outra mente. Se a temos nós próprios, pelo menos abstenhamo-nos de espalhar a doença; mas é bem isso que aquele que duvida geralmente não faz.

A mente que não é pura e estável pode tornar-se um solo fecundo para tais sementes venenosas serem semeadas, pois:

> "A desconfiança e o preconceito são contagiosos." (*ML*, 421)

Uma vez que o veneno da dúvida tenha entrado na mente, ela estará predisposta a ver o mal onde talvez ele não exista: a acreditar em mentiras e meias verdades sutilmente apresentadas. Portanto, escrevendo sobre uma certa passagem em uma carta forjada, o Mestre K.H. diz:

> "Esta parte lança uma impressão tão forte de fraude tosca sobre sua face, que poderia enganar apenas alguém cuja mente já estivesse bem preparada para ver fraudes [...]." (Ib., 413)

E o Mestre M. refere-se a outros que duvidam, na Loja de Londres:

> "[...] que acreditam em puras mentiras e suspeitarão de fraude onde não há tal intenção." (Ib., 426)

E assim, a dúvida conduz à suspeita e à desconfiança.

Escrevendo a um membro que estava prestes a tornar-se um amargo inimigo da Sociedade e seu trabalho, o Mestre K.H. diz:

> "Você permitiu que sua mente se tornasse gradualmente cheia de odiosas dúvidas e suspeitas as mais insultantes" (*ML*, 209)

e Ele o lembra de uma advertência anterior:

> "[...] você encontraria sua mente envenenada." (Ib.)

A suspeita agita a imaginação e quando é abrigada na mente constrói as superestruturas mais convincentes e elevadas sobre o mais frágil, ou nenhum, fundamento. Portanto o Mestre K.H. escreveu:

"A imaginação tanto quanto a vontade – criam. A suspeita é o mais poderoso agente provocativo da imaginação." (*ML*, 215)

O Mestre diz que a suspeita é:

"[...] uma pesada armadura, e com seu próprio peso *impede mais do que protege.*" (Ib., 349)

Tão generalizado tornou-se este quadro mental em muitas sedes, durante os primeiros tempos, que o Mestre K.H. diz:

"A suspeita seguida pela convicção auto-engendrada da fraude parece ter se tornado a ordem do dia." (*ML*, 360)

(vii) Por que um Ocultista não Revida quando Atacado

Algumas vezes certos membros argumentam que os Mestres ou seus discípulos deveriam apresentar provas para combater as suspeitas e desconfianças. Quando o Sr. Sinnett aventurou-se a citar as palavras de Bacon de que "nada há que faça um homem suspeitar mais do que o pouco conhecimento" Ele respondeu:

"Não nos é permitido – aconteça o que acontecer, oferecê-lo como um remédio ou para curar as pessoas da suspeita." (*ML*, 349)

Penso que a regra oculta aqui se fundamenta sobre o conhecimento muito profundo da natureza humana. O homem que duvida de forma inveterada não é auxiliado por provas aparentes apresentadas a ele. Elas podem minorar as dúvidas por um momento, mas essas irão surgir novamente em formas mais sutis e obscuras. Como disse o Mestre K.H. sobre tal pessoa:

"Um ponto arrazoado e explicado apenas o conduziria a outros pontos ainda mais obscuros que sempre surgem em sua mente suspeitosa e inquieta." (*ML*, 398)

Isso não nos lembra da alegoria de Dives e Lázaro e da resposta ao argumento de Dives no inferno, de que Lázaro deveria ser enviado para aconselhar seus irmãos – 'Nada irá persuadi-los ainda quando haja de ressuscitar alguns dos mortos'? (Lucas, XVI, 31).

Antes de encerrar esta seção, analisemos algumas questões que ocasionaram discussão e dúvida, sobre as quais as cartas de nossos Mestres lançam luz.

(viii) A E.E.

Parece haver surgido em algumas sedes uma atitude irracional e infundada em relação à E.E.* – o corpo interno esotérico da S.T. Reivindica-se que é dirigido de forma autocrática, e usado para fins políticos e nefrários. Como membro deste corpo desde 1908 posso desde logo dizer que isso não é de modo algum verdadeiro.

Nos dias iniciais da vida da Sociedade, ela foi organizada pelo Coronel Olcott em três Seções: a Primeira Seção consistia dos Mestres de Sabedoria e seus pupilos (chamados de chelas naquele tempo); a Segunda Seção era composta de estudantes esotéricos, obrigados à lealdade a seus instrutores e a um certo modo de vida; a Terceira Seção era composta de membros em geral da S.T. Está claro que os Mestres reconheceram esta classificação, a partir de Sua referência a isso nas cartas. O Mestre K.H. refere-se a:

> "[...] nosso bravo Coronel, ansioso em reunir para sua Sociedade toda prova corroborativa dos poderes ocultos do que ele denomina a Primeira Seção." (*ML*, 19)

---

* Há uma Escola Esotérica ligada à Sociedade Teosófica na qual podem ingressar, se assim o desejarem, aqueles que sejam membros da Sociedade Teosófica por um certo tempo, preenchendo as condições requeridas. A Escola Esotérica existe para os que desejam viver verdadeiramente a vida teosófica, e não apenas estudar Teosofia e assuntos correlatos. A sabedoria vem para aqueles cujas mentes são capazes de recebê-la. Os membros da Escola Esotérica preparam-se para uma vida de pureza e autodisciplina para se tornarem dignos de recebê-la. Ninguém, na Sociedade Teosófica, tem a obrigação de ingressar no Caminho da virtude e do altruísmo que leva à sabedoria e à verdade, mas aqueles que estão na Escola Esotérica voluntariamente aceitam as sérias obrigações dos que querem trilhar a Senda. (*Aprendendo a Viver a Teosofia,* Radha Burnier, Brasília, Ed. Teosófica, 2007. p. 197). (N. ed. bras.)

Ninguém é convidado a se tornar um membro da Segunda Seção, a E.E., nem deveria alguém jamais pressionar outro a fazê-lo, pois isso estaria em flagrante contradição com os princípios da Ordem. Dentro da Ordem, não é empreendido qualquer desenvolvimento especial de poderes psíquicos, nenhuma promessa é feita. O estudante é auxiliado a obter controle e a purificar seu caráter; e seu próprio *Karma* passado e esforços presentes determinam a distância que o separa dos Grandes Instrutores. Mas a vida da Segunda Seção, se vivida fiel e humildemente, torna-se o caminho direto a seus Pés, e que o Mestre sempre reconheceu isso, como está claro a partir das seguintes palavras do Mestre M.:

> "Eu ficaria agradecido se o Sr. Sinnett disser a todos aqueles que possam dirigir-se a ele com similares pretensões (i.e., corresponder-se com os Mahatmas, C.M.C.) o que segue: Os 'Irmãos' desejam que eu informe a todos vocês, nativos, que a menos que um homem esteja preparado para tornar-se um teósofo completo, i.e., fazer o que D. Mavalankar fez – abandonar inteiramente a casta, suas velhas superstições e mostrar-se um verdadeiro reformador (especialmente no caso do casamento de crianças) ele permanecerá apenas um membro da Sociedade, sem esperança alguma de ter notícias nossas. A Sociedade, agindo nesse sentido diretamente e de acordo com nossas ordens, não força pessoa alguma a tornar-se um teósofo da Segunda Seção. É deixado consigo e a sua escolha. É inútil para um membro argumentar 'Levo uma vida pura, sou abstêmio e não como carne ou tenho vícios. Todas as minhas aspirações são para o bem, etc.' se ao mesmo tempo estiver construindo através de suas ações e atos uma barreira intransponível no caminho entre ele e nós. [...] 'Aqueles que acreditaram em nós e nos seguiram tiveram sua recompensa'." (*ML*, 455)

Ainda que na primeira parte deste livro eu tenha dado uma resposta a uma questão freqüentemente repetida do motivo pelo qual alguns discípulos de nossos Mestres vêm dos quadros da S.T., e não dos bons e puros fora dela, há uma passagem na mesma carta que lança luz adicional nesse assunto. Traremos aqui, antes de tudo, a definição nas Escrituras budistas dos quatro caminhos através dos quais um homem pode ser conduzido a entrar na 'Senda'.

1. Através da companhia daqueles que já entraram.

Isso é fácil de entender; a presença contínua do mais forte, da vida mais evoluída, é estimulante para a mais jovem. Mas é bom lembrar-se de que a Sociedade, em sentido muito menor, tem de alguma maneira o mesmo efeito, pois, como qualquer outro corpo de pessoas, ela tem seu próprio 'campo magnético'.

2. Por escutar ou ler sobre o assunto.

A proclamação por palavras ou por livros da existência de Grandes Instrutores e da imortal Senda da Iluminação, que pode ser trilhada somente sob Sua direção, é um dos grandes trabalhos realizados pela S.T. Pois muitas almas cujos Egos imortais estão lutando para alcançar este portal tiveram tal impulso impresso em seu cérebro físico através de palestras e da literatura da Sociedade, capacitando assim sua personalidade a ratificar a escolha do Ego. Pode ser uma idéia nova para alguns que isso deve ser feito antes que a entrada na Senda possa ser alcançada pela alma enquanto na encarnação física, e a escolha do Ego nessa direção deve ser ratificada pela personalidade física. Algumas vezes a personalidade, devido à falta de força, ou por preconceito, não realiza a ratificação. Esse foi o caso com o Sr. Sinnett, como as palavras do Mestre K.H. tristemente indicam:

> "Seus esforços, perplexidades e pressentimentos são igualmente observados, bom e sincero amigo. No imperecível Registro dos Mestres você os escreveu todos. Cada ação e pensamento encontram-se registrados; pois, ainda que não seja um chela, como diz, [...] ainda assim você faz parte do círculo de nosso trabalho ... Isso acontece a cada um que se aproxima de nós com qualquer desejo sincero de tornar-se nosso colaborador. [...] Durante os poucos meses que passaram especialmente quando seu fatigado cérebro estava mergulhado no torpor do sono, sua alma ansiosa procurou por mim com freqüência. [...] Aquilo a que este 'Eu interior' impaciente e ansioso – tem desejado unir-se, o homem carnal, o mestre mundano não ratificou: os laços da vida são ainda tão fortes quanto correntes de aço." (*ML*, 262-3)

O Mestre indica que a barreira reside na visão prática, mundana.

> "O nosso mundo nunca poderá ser mais do que um mundo-fantasma para o homem de 'senso prático' total e se o seu caso for em alguma medida excepcional, é porque sua natureza tem inspirações mais profundas do que a de outros, os quais se parecem ainda com 'homens de negócios'; a nascente de cuja eloqüência está no cérebro e não no coração, o qual nunca esteve em contato com o misteriosamente efulgente e puro coração do Tathagata." (Ib., 263)

Como poderia um homem 'ratificar' as aspirações de seu Ego se ele não ouviu e portanto não realizou os anseios do Ego de forma a moldar e dirigir seu cérebro? Que ele possa ouvir é questão de seu *Karma* afortunado. A consciência mental deve ter conhecimento e participar (em idéia, não necessariamente em lembrança psíquica coordenada) a fim de trilhar a Senda que conduz ao Adeptado sob a direção de um Mestre da Sabedoria. Tais homens são colaboradores muito especiais no trabalho dos Mestres. Mas por que estes numerosos colaboradores inconscientes por todo o mundo não são discípulos diretos dos Adeptos? Devido ao magnetismo de suas crenças errôneas, mesmo quando levam uma vida pura e sincera. Esta também é uma questão de *Karma*. O Mestre M. explica na carta citada anteriormente:

> "Existem centenas de milhares de faquires, *sannyasis* e *sadhus* levando a mais pura das vidas, (e, acrescentemos, centenas de milhares de pessoas boas no Ocidente, C.M.C.) e ainda assim, estando como estão, no caminho do erro, nunca tiveram uma oportunidade de encontrar, ver ou mesmo ouvir sobre nós [...] más emanações magnéticas, o resultado de bebidas, sociedade e associações físicas promíscuas (resultantes mesmo de um aperto de mãos com homens impuros), tudo isso é um impedimento físico e material que com um pequeno esforço poderíamos neutralizar e mesmo desimpedir sem muito detrimento para nós. Não é assim com o magnetismo e os resultados invisíveis procedentes de crenças sinceras e errôneas." (*ML*, 455)

Sempre há no mundo um corpo ao qual é oficialmente confiado o privilegiado dever de proclamar a entrada no Estreito Caminho, de forma que os homens possam ouvir e, ouvindo, entender.

No passado, o lado interno, as Instituições de Mistério das grandes religiões, possuía tal dever. Através dos últimos séculos da era cristã, a tocha foi sustentada por sucessivos corpos ocultos, tais como os verdadeiros Rosacruzes, por exemplo, os quais tinham Bacon entre eles. No momento ela é sustentada pela Sociedade Teosófica, e essa é a razão porque tantos daqueles cujos Egos buscam a Senda são atraídos para dentro de seus quadros.

Apontemos claramente as três razões pelas quais a Sociedade parece atrair almas que se aproximam da Senda.

α. É um 'campo magnético', que influencia imperceptivelmente todos que nele entram.

β. O 'magnetismo' de seus ensinamentos são mais verdadeiros e mais harmônicos com os ideais e o trabalho dos Mestres do que qualquer outro órgão no mundo.

γ. Oferece a proclamação oficial do Caminho e o modo de alcançá-lo, atraindo assim para dentro de si aqueles Egos que estão prontos para trilhá-lo e cujo *Karma* é favorável.

3. Através da pura força da reflexão iluminativa. Esse caminho raramente é trilhado no Ocidente, mas algumas vezes encontra-se no Oriente. A mente ocidental não possui o necessário calibre espiritual e metafísico.

4. Pela prática da virtude através de muitas vidas. Esse é o caminho mais seguro e longo que talvez a maioria dos homens trilhem.

Retornando ao ponto de digressão – o reconhecimento pelos Mestres da E.E. como a "Segunda Seção" – o Mestre K.H. diz:

> "Os teósofos britânicos deveriam saber – se é que não o sabem – que seu corpo estava, desde que o sancionamos, sob uma provação regular." (*ML*, 310)

Toda a E.E. está, uma vez que o Mestre a sancionou, sob provação para Ele. Como cada membro reage a essa provação e aos testes muito reais que virão a ele muito naturalmente das profundezas de sua vida interior, no mundo de seu próprio caráter e acontecimentos da vida, depende dele, de suas próprias intuições ou cegueira, sua própria força ou fraqueza, sua própria pureza de motivo ou egoísmo oculto.

Alguns falharam em virtude da fraqueza oculta de seu caráter ter-se elevado a um ponto onde pudessem quebrar levianamente uma palavra de honra dada ao Mestre e à Divindade interior. Alguns dirão como é cruel deixá-los ingressar. Mas ingressaram devido à sua própria iniciativa, e as leis do Ocultismo nunca refutarão a qualquer homem a tentativa, se ele quiser o desafio. Mas se o candidato falha através da ignorância ou da imprudência, ou da fraqueza oculta para suportar o teste, não é culpa do Mestre ou de seus representantes.

Para aqueles que realmente suportam o Mestre é sempre o mais leal dos Instrutores. A promessa a Ele é um assunto muito real, que o liga para sempre a Ele, a menos que seja quebrada pelo próprio candidato.

Como o Mestre K.H. diz do 'Círculo Interno', como Ele às vezes o chama:

> "Eles fizeram uma promessa – (a maior parte deles) a mim para *a vida e morte* – a cópia da promessa está nas mãos do Maha-Chohan – e estou ligado a eles." (*ML*, 320)

No mundo dos Adeptos uma promessa nunca é quebrada, mas alguns irmãos quebraram as suas e lançaram ridículo e blasfêmia sobre os assuntos mais sagrados. Doravante devemos todos sofrer pelo pecado de nossos irmãos. Ainda assim, em algum lugar, de alguma maneira, todos falhamos. Possa nossa lealdade reparar nossas falhas.

Ficará claro que a Segunda Seção da Sociedade tem metas e ideais muito distantes dos mundanos, de grupos e diplomacia secreta, colocados em sua porta por aqueles que não entendem nem seus ideais, nem seu espírito, nem seus métodos. Os membros ali estão muito longe de serem perfeitos, mas isso não impugna nem a Seção nem seus Instrutores. Eles deveriam viver o que a Loja da S.T. tenta viver, pois o Mestre M. escreveu certa vez sobre a Loja de Londres:

> "Um grupo de estudantes das Doutrinas Esotéricas que queira colher qualquer fruto espiritual deve estar em perfeita harmonia e unidade de pensamento. Cada um individual e coletivamente deve ser, no mínimo, totalmente altruísta, gentil

> e pleno de boa vontade em relação a cada um dos outros – deixando a humanidade fora de questão; não deve haver espírito de facção entre o grupo, nem desrespeito, má-vontade, inveja ou ciúmes, maledicência ou cólera. O que fere um deve ferir o outro – aquilo que alegra A deve aprazer B. Está a Loja de Londres, ou mesmo seu Círculo Interno, em tal estado – o qual é absolutamente requerido por nossas Regras e Leis?" (*CMS*, Primeira Série, Carta 3)

Em parte devido a fé alquebrada de certos membros, há tanta discussão sobre quem é ou não um "Iniciado". Tal discussão é repreensível no mais alto grau, pois ninguém fora da Grande Fraternidade está em posição de conhecer estes fatos, e a verdadeira aptidão para qualquer homem alcançar tal ponto na evolução não pode ser julgada por aqueles fora de Suas fileiras. Devido a isso a queda de um real ou suposto Iniciado causa um alvoroço de curiosa e doentia excitação. Mas estamos apenas repetindo a história. Já em 1884, o Mestre K.H. faz comentários semelhantes de alguém que fracassou:

> "Da mesma forma como em relação ao acima alguns dirão – que dizer então sobre sua grande clarividência, seu discipulado, sua escolha entre tantos pelos Mestres?
>
> Sua clarividência é um fato, sua seleção e discipulado outro fato." (*ML*, 353)

Ela fracassou devido à personalidade autocentrada e ao egoísmo, os quais ela não conseguiu vencer. Dois anos antes um Iniciado da grande Fraternidade fracassou. O Mestre K.H. escreveu:

> "Então, os inesperados ataques do Swami caíram como um raio sobre os Fundadores e provocaram o golpe-mortal da amizade de C.C.M. Uma vez que o Swami foi-lhes apresentado por ela (H.P.B.) como um alto chela, ele imaginou que ele nunca o fora, e que em seu zelo mal orientado, H.P.B. enganou a todos para fazer a causa avançar! [...] Se minha palavra de honra tem qualquer peso para você, então saiba que D. Swami era um *Yogi* iniciado, um chela bastante avançado em Badrinath, dotado alguns anos atrás de grandes poderes e conhecimento do qual, como casti-

go, foi privado desde então, e que H.P.B. falou-lhe apenas a verdade." (*ML*, 303-4)

Mesmo os discípulos dos Grandes Mestres de Sabedoria não são ainda perfeitos, mas eles têm a capacidade de crescer e se tornar fiéis e úteis colaboradores no trabalho dos Mestres. Tomarmos em nossas mãos e querermos nós próprios julgar, a partir de um ponto de vista mundano e com olhos que com dificuldade penetram além da superfície, quem é apto ao discipulado ou iniciação, é um procedimento perigoso, lastimável e totalmente falacioso. É absurdo criticar o valor fundamental pelas incapacidades aparentes. O Mestre M. disse ao Sr. Sinnett:

> "Não são vocês homens do mundo o suficiente para tolerar os pequenos defeitos dos jovens discípulos?" (Ib., 426)

(ix) Os 'Infalíveis' Escritos Teosóficos

Tratamos agora de uma tendência que se observa em algumas sedes de exaltar *A Doutrina Secreta* como uma escritura infalível, assim como todos os escritos dos primeiros tempos. O Mestre diz ao Sr. Sinnett:

> "A propósito, você não deve confiar em *Isis* literalmente. O livro é apenas uma tentativa para desviar a atenção dos espíritas de seus preconceitos em relação ao verdadeiro estado de coisas. A autora foi conduzida a sugerir e apontar a verdadeira direção, a dizer o que as coisas não são, não o que elas são. Revisões auxiliariam, mas alguns poucos erros reais insinuam-se, tal como na página 1, capítulo 1, volume 1, onde a divina Essência aparece como emanando de Adão ao invés do contrário." (*ML*, 45)

E em outro lugar, Ele fala de Sua:

> "dor e lamento em relação às explicações confusas e deturpadas em *Isis* [...]. (Ib., 169)

Ele relata fatos similares com relação aos trabalhos do Sr. Sinnett, *Budismo Esotérico* e *O Mundo Oculto*. Ele esperava que seus leitores fossem capazes de:

"[...] colocar juntas todas as diferentes peças e deduzir delas o esqueleto ou a sombra de nosso sistema, o qual, ainda que não exatamente o original – isso seria uma impossibilidade – seria uma abordagem tão próxima a ele quanto pode ser feita por um não-iniciado." (Ib., 351)

Mas, Ele diz:

"Agora vemos que ninguém exceto aqueles que ultrapassaram pelo menos sua terceira iniciação são capazes de escrever sobre esses assuntos compreensivelmente [...] Mohini não está de todo correto, em alguns detalhes ele está positivamente errado, mas da mesma forma está você, meu velho amigo, ainda que nenhum leitor externo seja sábio para tal, e nenhum tenha observado os erros realmente vitais em *Budismo Esotérico* e *Man*; nem parece que o farão." (*ML*, 351)

Mais tarde, Ele escreveu de novo com relação a Man: A Fragment of Forgotten History (Homem: Um Fragmento de História Esquecida):

"Tente salvar *Man* revisando-o com Mahini, e erradicando dele a pretensa inspiração e o fato de ter sido ditado por um 'Estudante'." (Ib., 355)

III. Temas variados

(i) Incenso

Algumas palavras deveriam ser ditas agora sobre o incenso, cujo uso é comum em muitos círculos, e objetado com veemência em outros. Sabemos que fisicamente o tipo certo de incenso tem um efeito purificador e limpante, atraindo elementais harmonizadores e úteis e afastando aqueles que não o são. Daí seu imemorial uso em igrejas e templos. Escrevendo certa vez ao Sr. Sinnett, o Mestre K.H. diz:

"Sua casa, bom amigo, tem uma colônia de Elementais aquartelados nela [...] Seria bom também queimar, de vez em quando, madeiras aromáticas nos quartos, levando-os de um lado para o outro como fumigadores em recipientes abertos (brazeiros?) com madeiras em combustão. Você poderia inclusive pedir a Damodar para enviar-lhe alguns pacotes de incenso para usar com este objetivo. Esses ajudam, mas o melhor de todos os meios para afastar visitantes deste tipo que não sejam bem-vindos, é viver puramente em ação e pensamento. Os talismãs que lhe foram dados, também auxiliarão muito se você manter sua confiança neles e em nós intacta"(*ML*, 318)

(ii) O Critério das Atividades Rentáveis no Trabalho Teosófico

Há com freqüência uma tendência entre nós de entrar em novas atividades teosóficas sem uma análise madura e com insuficientes meios materiais. O último pode algumas vezes ser feito, mas o Mestre aprova nossa condução em relação aos assuntos financeiros de nossos trabalho eficiente e efetivo, como se pode ver a partir de Suas palavras ao Sr. Sinnett sobre o caso do jornal Phoenix:

> "[...] a maior quantia de capital deve ser buscada pois, quando você estiver amplamente equipado para qualquer emergência pode adotar deliberadamente um plano tal que possa ser indicado como o melhor, a partir de um julgamento isento e de um cál[illegible] todas as possibilidades." (*ML*, 376)

(iii) Cooperação com outras Organizações Ocultas

Deveríamos ou não convidar outras organizações para fazer palestras em nossos meios? Essa tem sido, em alguns lugares, uma questão debatida em nossa Sociedade; e aqui novamente, como sempre, uma clara reflexão logo mostra-nos a resposta.

É perfeitamente verdadeiro que a 'Teosofia inclui tudo' como ouvimos colocarem algumas vezes, e estende a mão da amizade a toda organização de homens que trabalhem para o desenvolvimento e o bem da humanidade. Por outro lado, se uma Loja superenfatiza este princípio tolerante e fraternal, ouvimos o público dizer que vieram para uma reunião teosófica para ouvir algo de Teosofia e ouviram tudo exceto isso. Em muitos casos essa é uma acusação verdadeira, um pouco mais verdadeira algum tempo atrás do que agora, pois muitas Lojas aprenderam a distinguir e discernir nesse assunto.

Está bastante claro que existimos para realizar nosso trabalho e para divulgar nossa própria mensagem particular. Deveriam ser convidados representantes de outras escolas de pensamento para falar em nossas reuniões de vez em quando em tais ocasiões o presidente deveria tornar claro que seu sistema não é idêntico ao nosso, e que os convidamos para falar com um espírito de simpatia fraternal e devido ao interesse em ouvir seu ponto de vista. De outra maneira o público muito naturalmente confundiria os dois e teria a impressão de que todos os teósofos são participantes de grupos políticos ou religiosos, ou não sei o que mais.

Esse é o caso, em especial, de outras organizações ocultas ou pseudoocultas que, na maioria das vezes, ensinam uma filosofia muito semelhante ou derivada da nossa. Por serem tão semelhantes e parecerem solidários, membros de pensamento vago aclamam-os com entusiasmo malorientado e finalmente lançam suas Lojas em grandes dificuldades.

Que sejam reconhecidos certos fatos sobre 'Ocultismo'.

1. Há apenas um verdadeiro Ocultismo. Não existe tal coisa como Ocultismo 'Ocidental' e 'Oriental'.

Um momento de reflexão nos mostrará isso, pois o Ocultismo trata dos fatos mais profundos e mais universais na Natureza, os quais são sempre os mesmos em todos os lugares e em todos os tempos. Naturalmente eles são expressos de maneira bastante diferentes, em línguas e sistemas de pensamento diversos, mas eles não podem diferir quanto aos fatos fundamentais.

Existe hoje, atuando publicamente, mais do que uma assim chamada organização 'Rosacruz', pretendendo ensinar Ocultismo 'ocidental'. Não é necessário dizer que ainda que os Rosacruzes autênticos de fato existam hoje, são uma organização secreta, em contato com a Fraternidade dos Mestres de Sabedoria, e não têm nada a ver com essa organização pseudo-oculta publicamente conhecida.

Os fundadores desta última, assim como de muitas outras seitas ocultas ou místicas, primeiro aprenderam seu conhecimento dentro da Sociedade Teosófica. Ao nos deixarem, desenvolveram suas próprias linhas, na maioria das vezes através de 'revelação' e experiência psíquica, não guiadas por instrutores mais velhos e experientes do plano físico. Eles têm seus 'Mestres', 'Guias', e 'Instrutores'. Quem são eles, sua verdadeira natureza e poderes, devemos, na ausência de conhecimento para nos guiar, decidir com o auxílio de nossa própria razão e intuição. Isso conduz-me ao segundo ponto.

2. Há apenas uma organização de Adeptos da Sabedoria Antiga, ainda que dentro deste corpo existam departamentos e divisões de trabalho. Dentro deste corpo pode ser empregado o método mais amplamente diverso possível, derivado das diferenças de temperamento, trabalho, raio; mas com relação aos ideais a serem alcançados e aos princípios de ação a serem empregados, há sempre absoluta unidade. Como o Mestre K.H. escreveu ao Sr. Sinnett:

> "Saiba meu amigo que em nosso mundo ainda que possamos divergir em métodos nunca podemos estar em oposição nos princípios de ação." (*ML*, 241)

3. O verdadeiro Ocultismo não é ensinado em livros e lições.

É ensinado nos planos internos da existência pela união da vida à vida, como no caso de um Discípulo Aceito de um Mestre de Sabedoria. Mostra-se no plano físico como um constante aprofundamento e alargamento da compreensão espiritual da verdade, o crescimento da faculdade intuitiva de perceber tudo que está em harmonia com isso, e com freqüência, como grandes *flashes* de compreensão e percepção.

4. Certo conhecimento, em posse da Hierarquia de Adeptos que governa este planeta e não outra, encontra-se reunido e é transmitido em Seu Corpo por milênios. Ele pode ser alcançado apenas sob Sua guia pessoal e pela entrada em Seu Corpo.

O que esta direção pessoal significa para o Adepto individualmente encarregado está indicado no seguinte trecho de uma carta do Mestre K.H.:

> "[...] poucos candidatos imaginam o grau de inconveniência – não somente isso, de sofrimento e dano para si – que o dito iniciador se submete em benefício de seu pupilo. As condições físicas, morais e intelectuais peculiares dos neófitos e Adeptos por igual variam muito, como qualquer um facilmen-

te entenderá; assim, em cada caso, o instrutor tem que adaptar suas condições àquelas do pupilo e o esforço é terrível, pois para obter sucesso temos que colocarmo-nos em completa harmonia com a pessoa sob treinamento. Quanto maiores os poderes do Adepto menos ele está em sintonia com as naturezas do profano que freqüentemente chegam a ele saturadas com emanações do mundo exterior, emanações animais da multidão egoísta e brutal que nos é tão terrível – quanto mais tempo estiver separado deste mundo e mais puro tenha se tornado, tanto maior a dificuldade da tarefa auto-imposta." (*ML*, 279)

5. O Ocultismo não tem conecção imediata com o desenvolvimento de poderes psíquicos.

Isso foi mais ou menos tratado em outro lugar neste livro.

6. Para se progredir em assuntos ocultos apenas um método e um Instrutor deve ser escolhido e seguido.

De outra maneira, como conseqüência, o cérebro e os nervos são perturbados pela confusão de magnetismo.

Em Ocultismo mais do que em qualquer outra coisa, 'nenhum homem pode servir a dois senhores'. Tomar um pouco aqui, um pouco ali, dirigir-se a todos os instrutores, incorporar-se a qualquer organização, esperando "nada perder" e tudo obter, é uma espécie de egoísmo espiritual, o qual traz sua recompensa própria.

7. Que relação há, pode-se perguntar, entre isso tudo e o fato de convidar representantes de outras organizações ocultas para falar em nossos meios? Toda; pois na maioria dos casos membros descuidados imediatamente começam a organizar grupos de estudo deste ou daquele professor e de seus livros dentro da Loja; ou, de outro modo, enquanto o grupo é formado fora, eles diligentemente procuram converter outros membros da Loja.

Surge então confusão de objetivos e divisão de sentimentos dentro da Loja. Os devotos do outro culto, no primeiro momento elogiando muito a atitude fraternal e a amplitude mental em colocar X.Y.Z. no mesmo nível da Dra. Annie Besant como um instrutor espiritual, muito rapidamente encontram pontos onde ele é maior em suas mentes; e outros que não desejam transferir sua devoção parecem a eles como vítimas da lealdade de mentalidade estreita que deve ser reprovada e lamentada.

Conversas começam a circular na Loja de que a S.T. é deficiente em 'amor' ou 'simpatia', ou ensino psíquico direto, ou métodos de cura espiritual para o corpo, isto é 'oculto' e não 'espiritual' (seja qual for a diferença nas mentes de tais membros e seja o que for que pretendam com isso).

O resultado prático é perfeitamente claro. Deixe-nos estudar nossos próprios livros de filosofia oculta em nossas Lojas e seguir sinceramente nossos próprios Líderes, deixando outras organizações fazer o mesmo. O mundo é grande o suficiente para todos.

Muitas pequenas seitas ocultas, centrando-se em torno de um líder pessoal, nunca teriam encontrado um público ouvinte ou se estabelecido de forma alguma, ou, de qualquer maneira, com muito maior dificuldade, não foram a ampla e generosa hospitalidade do suporte e do meio da S.T., em primeiro momento.

Ao invés de nos pagarem com gratidão pela nossa generosidade, a experiência demonstra que eles colhem seguidores de nossos quadros e semeiam sementes sutis de desunião e deslealdade. Isso é bastante natural. Eles acreditam que possuem a verdade, não depositam inteira confiança em nossos Líderes – por que deveriam? E há com tanta freqüência uma tênue nota de condescendência e desaprovação, seja de nossos Líderes ou nossos métodos, a qual surge, tenho toda certeza, de uma inveja profissional inconsciente.

O ponto essencial da questão é observado quando colocamos os fatos do lado oposto. Estaria qualquer uma daquelas organizações assim disposta a oferecer-nos seu meio livremente, e permitir-nos propagar nossos ensinamentos entre eles, e a formar grupos dentre elas para seu estudo?

Portanto, ainda que possamos ocasionalmente convidar tais representantes pra falar, o presidente deve ser muito cuidadoso ao enfatizar o fato de que são uma organização separada e totalmente diferente da nossa, e que nós não necessariamente endossamos ou seguimos seus ensinamentos; e, por fim, que a Loja nunca deveria apoiar a formação de grupos de estudo de sua parte dentro da Loja.

Quanto a mim, uma vez que o mundo é um campo amplo o suficiente para todos, e existimos para realizar nosso trabalho e não o de outros, e para que realizemos esse trabalho mais tranqüila e completamente quando as mentes dos membros não estão confundidas e seus corações divididos, eu diria que é mais sábio deixar todas as outras organizações ocultas ou pseudo-ocultas de lado, de forma privada ou pública, exceto no sentido de apoio fraternal honesto e harmônico.

(iv) O Símbolo da Sociedade Teosófica

Será de interesse para os membros observar o que os Mestres dizem sobre o significado de nosso Símbolo. O Mestre K.H. escreve:

> "Sua Sociedade Teosófica britânica conhece o significado dos triângulos branco e preto entrelaçados, ou o Símbolo da Sociedade Matriz que ela também adotou? Posso explicar? – O duplo triângulo conhecido pelos Cabalistas Judeus como Selo de Salomão, e, como muitos de vocês sem dúvida sabem, o *Sri-yantra* do arcaico Templo Ariano, o 'mistério dos Mistérios', uma síntese geométrica de toda a doutrina oculta. Os dois triângulos entrelaçados são os *Buddhangams* da Criação. Eles contém o 'enquadramento do círculo', a 'pedra filosofal', os grandes problemas da Vida e da Morte, e – o Mistério do Mal. O chela que puder explicar este símbolo de cada um de seus aspectos – é virtualmente um Adepto. [...] Naturalmente você sabe que o triângulo duplo – o *Satkona Chakram* de Vishnu – ou estrela de seis pontas, é o sete perfeito. Em todos os antigos trabalhos sânscritos, védicos e tântricos, você encontra o número 6 mencionado com mais freqüência do que o 7 – sendo implícita essa última figura, o ponto central, pois é o germe do seis e sua matriz. É então que* [...] o ponto central na posição de sétimo, e o círculo, o *Mahãkãsha* – espaço infinito – o sétimo *Princípio Universal*. Em um sentido, ambos são vistos como *Avalokitesvara*, pois são respectivamente o Macrocosmo e o microcosmo. Os triângulos entrelaçados – o que aponta para cima indica a Sabedoria Oculta, e o que aponta para baixo indica a Sabedoria revelada (no mundo fenomenal). O círculo indica a limitante, circunscrita qualidade do Todo, o Princípio Universal que, a partir de qualquer ponto dado expande-se de forma a abarcar todas as coisas, enquanto incorpora a potencialidade de cada ação no Cosmo. Assim como o ponto é então o centro em torno do qual o círculo é traçado – eles são idênticos e unos, e ainda

---

* Nesse ponto no original há um desenho rudimentar de triângulos entrelaçados inscritos em um círculo. (N. Ed. *The Mahatma Letters to A.P. Sinnett* [TPH, 1979. 3 ª ed.])

que do ponto de vista de *Maya* e *Avidya* (ilusão e ignorância) – um é separado do outro pelo triângulo manifestado, os três lados do mesmo representam as três *gunas* – atributos finitos. Na simbologia o ponto central é *Jivãtma* (o sétimo princípio), e portanto *Avalokitesvara*, o *Kwan-Sahi-Yin*, a 'Voz' manifestada (ou *Logos*), o ponto germe da atividade manifestada; – daí – na fraseologia dos Cabalistas cristãos 'o Filho do Pai e Mãe', e de acordo com a nossa – 'o Eu manifesto em Eu' – *Yih-Sin*, a 'forma de existência una', filho de *Dharmakaya* (a Essência universalmente difundida), ambos masculino e feminino. Parabrahma ou 'Adi-Buddha', enquanto agindo através deste germe, aponta para fora como uma força ativa, reage a partir da circunferência internamente como a Potência Suprema porém latente. O duplo triângulo simboliza o Grande passivo e o Grande Ativo; o masculino e o feminino; *Purusha* e *Prakriti*. Cada triângulo é uma Trindade porque representa um triplo aspecto. O branco representa em suas linhas retas: *Jnanam* – (Conhecimento); *Jnata* – (o Conhecdor); e *Jneyam* – (aquilo que é conhecido). O preto – forma, cor e substância, portanto as forças *criativas, preservativas* e *destrutivas*, mutuamente relacionadas, etc., etc., [...] Pitágoras tinha um motivo para nunca usar o finito e inútil número 2, e para descartá-lo totalmente. O Uno quando manifestado pode tornar-se apenas 3. O imanifesto, enquanto simples dualidade, permanece passivo e oculto. A mônada dual (os princípios sexto e sétimo) [Nosso *Atma-Buddhi*, C.M.C]. precisa, para manifestar a si mesmo como um *Logos*, o '*Kwan-shai-yin*', para tornar-se uma tríade (sétimo, sexto e a metade do quinto) *Atma-Buddhi* – *Manas* Superior; então, no seio do 'Grandioso Profundo', atraindo para dentro de si o *Círculo Uno* – formam a partir dali o quadro perfeito, assim 'enquadrando o círculo' – o maior de todos os mistérios, amigo – e inscrevendo dentro do Último a – PALAVRA (o Inefável Nome) – de outra maneira a dualidade nunca poderia permanecer como tal e teria que ser reabsorvida dentro do Uno. O 'Profundo' é o Espaço – tanto masculino quanto feminino. '*Purusha* (como Brahama) respira na Eternidade: quando 'ele' inspira – *Prakriti* (como Subtância manifestada) desaparece em seu seio; quando 'ele' expira

> ela reaparece como *Maya'*, diz o *Sloka*. A realidade Una é *Mulaprakriti* (Substância indiferenciada) – 'a raiz Sem Raiz', o .[...] Mas temos que parar, senão haverá pouco a dizer por suas próprias intuições." (*ML*, 340-1)

O Mestre M. escreve, em resposta a questões colocadas:

> "Em Cosmogonia e no trabalho da natureza as forças positivas e negativas ou ativas e passivas correspondem aos princípios masculino e feminino. Seu efluxo espiritual não surge de 'detrás do véu', mas é a semente masculina caindo para *dentro* do véu da matéria cósmica. O princípio ativo é atraído pelo passivo e a Grande Nag, a serpente do símbolo da eternidade, atrai a cauda para sua boca formando assim um círculo (ciclos na eternidade) nesta incessante perseguição do negativo pelo positivo." (*ML*, 71)

Esse é um símbolo da Evolução. Ainda assim, como o Mestre K.H. escreveu, a nenhum homem não-iniciado foi ensinada a 'teoria completa'. O véu do intelecto puramente humano obscurece a compreensão total dessa grande Verdade.

Ele escreve:

> "Alguns chegaram muito próximos a ela. Mas ainda há sempre, com o melhor deles, erro o suficiente – colorindo e interpretando mal; a sombra de *Manas* projetando-se através do campo de *Buddhi* - para provar a eterna lei de que apenas o Espírito livre pode ver as coisas do Espírito sem um véu." (Ib. 342)

IV. Nosso Caminho até os Mestres

O estudo de trabalhos teosóficos; a conseqüente compreensão crescente dos fundamentos ocultos da Sociedade; a clarificação e o delineamento do anelo universal em relação à perfeição humana que existe em todo coração humano, que se segue ao conhecimento da existência dos Mestres de Sabedoria e de Seu contato íntimo e vívido conosco, origina em muitas almas um verdadeiro anseio por chegar mais próximo àquelas Supremas

Realidades e por viver à luz do serviço a Eles e à raça. Não podemos encerrar a profunda análise da Sociedade dos Mestres e de seu trabalho sem voltar nossos pensamentos por um breve momento nesta direção. Algumas citações pertinentes das próprias palavras dos Mestres talvez poderão auxiliar a iluminar, para aqueles que as lerem, no caminho até Eles.

(i) A Resposta do Adepto a um Apelo

A primeira idéia a entender é que o Adepto, através das regras do mundo ao qual Ele pertence, responde imediatamente a qualquer apelo correto. Pensamentos e aspirações dirigidas ao Mestre e, mais ainda, serviço realizado em Seu nome, trazem sempre, consciente ou inconscientemente, uma completa resposta ao aspirante. O Mestre K.H. escreve ao Sr. Sinnett:

> "Nós cumprimos nosso dever: respondemos a seu apelo." (*ML*, 213)

O Mestre não pode dizer àqueles que decidem trilhar o caminho do Adeptado se eles têm as capacidades para o sucesso, ou para enfrentar as dificuldades, provavelmente desconhecidas a si mesmos, o que requererá uma coragem e resistência quase sobre-humana.

> "Temos apenas uma palavra para todos os aspirantes: TENTEM." (Ib., 244)

Mas a regra inexorável é que o aspirante deve dar o primeiro passo ele mesmo, guiado por sua própria intuição e lutar corajosamente contra suas próprias fragilidades. Um homem que aspire sinceramente ao mundo dos Mestres coloca-se em vista disso em provação, e deve provar a força que possui. Como escreve o Mestre K.H.:

> "Todo ser humano contém dentro de si vastas potencialidades. [...] Não temos mais liberdade de recusar a oportunidade a um postulante do que a temos para guiá-lo e dirigi-lo no curso adequado." (*ML*, 311)

Nem o Mestre nem seus grandes discípulos irão fazer as vezes de ama-seca, incentivar-nos e persuadir-nos em direção ao Ocultismo. O primeiro passo deve ser dado pela própria vontade livre do homem, seguindo a intuição interior que é o impulso de seu próprio Ego despertante. Se o *Karma* da alma permitir e o apelo for feito corajosa, paciente e persistentemente, o Mestre será por fim encontrado apesar da atual fragilidade e cegueira e dos fracassos no passado.

O Mestre K.H. escreve ao Sr. Sinnett:

> "Não temos favoritos, não quebre as regras." (*ML,* 335)

As condições para o discipulado são maravilhosamente resumidas em uma carta do Mestre K.H. ao Rev. C.W. Leadbeater, escrita quarenta anos atrás:

> "O aceitar qualquer homem como um chela não depende de minha vontade pessoal. Pode apenas ser o resultado do próprio mérito e esforços de alguém naquela direção. Force qualquer um dos 'Mestres' que você possa ter escolhido; faça bons trabalhos em seu nome e pelo amor à humanidade; seja puro e resoluto no caminho da retidão (como descrito em nossas regras); seja honesto e altruísta; esqueça de você mesmo e lembre-se apenas do bem de outras pessoas – e você terá forçado aquele 'Mestre' a aceitá-lo." (*CMS,* Primeira Série, Carta 7)

Estas palavras recompensarão enormemente o estudo e a meditação cuidadosos:

1. Que o discipulado é o resultado do *Karma* de serviço passado e esforço presente.

2. O Mestre diz, 'O Mestre que você possa ter escolhido'. A escolha é com freqüência influenciada pelo conhecimento anterior do Mestre, ou por afinidade de 'Raio'. Se a escolha pessoal mostrar-se mais tarde incorreta, isso não tem importância, uma vez que no mundo dos Mestres a unidade de consciência é tão perfeita que amar e servir a Um é igualmente amar e servir a Outro.

3. Servir os homens em Seu nome é colocar-se gradualmente fora do centro de nossas vidas e colocar o Mestre em seu lugar, o qual é 'como Deus'; tornando-se assim um canal para Sua vida e uno com o grande propósito do Universo através Dele.

4. O caminho da retidão 'como exposto em nossas regras', é mais clara e simplesmente descrito pelo Mestre K.H. naquele 'Sermão da Montanha das eras futuras' – *Aos Pés do Mestre.* O aspirante não pode fazer melhor do que estudar e viver aquilo.

5. Ao dizer 'seja honesto e altruísta', o Mestre estava descrevendo as virtudes cardinais, que significam pureza dos corpos astral e mental. Honestidade para consigo mesmo e para com os outros é pureza do corpo mental; altruísmo, pureza do corpo astral.

6. Aprender a esquecer nossos próprios prazeres e interesses, mesmo da vida superior, ao lembrar-se os de outros, é atrair para muito perto o Mestre que ama a humanidade 'mais do que mães amam seus primogênitos'.

Para muitos essas condições parecerão uma tarefa impossível. Apenas o são para o eu inferior. Mas para trilhar a Senda do Adeptado devemos aprender a lembrar-nos e a tornar-nos nossos Eus Superiores, e para ele – o 'Deus interior' – nada é impossível.

O Mestre K.H. diz de um nobre homem de ciência:

> "Você conhece nosso lema e sabe que sua aplicação prática erradicou a palavra 'impossível' do vocabulário dos ocultistas. Se ele não se cansar de tentar, poderá descobrir o mais nobre de todos os fatos, seu verdadeiro Eu." (*ML,* 336)

(ii) As Pessoas de que o Mestre Precisa

O futuro discípulo, cego pelo mundo, preso na rede da ilusão e do desejo pessoais, nunca pode estar tão desejoso de encontrar a Senda e o Mestre que guiará seus passos até ela, quanto o Mestre está desejoso de que ele possa despertar e vir; pois para Ele cada discípulo é como um dedo de sua mão, outro ponto sobre a terra através do qual se irradia Sua bênção, inspiração e propósito para o auxílio dos homens. O Mestre trabalha, em certa medida, mesmo através daqueles na Sociedade que não são seus discípulos pessoais. Nesta, Sua S.T., somos verdadeiramente chamados por Ele, cada um de nós. Que possamos fazer o melhor de nós, e nunca frustrá-lo especialmente nessa hora auspiciosa!

O Mestre K.H. escreveu certa vez:

"Não posso trabalhar exceto com aqueles que querem trabalhar conosco." (*ML*, 386)

Ele pode trabalhar com aqueles que acreditam Nele, que confiam Nele, que estão dispostos a oferecer-lhe tudo e a sofrer qualquer coisa neste sublime serviço.

"Desejamos corações verdadeiros e altruístas; almas destemidas e confiantes [...]" (Ib., 212) – disse o Mestre K.H.

Pronto para dar e nada pedir está o espírito do verdadeiro discípulo. Como, novamente, escreveu o Mestre K.H.:

"Quando os antigos fundadores de suas escolas filosóficas vieram ao Oriente para adquirir o conhecimento de nossos predecessores, não possuíam quaisquer reivindicações exceto uma única, o desejo ardente, sincero e altruísta pela verdade." (Ib., 336)

(iii) Trabalhar para Ele em sua Sociedade

Nunca poderemos trabalhar para Ele melhor ou mais diretamente do que através do auxílio no trabalho de Sua Sociedade, ou de qualquer outro movimento que tenha surgido a partir dela e o qual Ele tenha abençoado. Algumas vezes algo que parece completamente bom a partir de nosso limitado ponto de vista é na verdade visto como inútil do ponto de vista mais amplo e mais adiantado do Mestre e de seus discípulos. Portanto, é bom para nós que sigamos a liderança daquele que é mais velho do que nós no Grande Trabalho, e está mais próximo dos pensamentos e objetivos do Mestre do que estamos no momento. Trabalhar para Ele desta forma é tomar o próprio caminho direto para Sua observação. O Mestre fala ao Sr. Sinnett de:

"[...] nossa gratidão pelo que você fez pela Sociedade – indiretamente para nós dois" [i.e. os Mestres K.H. e M., os verdadeiros Fundadores, C.M.C.]. (*ML*, 241)

E novamente, em outro lugar:

> "De fato, você vem trabalhando pela causa por muitos meses e em muitas direções; mas não deve pensar que porque nunca demonstramos qualquer conhecimento do que você vem fazendo, ou porque nunca reconhecemos ou agradecemos a você por isso em nossas cartas – que somos ingratos ou ignoramos propositadamente ou de outra maneira o que você tem feito, – pois isso não procede. Ainda que ninguém deva esperar por agradecimento ao fazer seu dever para com a humanidade e a causa da verdade – uma vez que, acima de tudo, aquele que trabalhar por outros, trabalhar apenas para si mesmo – ainda assim, meu Irmão, sinto profunda gratidão por você pelo que fez." (*ML,* 236)

Nos primeiros tempos o serviço ao Mestre através da S.T. algumas vezes significava censura, desastre pessoal e dor. Como o Mestre K.H. escreve de H.P.B.:

> "A ingrata tarefa deixou-a de fato prostrada e desolada, em estado de miséria, sendo mal-interpretada e no isolamento; mas ela terá sua recompensa no futuro, pois nunca fomos ingratos." (*ML,* 51)

Mas este panorama nunca dissuadirá o coração do verdadeiro aspirante. Pelo contrário, servirá de estímulo para a chama de sua devoção.

O Mestre K.H. escreveu ao Bispo Leadbeater:

> "Tal como o 'verdadeiro homem' de Carlyle, que não se deixa seduzir pelo que é fácil, 'dificuldade, abnegação, martírio, morte são as tentações que agem' durante as horas de provação no coração do verdadeiro Chela." (*CMS,* Primeira Série, Carta 7)

Pois, como novamente o Mestre diz ao longo da mesma carta:

> "Aquele que quiser abreviar os anos de provação deve fazer sacrifícios pessoais pela Teosofia."

Algo que também muito provavelmente obterá a consideração e a recompensa do Mestre é o auxílio pessoal enquanto trabalhadores, de todas as maneiras, aos discípulos do Mestre. O Mestre M. diz ao Sr. Sinnett:

> "Devo lhe agradecer por tudo que fez por nossos dois amigos. É um débito de gratidão que lhe devemos." (*ML*, 77)

E, escrevendo outra vez sobre um aspirante, o Mestre M. diz:

> "Ele entendeu tão completamente mal o espírito no qual tanto o memorando quanto o P.S. foram escritos, que não houvesse ele me colocado durante os últimos três dias em uma dívida de profunda gratidão pelo que está fazendo por meu pobre velho chela, nunca me daria ao trabalho de pedir o que parece ser desculpas ou dar uma explicação, ou ambos. Não importa o que seja, aquela dívida de gratidão é tão sagrada que agora faço pelo bem dela o que recusaria fazer até mesmo pela Sociedade." (*ML*, 215)

Mesmo assim, se servíssemos apenas visando obter recompensa pessoal, este egoísmo invalidaria a oferenda ao Mestre e malograria sua própria meta. O Mestre K.H. escreve:

> "Talvez você possa avaliar melhor nossa intenção quando lhe disse que em nossa visão a mais elevada aspiração para o bem-estar da humanidade torna-se manchada de egoísmo se na mente do filantropo permanecer a sombra do desejo por benefício pessoal como tendência a praticar injustiça, mesmo quando isso existir inconscientemente para ele." (*ML*, 8)

Mas o Mestre não nos pede nada além do que podemos dar. Sejam quais forem os poderes de coração, mente e serviço que possamos oferecer, Ele aceitará alegre e compassivamente e para Ele a oferta do coração mais humilde, a menor capacidade, é tão estimada e recebida de tão bom grado quando a maior. Ele pede a cada um de nós apenas aquilo que podemos dar, não mais. Que nunca possamos de nossa parte, oferecer menos a Ele. O Mestre M. escreveu ao Sr. Sinnett:

> "Você fez tudo que pôde e isso é tudo o que sempre tencionamos pedir de qualquer um." (Ib., 255)

Portanto trabalhemos pela nossa amada S.T. de todas as maneiras que pudermos descobrir ou criar, levando em consideração seu futuro, seu bem-estar, seu prestígio; vivendo a vida pessoal mais nobre que pudermos, uma vez que o mundo sempre irá julgar a Sociedade através de nós; e planejar para oferecer sempre mais consideração, mais trabalho e mais meios materiais. Ainda assim, mesmo aqui, devemos acautelarmo-nos contra o tornar a Sociedade e seu trabalho apenas nosso interesse pessoal ampliado, nosso clube mais elevado, nossa avenida de expressão e desenvolvimento pessoal apenas. Devemos precavermo-nos contra o paroquialismo, o espírito de grupo, e a pequenez, lembrando a sábia mensagem de H.P.B. à Convenção Americana em 1890: 'Não trabalhe meramente para a Sociedade Teosófica, mas através dela para a humanidade.' Assim é como trabalham os Mestres, sempre, sempre, pela humanidade.

(iv) Obstáculos no Caminho

E agora consideremos alguns pequenos obstáculos que com freqüência diminuem nossa utilidade no trabalho.

(a) A dissipação de nossas boas intenções em mero discurso. Falar de grandes fatos e altas resoluções é muito fácil; realizá-los é a coisa mais difícil do mundo.

O Mestre K.H. escreve:

> "A coroa da vitória é apenas para aquele que se prova digno de usá-la; para aquele que ataca *Mara* e conquista sozinho o demônio da luxúria e das paixões mundanas; e não nós, mas ele próprio coloca-a em sua cabeça. A frase do Tathagata, 'aquele que subjuga o Eu é maior do que aquele que conquista centenas em uma batalha', não foi uma frase sem sentido; não há luta tão difícil. Se não fosse assim, o adeptado seria apenas uma aquisição barata. (*ML,* 311)

Mas o que conta são as ações. O Mestre K.H. diz ao Sr. Sinnett:

> "Meu querido amigo, você com certeza está no caminho correto; o caminho das realizações e ações, não das meras palavras – possa você viver muito e persistir!" (Ib., 26)

Em outro lugar, Ele escreve:

"Os motivos são vapores tão rarefeitos quanto a mistura atmosférica; e como esses desenvolvem sua energia dinâmica para o uso do homem apenas quando concentrados e aplicados como vapor ou energia hidráulica, assim o valor prático dos bons motivos é melhor visto quando toma a forma de ações." (Ib., 25)

Nossas ações são registradas. Como o Mestre K.H. disse ao Sr. Sinnett:

"Mais de uma vez você já auxiliou a Sociedade, [...] e essas ações estão registradas." (Ib., 25-6)

Em outro lugar, Ele escreve:

"Aguarde o momento propício, o livro de registro está bem cuidado." (*ML*, 268)

E novamente:

"Seus esforços, perplexidade e pressentimentos estão igualmente registrados, bom e sincero amigo. Você os escreveu todos no Registro imperecível dos Mestres. Todas as suas ações e pensamentos estão ali." (*ML*, 262)

(b) Falta de controle sobre nossas línguas. Talvez se nunca falássemos, nove décimos da maldade no mundo seria inteiramente evitada!

Que o Mestre reconhece bem esta fraqueza humana comum e ao mesmo tempo conhece o resultado *Kármico* inexorável está claro a partir do seguinte trecho de uma carta do Mestre M.:

"Sua amistosa indiscrição em relação a fatos confiados apenas para você por H.P.B. – a causa – produz sua temerária publicidade – o efeito. Isso, temo, deve pesar contra você. Seja mais sábio daqui para a frente. Se nossa regra é a da cautela ao confiar é porque nos foi dito desde o início que cada homem é pessoalmente responsável, para a Lei de Compensação, por qualquer palavra que proferir à sua vontade." (Ib., 258)

Quando o modo de falar é antagônico, o resultako *Kármico* é ainda mais grave.

O Mestre K.H. escreveu ao Sr. Sinnett:

> "São seus nervos que o fazem escrever a H.P.B. palavras que eu preferiria que você nunca tivesse pronunciado – para seu próprio bem." (*ML*, 348)

O Instrutor do Mundo solenemente advertiu-nos que cada palavra que pronunciássemos, mesmo ociosa, tornar-se-ia nossa futura justificativa ou acusação. (Veja Mateus, 13, 36-37). Pois elas estão registradas também no atuante 'Livro da Vida' do *Akasha*. Assim, o Mestre K.H. diz a alguém:

> "[...] você usou uma expressão que foi registrada." (*ML*, 278)

Tentemos ver com mais clareza a disposição de espírito que engendra o modo de falar ofensivo.

(c) As limitações e os perigos do *Manas* Inferior.

Penso que podemos dizer, praticamente, ser esse sempre o maior ponto-de-perigo na maioria de nós. Daí a utilidade de tentar entender sua natureza, de nos separar em pensamento dele e de compará-lo com a manifestação pura e serena do *Manas* Superior a fim de podermos ver o que nossos Eus Superiores não são.

Sendo o *Manas* Inferior o centro mais profundo, mais forte da pequena e evanescente personalidade – aquele '*flash* passageiro', como o Mestre a chama; a qual Ele almeja levar os homens a sacrificar para o bem-estar da humanidade – seus pontos de vista e motivos são sempre, muito naturalmente, insignificantes, pessoais, mundanos, não-iluminados, parciais. Até que seja alcançado um alto estágio na Senda, nenhum de nós está totalmente livre de sua sombra contagiante e encanto.

O corpo mental inferior e astral, a natureza *Kama-Manásica*, insensivelmente nos descreve para nós mesmos de uma maneira muito agradável à personalidade. Uma das primeiras provações do Ocultismo é tornar-se suficientemente corajoso para desembaraçar-se um pouco disso e tentar ver a nós próprios impessoal e desapaixonadamente, como de fato somos. A um aspirante impaciente o Mestre K.H. escreveu:

> "E agora, temos que tomá-lo e você precisa ver a si próprio como é, não como a imagem humana ideal que nossa fantasia emocional projeta para nós sobre o espelho." (*ML*, 25)

Se quisermos ver o Caminho devemos abrir passagem através deste miasma do *Kama-Manas*, ou, pelo menos, ouvir em nossos melhores momentos à intuição cuja vez é a da Mente Superior, que sempre fala de uma forma grande e pura e não se relaciona com as coisas de nossa vida menor, exceto como um instrumento de desenvolvimento para objetivos superiores.

O Mestre K.H. escreveu ao Sr. Sinnett:

> "Tente entender não com a mente preconceituosa do Ocidente, mas com o espírito da intuição e da verdade." (*ML*, 58)

Se não o fizermos, poderemos subestimar grandes concepções, limitar as coisas do céu em pequenos invólucros grosseiros criados por nós; e quando os encontrarmos não se adequarão, ou ainda que pareçam adequar-se, não satisfarão a ânsia da alma interior, provavelmente teremos rejeitado o que poderia ter sido a chave para a porta do céu, e poderá passar mais de uma encarnação antes que voltem para nossas almas cegas e inconstantes. O Mestre M. adverte o Sr. Sinnett deste risco. Ele escreve:

> "Você está tentando penetrar as coisas do espírito com os olhos da carne, submeter o inflexível a seu próprio modelo grosseiro do que deveria ser e, descobrindo que ele não se submeterá, você provavelmente quebrará o modelo e dirá adeus para sempre ao sonho." (Ib., 224)

Em uma carta de H.P.B. ao Sr. Sinnett pode-se ver o quanto fortemente os hábitos e preconceitos deste *Kama-Manas* nos mantém na escravidão:

> "Para mim é extraordinariamente curioso que você possa aceitar como seu apenas aquilo que se harmoniza com seus próprios sentimentos e rejeitar tudo o que contradiz suas próprias noções da pertinência das coisas." (*ML*, 453)

Em esforço semelhante, o Mestre escreveu sobre outro aspirante:

> "Uma grande vantagem foi oferecida a ela – seu espírito obstinado não lhe permitiria aceitar nada que não estivesse de acordo com seu próprio modelo." (*ML*, 355)

Esta pequenez dura e cristalizada produz uma grande tendência ao dogmatismo, ao 'entregar-se à lei' e a interpretações injustas dos outros e de seus motivos para ação. Como escreve o Mestre K.H.:

> "Devo dizer-lhe que deve observar de perto a si mesmo se não quiser colocar um fim para sempre em minhas cartas. Sem perceber você está cultivando uma tendência ao dogmatismo e à interpretação injusta de pessoas e motivos." (Ib., 361)

Continuando, o Mestre diz:

> "Estou bem ciente de suas idéias sobre o que você chama de 'beatice' absurda; e me sinto da mesma forma tão dolorosamente confiante de que uma vez que em seu mundo a ninguém é permitido interpretar moralmente o outro e, é muito provável que você se ressinta contra tal, essas palavras parecem estar sendo escritas em vão. Mas também conheço seu desejo sincero de que nossa correspondência não seja interrompida; e sabendo disso, aponto-lhe aquilo que é certo que terá tal resultado." (*ML*, 361)

O mundo dos Mestres é uma atmosfera de verdade fundamental, simples e nobre, em tudo alheia à atmosfera da pretensão, repressão e convenções tirânicas que tomam o lugar da verdadeira moralidade neste mundo de *maya*, ilusão. Daí que aqueles que vivem nele desenvolvem a integridade e a simplicidade puras de uma criança nobre.

> "O discípulo deve retornar ao estado de criança que perdeu, antes que o primeiro som lhe possa soar ao ouvido." (*A Voz do Silêncio*)

Por isso a atmosfera do mundo dos Mestres encontra-se totalmente alheia à tendência ocidental de sentir-se envergonhado ou fazer troça dos instintos mais nobres da humanidade. Como o Mestre M. expressou isto:

> "[...] nós Asiáticos somos totalmente desprovidos desse senso de ridículo que incita a mente ocidental a caricaturar as melhores e mais nobres aspirações da humanidade." (*ML*, 222)

O sentimento delicado de total consideração pelo outros e a reverência pela nobreza e pela verdade são muito apreciados pelo Mestre em Seu povo.

A vida mais grosseira do *Kama-Manas*, se desgovernada, impura e incontrolada, não apenas gera dogmatismo e preconceito, mas também propicia o crescimento de um espírito não-amoroso e inclemente. O Mestre K.H. escreve:

> "Acautele-se então de um espírito inclemente, pois ele se erguerá como um lobo feroz em seu caminho e devorará as melhores qualidades de sua natureza as quais desabrocharam em sua vida. Amplie, ao invés de estreitar, suas simpatias; tente identificar-se com seus companheiros, e não restringir seu círculo de afinidades." (Ib., 361)

(v) A Alegria do Caminho

Ah! irmãos, as dificuldades não necessitam atemorizar-nos, nem mesmo a longa batalha que devemos todos lutar com nossos eus inferiores, pois por trás de nós, de cada um, olhando, encorajando, almejando, está o bem-amado Irmão mais Velho; conhecê-lo é amá-lo e confiar plenamente. Ele próprio certa vez trilhou o caminho. Ele sabe que também devemos trilhá-lo algum dia. Ele não minimiza as dificuldades:

> "Contudo, vocês foram avisados de que o caminho para as Ciências Ocultas deve ser trilhado laboriosamente e atravessado com risco de vida; que cada novo degrau conducente à meta final está cercado de armadilhas e espinhos cruéis; que o peregrino que ali se aventurar deve confrontar-se e conquistar mil e uma fúrias que zelam por seus adamantinos portões e entradas – fúrias chamadas Dúvida, Ceticismo, Desprezo, Ridículo, Inveja e finalmente Tentação – es-

pecialmente a última; e que aquele que quiser ver além deve primeiro destruir esta parede viva; deve ser possuidor de um coração e uma alma revestidos de aço, e de uma determinação de ferro, que nunca se abala e ainda assim, ser dócil e gentil, humilde, e ter expurgado de seu coração toda paixão humana que conduza ao mal." (*ML*, 346)

Mas o Mestre diz que podemos fazê-lo:

> "O que o homem fez, o homem pode fazer. Eu sou um homem, mas também Deus no homem; eu posso fazer isto e farei." (*APM, p. 77*)

O Abençoado está sempre por detrás de nós, abençoando e auxiliando. Essa feliz verdade não pode ser melhor descrita do que nas próprias belas palavras do Mestre K.H.:

> "Tenho observado seus muitos pensamentos. Tenho observado sua evolução silenciosa e os anseios de sua Alma interior; [...]. Ah! se seus olhos fossem abertos, vocês poderiam ver um tal panorama de bênçãos potenciais para vocês e para a humanidade, repousando no germe do esforço atual, que ao vislumbrá-lo suas almas tornar-se-iam plenas de zelo e alegria! [...] Assim a jóia perdida pode ser recuperada das profundezas da lama no tanque, assim também o mais abandonado pode arrancar a si mesmo do atoleiro do pecado, se tão somente a preciosa Gema das Gemas, o Germe cintilante do *Atma*, for desenvolvido. Cada um de nós deve fazer isso por si mesmo, cada um pode, se apenas desejar e perseverar. Boas resoluções são imagens de boas ações: criadas pela mente: fantasias, sonhos, sussurros de *Buddhi* ao *Manas*. Se os encorajarmos, não desaparecerão como a miragem que se dissolve no deserto de Shamo, mas crescerão mais e mais fortes até que toda a vida se torne a expressão e a prova exterior do motivo divino interior [...] trilha de sua raça e era, tome a caneta de diamantes e escreva as páginas de sua vida com a história das ações nobres, dias bem vividos, anos de santo esforço. Assim você ganhará seu caminho sempre ascendente, para os planos superiores da cons-

ciência espiritual. Não tema, não se abata, seja fiel ao ideal que você pode ver indistintamente agora. [...] Tente, filho. Tenha ESPERANÇA e aceite minha bênção, K.H." (*CMS*, Primeira Série, Carta 20)

O Mestre M. escreveu ao Sr. Sinnett:

> "A tarefa *é* difícil e K.H., em memória aos velhos tempos, quando ele adorava citar poesia, pede-me para encerrar minha carta com o seguinte:
>
> 'A estrada serpenteia até o topo da montanha por todo o caminho?
> Sim até o próprio fim.
> A jornada de um dia durará o dia inteiro?
> Da manhã à noite, meu amigo.'" (*ML*, 258)

Mas o resultado de nossa paciência, coragem e esforços perseverantes é o sorriso de boas vindas e a bênção do Mestre, o final da Senda sobre a qual Ele nos guiará, a bem-aventurança da união consciente com a Beleza Eterna, e a magnífica paz e o poder da cooperação consciente com o Plano Divino. Assim, portanto, novamente o Mestre M. mostra ao Sr. Sinnett a alegria de alcançar os Pés de seu Mestre.

> "O caminho através da vida na terra avança através de muitos conflitos e provações, mas aquele que nada faz para conquistá-los não pode esperar por triunfo. Deixe então que a antecipação de uma introdução mais completa em nossos mistérios sob circunstâncias mais apropriadas, a criação da qual depende inteiramente de você, inspire-o com paciência para esperar, perseverança para avançar e total preparação para receber a feliz consumação de todos seus desejos. E você deve lembrar-se de que quando K.H. disser-lhe, venha até aqui – você deveria estar pronto." (*ML*, 254)

Nas palavras das Escrituras cristãs: "Vinde, benditos de meu Pai, possuí o reino que vos está preparado desde o princípio do mundo." (Mateus, XXV, 34); i.e. o mundo da Mônada Divina interior a qual nos trouxe para este caminho "de acordo com o Verbo" desde o início da manifestação.

Portanto, que a profunda alegria do Caminho, mesmo durante os estágios iniciais, quando recém dirigimos nossos passos a ele, informe, sustente e engrandeça nossos corações. O Mestre pode auxiliar e usar melhor aqueles que podem simples e alegremente confiar Nele, e confiar na Vida, como uma criancinha.

(vi) A Santificação da Vida Diária

Alguns dirão, porém, que a vida impede que se dediquem seriamente ao trabalho do Mestre, que os cuidados e deveres da família, as preocupações dos negócios, interpõem-se entre eles e a alegre entrega que seus corações anelam. Nunca houve um engano maior. A vida do discipulado, particularmente nos estágios iniciais, não exige qualquer mudança no ambiente e no dever. Ela exige algo mais fundamental, uma mudança na orientação interior.

De fato, se nos deixarmos enredar neles, nossas mentes sempre repletas com ansiedades, pressentimentos e maquinações, as preocupações da vida diária irão entrar em choque com as nossas aspirações superiores e retardarão nosso progresso espiritual.

O Mestre nos solicita, se nos aproximarmos Dele, a mudar o motivo pelo qual estas obrigações são realizadas. Pouco a pouco, aprendemos a fazê-las bem, alegre e pacificamente; não para o nosso próprio bem, ou mesmo para o bem daqueles que amamos, mas para o Seu bem, e como um agente, mesmo que ainda pequeno e frágil, do Amor Divino e Propósito universais, um canal de Amor e Poder maiores do que os nossos. Colocamos a nós e ao nosso círculo fora do centro de nossas vidas, e ali colocamos o Mestre em troca.

E colocar o Mestre ali, o qual é 'uno com Deus', é colocar Deus ali, e dar o primeiro passo em direção a nossa própria futura união e santificação Nele. Pois o Mestre será para nós, um dia, a 'Porta para Deus'.

Assim aprendemos a amar nossos entes queridos e nossas famílias como parte de Sua amada família – a Humanidade, a qual Ele ama e serve com profundidade e beleza ainda inimagináveis para nós; e os servimos com extremo amor e paciência ao nosso alcance, 'em Seu Nome', e como um canal de Seu amor.

Nosso empregador, mesmo o mais grosseiro e injusto, torna-se o agente da vontade do Mestre. Servimos a ele bem e sinceramente porque é certo fazer assim; impessoalmente estamos desempenhando nossa pequena parte na ordem mundial, e Deus, o grande Ator, está trabalhando para os homens através de nós.

Aprendemos a fazer o melhor de nós mesmos, física, emocional e mentalmente; não para que possamos nos tornar maiores e mais brilhantes, mas para que o Mestre possa sempre encontrar em nós um instrumento de uso mais puro e mais potente.

Os Mestres vivem para os homens; homens e mulheres comuns todos os dias e em todos os lugares, e trabalham constantemente para trazer aqueles homens e mulheres mais próximos à consumação do anseio de suas almas, através do enobrecimento e da espiritualização de suas vidas diárias. Nós que desejaríamos ser os discípulos dos Mestres, devemos dar o exemplo e realizar isso sobretudo em nossas próprias vidas; viver bela, nobre e altruisticamente.

> "[...] em Seu Nome e pelo amor à humanidade." (*CMS*, Primeira Série, Carta 7)

O Mestre K.H. escreveu belas palavras ao Sr. Sinnett exatamente sobre este tema:

> "Parece-lhe uma coisa pequena que o ano que passou tenha sido gasto apenas com seus 'deveres familiares'? Mas que melhor causa para recompensa, que melhor disciplina, do que o desempenho diário e contínuo do dever? Acredite-me, meu 'discípulo', o homem ou mulher que é colocado pelo *Karma* no meio de pequenos deveres simples, sacrifícios e ternuras, irá através do seu cumprimento sincero elevar-se a uma mais ampla medida de Dever, Sacrifício e Caridade a toda a Humanidade – que caminhos melhores em direção da iluminação para a qual você está se esforçando, do que a conquista diária do Eu, a perseverança, a despeito da falta de progresso psíquico visível, a aceitação da má sorte com esta serena força que a transforma em vantagem espiritual – uma vez que o bem e o mal não são medidos pelos acontecimentos do plano físico ou inferior." (*ML*, 366)

Nas palavras, também, do grande místico Flamengo, John Ruysbroeck: 'Toda boa ação, ainda que pequena, se é dirigida a Deus através da simplicidade de intenção, aumenta em nós a semelhança Divina e aprofunda em nós o fluir da vida eterna.'

(vii) A Mensagem do Mestre a Cada um de Nós

Ansiamos em alcançar o Mestre, e em servi-lo. Ele diz a cada um de nós:

> "Posso aproximar-me de você, mas você deve atrair-me através de um coração purificado e uma vontade que se desenvolve gradualmente." (*ML,* 262)

Ainda assim, antes que tenhamos a felicidade de nos tornarmos Seus discípulos oficiais e reconhecidos, somos todos Seus auxiliares, Seus discípulos não oficiais, e Ele necessita de nós, de cada um. Para todos nós, nos grandes dias que virão, Ele diz:

> "[...] sejam constantes, cuidadosos e unidos." (*ML,* 318)

O Mestre escreve novamente:

> "Ninguém pode voltar atrás a uma ordem uma vez dada." (Ib., 345)

Nunca se volta atrás a uma palavra uma vez dada, uma ordem expedida no mundo dos Mestres.

Lembre-se de que as oportunidades perdidas nunca podem ser reavidas. Novas devem ser conquistadas.

APÊNDICE

ALGUMAS PALAVRAS SOBRE A VIDA DIÁRIA

(Escrita por um Mestre da Sabedoria. Publicada em *Lucifer*, em janeiro de 1888)

É tão somente a filosofia divina, a harmonia espiritual e física do homem com a Natureza, que, ao revelar as verdades fundamentais que jazem ocultas sob os objetos do sentido e da percepção, pode promover um espírito de unidade e harmonia a despeito da grande diversidade de crenças conflituosas. A Teosofia, portanto, espera e exige dos Membros da Sociedade grandes tolerância e caridade mútuas em relação às falhas de cada um, mútuo auxílio de bom grado na busca da verdade em cada departamento da Natureza – moral e físico. E esse padrão ético deve ser firmemente aplicado na vida diária.

A Teosofia não deveria representar apenas uma coleção de verdades morais, um conjunto de ética metafísica, condensadas em dissertações teóricas. A Teosofia deve ser feita prática; sendo, portanto, desvencilhada da discussão inútil no sentido de discursos digressivos e belas palavras. Que todo teósofo faça apenas seu dever, aquilo que ele pode e deve fazer, e logo a soma da miséria humana, dentro e em torno das áreas de cada Ramo de nossa Sociedade será visivelmente diminuída. Esqueça o EU trabalhando para outros – e a tarefa tornar-se-á tranqüila e leve para você...

Não permita que seu orgulho interponha-se na apreciação e no reconhecimento do trabalho pelos outros. Por que deveria qualquer membro da Sociedade Teosófica, que esteja esforçando-se para tornar-se um teósofo, colocar qualquer valor sobre a opinião favorável ou má sobre si mesmo e seu trabalho, uma vez que ele próprio sabe que isso é útil e benéfico para outras pessoas? O elogio e o entusiasmo humanos são na melhor das hipóteses efêmeros; o riso do que zomba e a condenação do espectador indiferente são certos e com freqüência superestimam o elogio e a admiração de seus próximos. Não menospreze a opinião do mundo, nem a provoque desnecessariamente para a crítica injusta. Permaneça tão indiferente à ofensa quanto ao elogio daqueles que nunca podem conhecê-lo como você realmente é, e que devem, portanto, encontrá-lo impassível a ambos, e sempre coloque a aprovação ou a condenação de seu próprio Eu Interior em um lugar mais elevado do que aquele das multidões.

Aqueles dentre vocês que desejariam conhecer a si mesmos, no espírito da verdade, aprendem a viver só mesmo no meio das grandes aglomerações que às vezes os circundam. Busque confraternização e relação apenas com o Deus no interior de sua própria alma; considere apenas o elogio ou a censura desta deidade a qual nunca pode ser separada de seu verdadeiro eu, uma vez que é realmente aquele próprio Deus, chamado a CONSCIÊNCIA SUPERIOR. Coloque em prática sem demora suas boas intenções, nunca deixando uma única permanecer apenas uma intenção – não esperando, neste meio tempo, nem recompensa nem mesmo reconhecimento pelo bem que você pode ter feito. A recompensa e o reconhecimento estão em você e lhe são inseparáveis, uma vez que apenas o seu Eu Interior é que pode avaliá-los em seu verdadeiro grau e valor. Pois cada um de vocês contém dentro dos recintos do tabernáculo interno a Corte Suprema – o acusador, o defensor, o júri e o juiz – cuja sentença é a única para a qual não há apelação; uma vez que ninguém pode conhecê-lo melhor do que você mesmo o faz, uma vez que tenha aprendido a julgar aquele Eu através da luz da divindade interior que nunca hesita – sua Consciência superior. Que as massas, portanto, que nunca podem conhecer seus eus verdadeiros, condenem seus eus exteriores de acordo com suas próprias falsas luzes...

A maioria do Areópago público é composto, geralmente, de juízes autoindicados, os quais nunca erigiram uma deidade permanente de nenhum ídolo salvo suas próprias personalidades – seus eus inferiores; pois aqueles que em seu caminhar na vida tentam seguir suas luzes interiores nunca serão encontrados julgando, muito menos condenando aqueles mais fracos do que eles próprios. Qual é a importância então, se os primeiros condenam ou louvam, se eles o humilham ou o exaltam em um pedestal? De um modo ou de outro eles nunca o compreendem. Eles podem fazer de você um ídolo, enquanto imaginarem que é um espelho fiel deles próprios no pedestal ou no altar que lhe erigiram, e enquanto você os entreter ou beneficiar. Você não pode esperar ser nada além do que um temporário fetiche para eles, que toma o lugar de outro recém posto de lado, e seguido por sua vez por outro ídolo. Portanto, que aqueles que criaram tal ídolo o destruam sempre que desejarem, derrubando-o com tão pouco motivo quanto tiveram para erigi-lo. Sua sociedade ocidental não pode viver por uma hora sequer sem seus Califas mais do que pode reverenciar alguém por um período mais longo; e sempre que ele quebrar um ídolo e então o sujar com lama, não é o modelo, mas a imagem desfigurada criada por sua própria fantasia tola, dotada com seus próprios vícios, que a sociedade destrona e rompe.

A Teosofia apenas pode encontrar expressão objetiva em um código de vida todo abarcante, completamente impregnado com o espírito de tolerância mútua, caridade e amor fraternal. Sua Sociedade, como um corpo, tem uma tarefa diante de si a qual, a menos que realizada com a mais completa discrição, dará motivo ao mundo da indiferença e do egoísmo para levantar-se em armas contra ela. A Teosofia deve combater a intolerância, o preconceito, a ignorância e o egoísmo, ocultos sob o manto da hipocrisia. Ela deve lançar toda a luz que puder advinda da lâmpada da Verdade à qual seus servos foram confiados. Ela deve fazer isso sem medo ou hesitação, não temendo nem a reprovação nem a condenação. A Teosofia, através de sua porta-voz, a Sociedade, deve falar a VERDADE diante da própria face da MENTIRA; enfrentar o tigre em seu covil, sem pensar ou temer más conseqüências, e desafiar a calúnia e as ameaças. Enquanto associação ela não tem apenas o direito, mas o dever, de revelar o vício e esforçar-se para corrigir os erros, seja através da voz de seus palestrantes escolhidos ou da palavra impressa de seus jornais e publicações – fazendo acusações, entretanto, tão impessoais quanto possível. Mas seus Membros não têm tal direito individualmente. Seus seguidores devem, antes de tudo, dar o exemplo de uma moralidade tão firmemente delineada quanto firmemente aplicada, antes que adquiram o direito de apontar, mesmo em espírito de benevolência, a ausência de uma tal unidade ética e de propósito em outras associações ou indivíduos. Nenhum teósofo deveria censurar um irmão, quer fora ou dentro da associação; nem lançar críticas sobre suas ações ou denunciá-lo, sob pena de ele mesmo perder o direito de ser considerado um teósofo. Pois, como tal, ele deve desviar seu olhar das imperfeições de seu próximo e, ao invés, focalizar sua atenção sobre suas próprias falhas a fim de corrigi-las e se tornar mais sábio. Que ele não mostre a disparidade entre a palavra e a ação em outrem, mas, seja no caso de um irmão próximo ou simplesmente um companheiro, que ele sempre auxilie o mais fraco do que ele próprio na árdua caminhada da vida.

O problema da verdadeira Teosofia e sua grande missão é a elaboração de claras e inequívocas concepções de idéias e deveres éticos os quais mais e melhor satisfizessem os sentimentos retos e altruísticos nos homens; e a moldagem dessas concepções para sua adaptação em tais formas de vida diária onde elas possam ser aplicadas com a maior equidade.

Tal é o trabalho comum em vista para todos que estão desejosos de agir sobre estes princípios. É uma tarefa laboriosa e requererá empenho vigoroso e perseverante, mas ele deve conduzi-los inconscientemente ao progresso e não deixar lugar algum para quaisquer aspirações egoísticas fora dos limites traçados ... Não caia em comparações não fraternais entre a tarefa realizada por você mesmo e o trabalho deixado incompleto pelo Seu próximo ou irmão. No campo da Teosofia ninguém deve preparar uma área de terra maior do que sua força e capacidade o permitam. Não seja demasiado severo sobre os méritos ou deméritos de alguém que busque admissão entre seus quadros, pois a verdade a respeito do estado real do homem interno pode apenas ser conhecida pelo *Karma,* e pode ser tratada com justiça tão somente por aquela LEI que tudo vê. Mesmo a simples presença entre vocês de um indivíduo bem intencionado e simpatizante pode ajudá-los magneticamente.

...Você é um trabalhador voluntário nos campos da Verdade, e como tal, não deve deixar qualquer obstrução nos caminhos que levam até esse campo.

> "O grau de sucesso ou fracasso são as balizas que os Mestres têm para seguir, pois elas constituirão as barreiras colocadas com suas próprias mãos entre vocês mesmos e aqueles que vocês pediram para serem seus instrutores. Quanto mais vocês se aproximarem do alvo contemplado, menor a distância entre o estudante e o Mestre."

Glossário

Adepto – 'Aquele que obteve'. Em Ocultismo aquele que atingiu o estágio da 5ª Iniciação e tornou-se um Mestre na ciência da filosofia Esotérica.

Abwab – Literalmente portas. Impostos arrecadados pelos chefes nativos dos proprietários de terra.

Advaitas – Escola da filosofia Vedanta, não-dualística.

Ahankara – Espaço.

Arhat – Discípulo direto de Buda. Em Ocultismo, aquele que atingiu o estágio da 4ª Iniciação.

Ashrum – Morada Sagrada.

Asura – Exotericamente elementais e deuses do mal, considerados maléficos; demônios. Mas esotericamente o reverso.

Atman – O Espírito Universal, a divina Mônada, o sétimo Princípio, assim chamado na constituição setenária do homem.

Avalokitesvara – A Divindade que se manifesta periodicamente.

Avidya – Ignorância.

Bodhisattva – Literalmente alguém cuja essência é sabedoria. Aquele que necessita apenas mais uma encarnação para se tornar um Buda perfeito.

Brahmana – Seguidor de Brahman, ou um membro da casta sacerdotal.

Buddhi – Alma Universal ou inteligência Espiritual. O sexto Princípio do homem setenário. É a faculdade que está acima da mente racional e é a Razão pura, que exerce a faculdade discernidora da intuição, do discernimento espiritual.

Chela – Literalmente criança. Um discípulo, o pupilo de um ***Guru*** ou Sábio, seguidor de algum Adepto de uma escola de filosofia.

Chohan – "Senhor" ou "Mestre"; um chefe.

Dugpas – Literalmente 'Barretes Vermelhos', uma seita no Tibete.

Gelupkas – Literalmente 'Barretes Amarelos'; a mais alta e ortodoxa seita Budista no Tibete, a antítese dos *Dugpas Gnana* – Conhecimento, sabedoria.

Gunas – Qualidade ou característica. Na filosofia Sankia, toda a Natureza está permeada por três qualidades: *Sattwa*: equilíbrio; *Rajas*: atividade e *Tamas*: inércia.

Guru – um instrutor espiritual.

Jivatma – A Mônada individual.

Kama – Literalmente ação, lei de causa e efeito.

Mahatma – Literalmente "grande alma". Um Adepto da mais alta ordem. Seres eminentes que, tendo alcançado o domínio sobre seus princípios interiores, vivem assim, desimpedidos do 'homem da carne' e estão em posse de um conhecimento e poder proporcionais aos níveis que atingiram em sua evolução espiritual.

Maha Chohan – O Chefe de uma Hierarquia espiritual ou de uma escola de Ocultismo. Em Ocultismo, um elevado Adepto da Grande Fraternidade Branca, chefe do departamento ligado aos Raios 3ª ao 7ª. Literalmente 'Grande Rei'.

Manas – Literalmente 'a mente', a faculdade mental que torna o homem um ser inteligente e moral e o distingue do mero animal. Esotericamente, contudo, quando não está especificado, significa o Ego Superior ou o Princípio senciente reencarnante no homem. Quando qualificado é chamado pelos teósofos de *Buddhi-Manas* ou a Alma Espiritual em contradição ao seu reflexo, *Kama-Manas.*

Manu – O grande legislador indiano. O nome deriva da raiz sânscrita *man* (homem) 'pensar', mas significa *Swayambhuva*, o primeiro dos *Manus*, que surgiu de *Swayambhu*, 'o que existe por si mesmo', portanto o *Logos* e o progenitor de toda a humanidade. Também um elevado cargo na hierarquia Oculta, ligada ao 1º Raio.

Manvantara – Um período cíclico de tempo. Quando aplicado a um planeta representa o período de atividade através do ciclo de vida do planeta.

Mara – Literalmente o Destruidor. Aplica-se simbolicamente às tentações que o homem criou durante sua vida, resultante de seus pensamentos e ações.

Maya – Ilusão. O poder cósmico que torna possível a existência fenomenal e as percepções da mesma. Segundo a filosofia hindu somente aquilo que é imutável e eterno merece o nome de *realidade*, tudo aquilo que está sujeito à mudança por decadência e diferenciação e que, portanto, tem um começo e um fim é considerado como *Maya.*

Pranayama – Práticas respiratórias da Yoga, que obtiveram o controle das correntes *prânicas*.

Rishi – Um vidente ou sábio, literalmente 'rei'.

Ryots – Camponeses.

Sadhu – Religioso.

Sannyasi – Aquele que renunciou à vida mundana.

Sloka – Estrofe, verso.

Swani – Senhor.

Tathagata – Um título dado aos Budas.

Upasika – Chela ou discípula mulher.

Zamidars – Proprietários da terra.